建筑工程
业务管理人员
速学丛书

jianzhugongcheng
yewuguanlirenyuan
suxuecongshu

监理员速学手册

哈爾濱工業大學出版社
HARBIN INSTITUTE OF TECHNOLOGY PRESS

内容提要

本书从地基基础工程、混凝土结构工程、砌体工程、钢结构工程、地下防水工程、建筑装饰装修工程、建筑给水排水及采暖工程和建筑电气工程方面介绍了施工现场的监理巡视和验收,操作性、实用性强,通俗易懂。

本书可供施工现场监理管理人员、监理人员参考,也可供工业与民用建筑、土建类高中级职业技术教育教学以及建筑施工技术人员参考。

图书在版编目(CIP)数据

监理员速学手册/盖卫东主编. --哈尔滨:哈尔滨工业大学出版社,2011.11

(建筑工程业务管理人员速学丛书)

ISBN 978-7-5603-3378-6

Ⅰ.①监… Ⅱ.①盖… Ⅲ.①建筑工程-施工监理-技术手册 Ⅳ.①TU712-62

中国版本图书馆 CIP 数据核字(2011)第 172650 号

责任编辑 郝庆多 段余男
封面设计 刘长友
出版发行 哈尔滨工业大学出版社
社 址 哈尔滨市南岗区复华四道街 10 号 邮编 150006
传 真 0451-86414749
网 址 http://hitpress.hit.edu.cn
印 刷 哈尔滨市石桥印务有限公司
开 本 850mm×1168mm 1/32 印张 13.375 字数 360 千字
版 次 2011 年 11 月第 1 版 2011 年 11 月第 1 次印刷
书 号 ISBN 978-7-5603-3378-6
定 价 32.00 元

前　言

建筑工程专业技术管理人员是工程建设的参与者及建筑工程施工现场的重要管理人员，而监理员是建设工程施工阶段项目监理机构中的一个层次的监理工作人员，从事最基层的施工操作过程的监督与管理工作，肩负着如何把工程建设好的重要职责。目前从事监理员职务的人员专业技术水平及管理能力有限。为了帮助从事建筑监理员不断提高技术业务素质，全面系统地掌握知识，我们根据建筑施工企业的特点，针对监理员岗位人员实际工作需要，并结合多年的工作实践，编写了这本《监理员速学手册》。

本书具有土建类学科知识特色，内容注重理论和实践的结合，针对有关施工监理方面的内容较为详细，范围较广。同时，特别重视专业人才的能力和基本技能的培养，注意适应土建专业特别强调实践性的要求。所以读者学习时要结合实际，掌握方法，灵活运用。

由于目前建筑施工技术发展迅速，限于作者的经验和学识有限，内容难免有疏漏或未尽之处，敬请专家和读者批评指正。

编　者

2011.05

目　录

第1章　建设地基基础工程质量监理

第1节　地基工程质量监理

要　点

地基基础工程作为建设工程的核心组成部分,它的质量是整个建设工程质量的基础,其内涵是其满足国家现行的有关地基基础的法律、法规、技术标准、设计文件及工程合同中对其安全、使用等综合要求的能力,安全、可靠、稳定地承受全部建设工程在施工期限内正常使用的荷载。

解　释

◆灰土地基

1. 监理巡视与检查

(1)在施工前应检查原材料,例如灰土的土料、石灰以及配合比、灰土拌匀程度。

(2)在施工过程中应检查分层铺设厚度,分段施工时上下两层的搭接长度,夯实时加水量、夯压遍数等。

(3)每层施工结束后应检查灰土地基的压实系数。压实系数 λ_c 为土在施工时实际达到的干密度 ρ_d 与室内采用击实试验得到的最大干密度 ρ_{dmax} 之比,即

$$\lambda_c = \rho_d / \rho_{dmax} \tag{1.1}$$

灰土应逐层用贯入仪检验,以达到控制(设计要求)压实系数所对应的贯入度为合格,或用环刀取样检测灰土的干密度,除以试验的最大干密度求得。在施工结束后,应检验灰土地基的承载力。

2. 监理验收

(1)验收标准。

1)主控项目检验标准应符合表1.1的规定。

表1.1 主控项目检验

序号	检查项目	允许偏差或允许值		检查方法	检查数量
		单位	数值		
1	地基承载力	设计要求		按规定方法	每单位工程应不少于3点,1 000 m^2以上工程,每100 m^2至少应有1点;3 000 m^2以上工程,每300 m^2至少应有1点。每一独立基础下至少应有1点,基槽每20延米应有1点
2	配合比	设计要求		按拌和时的体积比	柱坑按总数抽查10%,但不少于5个;基坑、沟槽每10 m^2抽查1处,但不少于5处
3	压实系数	设计要求		现场实测	应分层抽样检验土的干密度,当采用贯入仪或钢筋检验垫层的质量时,检验点的间距应小于4 m。当取土样检验垫层的质量时,对大基坑每50~100 m^2应不少于1个检验点;对基槽每10~20 m应不少于1个点;每个单独柱基应不少于1个点

2)一般项目检验标准应符合表1.2的规定。

表1.2 一般项目检验

序号	检查项目	允许偏差或允许值		检查方法	检查数量
		单位	数值		
1	石灰粒径	mm	≤5	筛分法	柱坑按总数抽查10%,但不少于5个;基坑、沟槽每10 m^2抽查1处,但不少于5处

续表 1.2

序号	检查项目	允许偏差或允许值		检查方法	检查数量
		单位	数值		
2	土料有机质含量	%	≤5	试验室焙烧法	随机抽查,但土料产地变化时需重新检测
3	土颗粒粒径	mm	≤15	筛分法	柱坑按总数抽查10%,但不少于5个;基坑、沟槽每10 m^2 抽查1处,但不少于5处
4	含水量(与要求的最优含水量比较)	%	±2	烘干法	应分层抽样检验土的干密度,当采用贯入仪或钢筋检验垫层的质量时,检验点的间距应小于4 m。当取土样检验垫层的质量时,对大基坑每50~100 m^2 应不少于1个检验点;对基槽每10~20 m应不少于1个点;每个单独柱基应不少于1个点
5	分层厚度偏差(与设计要求比较)	mm	±50	水准仪	柱坑按总数抽查10%,但不少于5个;基坑、沟槽每10 m^2 抽查1处,但不少于5处

(2)验收资料。

1)地基验槽记录。

2)配合比试验记录。

3)环刀法与贯入度法检测报告。

4)最优含水量检测记录和施工含水量实测记录。

5)载荷试验报告。

6)每层现场实测压密系数的施工竣工图。

7)分段施工时上下两层搭接部位和搭接长度记录。

8)灰土地基分项质量检验记录(每一个验收批提供一份记录)。

◆砂和砂石地基

1. 监理巡视与检查

(1)在施工前应检查砂、石等原材料质量及砂、石拌和均匀程度。

(2)在分段施工时,接头处应做成斜坡,每层错开 0.5 ~ 1 m,并应充分捣实。在铺砂及砂石时,如地基底面深度不同,应预先挖成阶梯形式或斜坡形式,以先深后浅的顺序进行施工。

(3)砂石地基应分层铺垫、分层夯实。每铺好一层垫层,经密度检验合格后方可进行上一层施工。

(4)在施工过程中必须检查分层厚度、分段施工时搭接部分的压实情况、加水量、压实遍数、压实系数。

(5)施工结束后,应检验砂石地基的承载力。

2. 监理验收

(1)验收标准。

1)主控项目检验标准应符合表 1.3 的规定。

表 1.3 主控项目检验

序号	检查项目	允许偏差或允许值	检查方法	检查数量
1	地基承载力		按规定方法	每单位工程应不少于 3 点,1 000 m^2 以上工程,每 100 m^2 至少应有 1 点;3 000 m^2 以上工程,每 300 m^2 至少应有 1 点。每一独立基础下至少应有 1 点,基槽每 20 延米应有 1 点

续表 1.3

序号	检查项目	允许偏差或允许值	检查方法	检查数量
2	配合比	设计要求	检查拌和时的体积比或重量比	柱坑按总数抽查10%,但不少于5个;基坑、沟槽每10 m^2 抽查1处,但不少于5处
3	压实系数		现场实测	应分层抽样检验土的干密度,当采用贯入仪或钢筋检验垫层的质量时,检验点的间距应小于4 m。当取土样检验垫层的质量时,对大基坑每50~100 m^2 应不少于1个检验点;对基槽每10~20 m应不少于1个点;每个单独柱基应不少于1个点

2)一般项目检验标准应符合表1.4的规定。

表 1.4 一般项目检验

序号	检查项目	允许偏差或允许值		检查方法	检查数量
		单位	数值		
1	砂石料有机质含量	%	≤5	焙烧法	随机抽查,但砂石料产地变化时需重新检测
2	砂石料含泥量	%	≤5	水洗法	1)石子的取样、检测。用大型工具(如火车、货船或汽车)运输至现场的,以400 m^3 或600 t为一验收批;用小型工具(如马车等)运输的,以200 m^3 或300 t为一验收批。不足上述数量者以一验收批取样

续表 1.4

序号	检查项目	允许偏差或允许值		检查方法	检查数量
		单位	数值		
3	石料粒径	mm	≤100	筛分法	2)砂的取样、检测。用大型的工具(如火车、货船或汽车)运输至现场的,以 400 m^3 或 600 t 为一验收批;用小型工具(如马车等)运输的,以 200 m^3 或 300 t 为一验收批。不足上述数量者以一验收批取样
4	含水量(与最优含水量比较)	%	±2	烘干法	每 50 ~ 100 m^2 不少于 1 个检验点
5	分层厚度偏差(与设计要求比较)	mm	±50	水准仪	柱坑按总数抽查 10%,但不少于 5 个;基坑、沟槽每 10 m^2 抽查 1 处,但不少于 5 处

(2)验收资料。

1)地基验槽记录。

2)配合比试验记录。

3)环刀法与贯入度法检测报告。

4)最优含水量检测记录和施工含水量实测记录。

5)载荷试验报告。

6)每层现场实测压密系数的施工竣工图。

7)分段施工时上下两层搭接部位和搭接长度记录。

8)砂和砂石地基分项质量检验记录(每一个验收批提供一份记录)。

◆粉煤灰地基

1. 监理巡视与检查

(1)在施工前应检查粉煤灰材料,并对基槽清底状况、地质条

件予以检验。

(2)在施工过程中应检查铺筑厚度、碾压遍数、施工含水量控制、搭接区碾压程度、压实系数等。

(3)在施工结束后,应对地基的压实系数进行检查,并做载荷试验。载荷试验(平板载荷试验或十字板剪切试验)数量,每单位工程不少于3点,3 000 m^2 以上工程,每300 m^2 至少一点。

2. 监理验收

(1)验收标准。

1)主控项目检验标准应符合表1.5的规定。

表1.5　主控项目检验

序号	检查项目	允许偏差或允许值	检查方法	检查数量
1	压实系数	设计要求	现场实测	每柱坑不少于2点;基坑每20 m^2 查1点,但不少于2点;基槽、管沟、路面基层每20 m查1点,但不少于5点;地面基层每30~50 m^2 查1点,但不少于5点;场地铺垫每100~400 m^2 查1点,但不得小于10点
2	地基承载力	设计要求	按规定方法	每单位工程应不少于3点;1 000 m^2 以上工程,每100 m^2 至少应有1点;3 000 m^2 以上工程,每300 m^2 至少应有1点。每一独立基础下至少应有1点,基槽每20延米应有1点

2)一般项目检验标准应符合表1.6的规定。

表 1.6　一般项目检验

序号	检查项目	允许偏差或允许值		检查方法	检查数量
		单位	数值		
1	粉煤灰粒径	mm	0.001 ~ 2.000	过筛	同一厂家,同一批次为一批
2	氧化铝及三氧化硅含量	%	≥70	试验室化学分析	同一厂家,同一批次为一批
3	烧失量	%	≤12	试验室烧结法	
4	每层铺筑厚度	mm	±50	水准仪	柱坑按总数抽查 10%,但不少于 5 个;基坑、沟槽每 10 m^2 抽查 1 处,但不少于 5 处
5	含水量(与要求的最优含水量比较)	%	±2	取样后试验室确定	对大基坑每 50 ~ 100 m^2 应不少于 1 点,对基槽每 10 ~ 20 m应不少于 1 个点,每个单独柱基应不少于 1 点

(2)验收资料。

1)地基验槽记录。

2)最优含水量试验报告和施工含水量实测记录。

3)载荷试验报告。

4)每层现场实测压实系数的施工竣工图。

5)每层施工记录(包括分层厚度和碾压遍数、搭接区碾压程度)。

6)粉煤灰地基工程分项质量验收记录。

◆强夯地基

1. 监理巡视与检查

(1)在施工前应检查夯锤重量、尺寸、落锤控制手段、排水设施及被夯地基的土质。

(2)在施工中应检查落距、夯击遍数、夯点位置、夯击范围。

(3)在施工结束后,检查被夯地基的强度并进行承载力检验。检查点数,每一独立基础至少有一点,基槽每20延米有一点,整片地基50~100 m^2 取一点。强夯后的土体强度随间歇时间的增加而增加,检验强夯效果的测试工作,宜在强夯之后1~4周进行,不宜在强夯结束后立即进行测试工作,否则测得的强度偏低。

2. 监理验收

(1)验收标准。

1)主控项目检验标准应符合表1.7的规定。

表1.7 主控项目检验

序号	检查项目	允许偏差或允许值	检查方法	检查数量
1	地基强度	设计要求	按规定方法	对于简单场地上的一般建筑物,每个建筑物地基的检验点应不少于3处;对于复杂场地或重要建筑物地基应增加检验点数。检验深度应不小于设计处理的深度
2	地基承载力			每单位工程应不少于3点;1 000 m^2 以上工程,每100 m^2 至少应有1点;3 000 m^2 以上工程,每300 m^2 至少应有1点。每一独立基础下至少应有1点,基槽每20延米应有1点

2)一般项目检验标准应符合表1.8的规定。

表 1.8　一般项目检验

序号	检查项目	允许偏差或允许值		检查方法	检查数量
		单位	数值		
1	夯锤落距	mm	±300	钢索设标志	每工作台班不少于3次
2	锤重	kg	±100	称重	全数检查
3	夯击遍数及顺序	设计要求		计数法	
4	夯点间距	mm	±500	用钢尺测量	可按夯击点数抽查5%
5	夯击范围(超出基础范围距离)	设计要求		用钢尺测量	
6	前后两遍间歇时间	设计要求		—	全数检查

(2)验收资料。

1)地基验槽记录。

2)施工前地质勘察报告。

3)强夯地基或重锤夯实地基试验记录。

4)重锤夯实地基含水量检测记录和橡皮土处理方法、部位、层次记录。

5)标贯、触探、载荷试验报告。

6)每遍夯击的施工记录。

7)强夯地基分项质量检验记录。

◆振冲地基

1.监理巡视与检查

(1)在施工前应检查振冲器的性能,电流表、电压表的准确度及填料的性能。

(2)在施工中应检查密实电流、供水压力、供水量、填料量、孔底留振时间、振冲点位置、振冲器施工参数等(施工参数由振冲试验或设计确定)。

(3)在施工结束后,应在有代表性的地段做地基强度或地基承载力检验。

2. **监理验收**

(1)验收标准。

1)主控项目检验标准应符合表1.9的规定。

表1.9 主控项目检验

序号	检查项目	允许偏差或允许值		检查方法	检查数量
		单位	数值		
1	填料粒径	设计要求		抽样检查	同一产地每600 t一批
2	密实电流(黏性土)	A	50~55	电流表读数	每工作台班不少于3次
	密实电流(砂性土或粉土) (以上为功率30 kW振冲器)	A	40~50	电流表读数	
				电流表读数,A_0	
	密实电流(其他类型振冲器)	A	1.5~2.0	为空振电流	
3	地基承载力	设计要求		按规定方法	总孔数的0.5%~1%,但不得少于3处

2)一般项目检验标准应符合表1.10的规定。

表1.10 一般项目检验

序号	检查项目	允许偏差或允许值		检查方法	检查数量
		单位	数值		
1	填料含泥量	%	<5	抽样检查	按进场的批次和产品的抽样检验方案确定

续表 1.10

序号	检查项目	允许偏差或允许值		检查方法	检查数量
		单位	数值		
2	振冲器喷水中心与孔径中心偏差	mm	≤50	用钢尺测量	抽孔数的 20% 且不少于 5 根
3	成孔中心与设计孔位中心偏差	mm	≤100	用钢尺测量	
4	桩体直径	mm	<50	用钢尺测量	
5	孔深	mm	±200	量钻杆或重锤测	全数检查

(2)验收资料。

1)地质勘察报告。

2)振冲地基设计桩位图。

3)振冲地基现场试成桩记录和确认的施工参数。

4)振冲地基逐孔施工记录(包括密实电流、填料量、留振时间等数据)。

5)振冲地基填料质量试验报告。

6)振冲地基承载力试验报告。

7)振冲地基桩位竣工图。

8)振冲地基质量检验验收批记录。

◆高压喷射注浆地基

1.监理巡视与检查

(1)在施工前应检查水泥、外掺剂等的质量,桩位,压力表、流量表的精度和灵敏度,高压喷射设备的性能等。

(2)在施工中应检查施工参数(压力、水泥浆量、提升速度、旋转速度等)及施工程序。

(3)在施工结束后,应检验桩体强度、平均直径、桩身中心位置、桩体质量及承载力等。桩体质量及承载力检验应在施工结束后28 d进行。

2. 监理验收

(1)验收标准。

1)主控项目检验标准应符合表1.11的规定。

表1.11　主控项目检验

序号	检查项目	允许偏差或允许值	检查方法	检查数量
1	水泥及外掺剂质量	符合出厂要求	查产品合格证书或抽样送检	水泥:按同一生产厂家、同一等级、同一品种、同一批号且连续进场的水泥,袋装不超过200 t为一批,散装不超过500 t为一批,每批抽样不少于一次 外加剂:按进场的批次和产品的抽样检验方案确定
2	水泥用量	设计要求	查看流量表及水泥浆水灰比	每工作台班不少于3次
3	桩体强度或完整性检验		按规定方法	按设计要求,设计无要求时可按施工注浆孔数的2% ~ 5%抽查,且不少于2个
4	地基承载力		按规定方法	总数的0.5% ~1%,但不得少于3处,有单桩强度检验要求时,数量为总数的0.5% ~ 1%,但应不少于3根

2)一般项目检验标准应符合表1.12的规定。

表1.12　一般项目检验

序号	检查项目	允许偏差或允许值		检查方法	检查数量
		单位	数值		
1	钻孔位置	mm	≤50	用钢尺测量	每台班不少于3次

续表 1.12

序号	检查项目	允许偏差或允许值		检查方法	检查数量
		单位	数值		
2	钻孔垂直度	%	≤1.5	经纬仪测钻杆或实测	抽 20%,不少于 5 个
3	孔深	mm	±200	用钢尺测量	
4	注浆压力	按设定参数指标		查看压力表	
5	桩体搭接	mm	>200	用钢尺测量	
6	桩体直径	mm	≤50	开挖后用钢尺测量	
7	桩身中心允许偏差	—	≤0.2D	开挖后桩顶下 500 mm 处用钢尺量,D 为桩径	

(2)验收资料。

1)高压喷射注浆施工桩位图。

2)材料检验报告或复试试验报告。

3)试成桩确认的施工参数。

4)浆液配合比与拌浆记录。

5)施工竣工平面图(包括孔深、桩体直径、桩身中心偏差等)。

6)高压喷射注浆施工记录。

7)高压喷射注浆地基的测试报告。

8)高压喷射注浆验收批检验记录。

◆砂桩地基

1. 监理巡视与检查

(1)在施工前应检查砂、砂石料的含泥量及有机质含量、样桩的位置等。

(2)砂桩成孔宜采用振动沉管施工,其振动力不要太大,以 30 ~ 70 kV 为宜,以免过分扰动软土。拔管速度应控制在

1 ~1.5 m/min范围内。在拔管过程中要不断用振动棒捣实管中砂子,使其密实。

(3)砂桩施工应从外围或两侧向中间进行。灌砂量应按桩孔的体积和砂在中密状态时的干密度计算(一般取2倍桩管入土体积),其实际灌砂量(不包括水重)不得少于计算的95%。若发现砂量不足或砂桩中断等情况,可在原位进行复打灌砂。

(4)在施工中检查每根砂桩、砂石桩的桩位、灌砂、砂石量、标高、垂直度等。

(5)在施工结束后检查被加固地基的强度(挤密效果)和承载力。桩身及桩与桩之间土的挤密质量可用标准贯入、静力触探或动力触探等方法检测,以不小于设计要求的数值为合格。桩间土质量的检测位置应在等边三角形或正方形的中心。

(6)在施工后应间隔一定时间方可进行质量检验。对饱和黏性土应待超孔隙水压基本消散后进行,间隔时间宜为1 ~2 周;对其他土可在施工后2 ~3 d进行。

2. 监理验收

(1)验收标准。

1)主控项目检验标准应符合表1.13 的规定。

表1.13　主控项目检验

序号	检查项目	允许偏差或允许值		检查方法	检查数量
		单位	数值		
1	灌砂量	%	≥95	实际用砂量与计算体积比	不少于桩总数的20%
2	地基强度	设计要求		按规定方法	不少于桩总数的2%
3	地基承载力	设计要求		按规定方法	总数的0.5% ~1%,且不少于3处,有单桩强度检验要求时,数量为总数的0.5% ~1%,但应不少于3根

2)一般项目检验标准应符合表1.14 的规定。

表1.14　一般项目检验

序号	检查项目	允许偏差或允许值		检查方法	检查数量
		单位	数值		
1	砂料的含泥量	%	≤3	试验室测定	同产地同规格600 t为一批
2	砂料的有机质含量	%	≤5	焙烧法	
3	桩位	mm	≤50	用钢尺测量	抽桩数20%
4	砂桩标高	mm	±150	水准仪	
5	垂直度	%	≤1.5	经纬仪检查桩管垂直度	全数检查

(2)验收资料。

1)砂料质量检验记录。

2)地基强度或地基承载力测试报告。

3)工艺试桩施工参数的确认签证。

4)施工桩位竣工图(包括桩位偏差、桩顶标高等)。

5)施工记录(包括灌砂量、桩管垂直度、夯实记录等)。

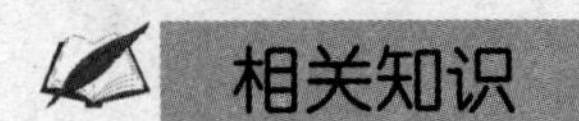

◆基础和地基

1. 基础和地基

基础是建筑物最下部分的承重构件,属于建筑物的一部分。基础承受建筑物的全部荷载,并将荷载传到地基上去。基础下面承受压力的土层或岩层称地基。地基分为天然地基和人工地基。凡天然土层具有足够的承载力,不需经人工改良或加固,可直接在上面建造房屋的称天然地基。当土层的承载力差时,应对土层必须进行加固,这种经过人工处理的地基,称人工地基。

2. 基础的类型及埋置深度

(1)基础的类型。基础按所用材料及受力特点分,主要有刚性基础和非刚性基础;按构造形式分,主要有条形基础、独立基础、片筏基础及箱形基础等。

1)按受力特点分：

①刚性基础。由刚性材料制作的基础为刚性基础。刚性材料通常是指抗压强度高，抗拉、抗剪强度较低的材料，例如，砖、石、混凝土等均属刚性材料。所以，砖基础、石基础及混凝土基础称为刚性基础，根据刚性材料受力的特点，基础在传力时只能在材料的允许范围内进行，这个控制范围的尖角称为刚性角，用 α 表示（见图1.1）。假如刚性基础底面宽度的增大超过刚性角的范围，则基础容易被拉坏，因而刚性基础底面宽度的增大要受刚性角的限制。不同材料基础的刚性角是不同的，通常砖、石基础的刚性角控制在26°～33°之间，即基础每级台阶的高宽比在1.5∶1～2∶1之间，混凝土基础应控制在45°以内，高宽比为1∶1以内。所以，也可以说，受刚性角限制的基础称为刚性基础。

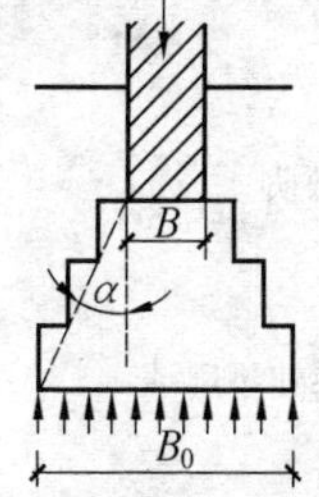

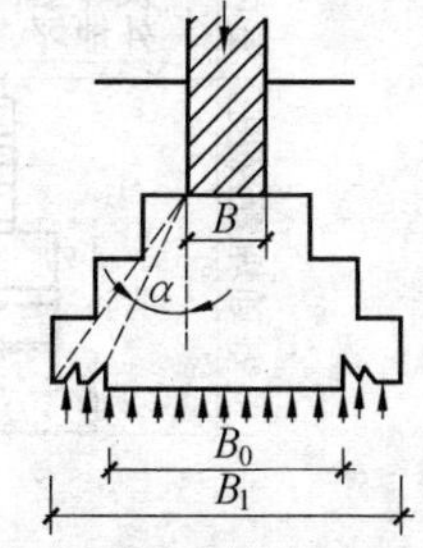

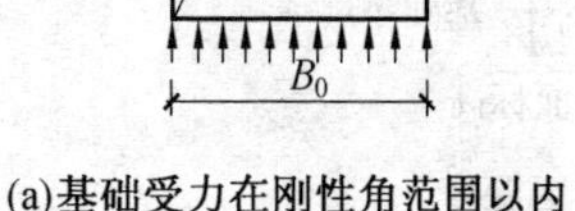

(a)基础受力在刚性角范围以内　(b)基础宽度超过刚性角范围而破坏

图1.1　刚性基础的传力特点

②非刚性基础。当建筑物的荷载较大而地基承载力较小时，基础底面必须加宽，若仍采用混凝土材料做基础，则会加大基础的深度，这样既增加了挖土的工作量，又使材料的用量增加，对工期和造价都十分不利。这时在混凝土底部配以钢筋，利用钢筋来承受拉应力，使基础底部能承受较大的拉力，这时，基础宽度的加大不受刚性角的限制。所以称钢筋混凝土基础为非刚性基础或柔性基础。

2)按基础所用材料不同，可以分为砖基础、石基础、混凝土基础、钢筋混凝土基础。

3)按基础结构形式不同,可以分为条形基础、独立基础、满堂基础、桩基础。

(2)基础的埋深。从室外设计地面至基础底面的垂直距离称基础的埋深,如图1.2所示。影响基础埋置深度的因素主要包括建筑物上部结构荷载的大小、地基土质的好坏、地下水位的高低、土壤冰冻的深度以及新旧建筑物的相邻状况等。埋深大于4 m的称为深埋基础,小于4 m的称为浅埋基础。在保证坚固安全的前提下,从经济和施工角度考虑,对一般民用建筑,基础应尽量设计为浅基础。

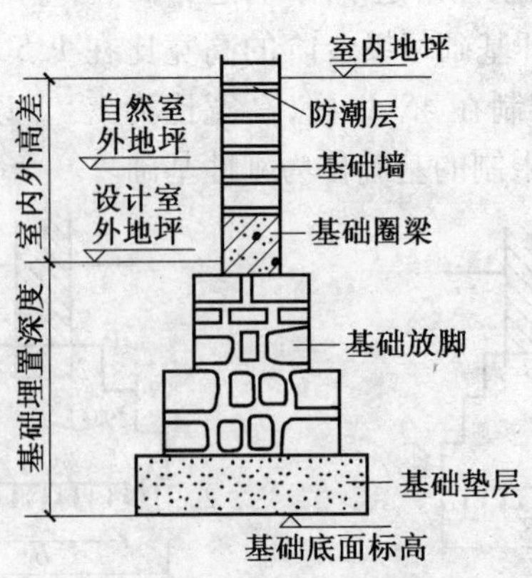

图1.2　基础的埋置深度

第2节　桩基础工程质量监理

要　点

监理人员必须全面详细地熟悉整个施工工艺流程,事先提出质量控制和检验标准,监督施工单位严格遵守和执行,从而达到预期的质量控制目标,为上部结构的施工提供良好的基础。

解　释

◆混凝土预制桩

1. **监理巡视与检查**

(1)在现场预制桩时,应对原材料、钢筋骨架、混凝土强度进行检查;采用工厂生产的成品桩时,进场后桩应进行外观及尺寸检查。

(2)在打桩前,按设计要求进行桩定位放线,确定桩位,每根桩中心钉一小桩,并设置油漆标志;桩的吊立定位,通常利用桩架附设的起重钩借桩机上卷扬机吊桩就位,或配一台履带式起重机送桩就位,并用桩架上夹具或落下桩锤借桩帽固定位置。

(3)当桩端(指桩的全截面)位于一般土层时,应以控制桩端设计标高为主,贯入度可作参考。

(4)桩端达到坚硬、硬塑的黏性土,中密以上粉土、砂土、碎石类土、风化岩时,以贯入度控制为主,桩端标高可作参考。

(5)当贯入度已达到,而桩端标高未达到时,应继续锤击3阵,按每阵10击的贯入度不大于设计规定的数值加以确认。

(6)振动法沉桩是以振动箱代替桩锤,其质量控制是以最后3次振动(加压),每次10 min或5 min,测出每分钟的平均贯入度,以不大于设计规定的数值为合格,而摩擦桩则以沉到设计要求的深度为合格。

2. **监理验收**

(1)验收标准。

1)预制桩钢筋骨架。

①主控项目检验标准应符合表1.15的规定。

表1.15　主控项目检验

序号	检查项目	允许偏差或允许值/mm	检查方法	检查数量
1	主筋距桩顶距离	±5	用钢尺测量	抽查20%
2	多节桩锚固钢筋位置	5		
3	多节桩预埋铁件	±3		
4	主筋保护层厚度	±5		

②一般项目检验标准应符合表1.16的规定。

表1.16　一般项目检验

序号	检查项目	允许偏差或允许值/mm	检查方法	检查数量
1	主筋间距	±5	用钢尺测量	抽查20%
2	桩尖中心线	10		
3	箍筋间距	±20		
4	桩顶钢筋网片	±10		
5	多节桩锚固钢筋长度	±10		

2)钢筋混凝土预制桩。

①主控项目检验标准应符合表1.17的规定。

表1.17　主控项目检验

序号	检查项目	允许偏差或允许值	检查方法	检查数量
1	桩体质量检验	按基桩检测技术规范	按基桩检测技术规范	按设计要求
2	桩位偏差	《建筑地基基础工程施工质量验收规范》(GB 50202—2002)表5.1.3	用钢尺测量	全数检查
3	承载力	按基桩检测技术规范	按基桩检测技术规范	按设计要求

②一般项目检验标准应符合表1.18的规定。

表1.18　一般项目检验

序号	检查项目	允许偏差或允许值		检查方法	检查数量
		单位	数值		
1	砂、石、水泥、钢材等原材料(现场预制时)	符合设计要求		查出厂质保文件或抽样送检	按设计要求
2	混凝土配合比及强度(现场预制时)	符合设计要求		检查称量及查试块记录	
3	成品桩外形	表面平整,颜色均匀,掉角深度<10 mm,蜂窝面积小于总面积0.5%		直观	抽总桩数20%

续表 1.18

序号	检查项目		允许偏差或允许值		检查方法	检查数量
			单位	数值		
4	成品桩裂缝（收缩裂缝或起吊、装运、堆放引起的裂缝）		深度<20 mm 宽度<0.25 mm，横向裂缝不超过边长的一半		裂缝测定仪，该项在地下水有侵蚀地区及锤击数超过 500 击的长桩不适用	全数检查
5	成品桩尺寸	横截面边长	mm	±5	用钢尺测量	抽总桩数 20%
		桩顶对角线差	mm	<10	用钢尺测量	
		桩尖中心线	mm	<10	用钢尺测量	
		桩身弯曲矢高	—	<l/1 000	用钢尺测量，l 为桩长	
		桩顶平整度	mm	<2	用水平尺测量	
6	电焊接桩焊缝	1）上下节端部错口 （外径≥700 mm）	mm	≤3	用钢尺测量	抽 20% 接头
		（外径<700 mm）	mm	≤2	用钢尺测量	
		2）焊缝咬边深度	mm	≤0.5	焊缝检查仪	
		3）焊缝加强层高度	mm	2	焊缝检查仪	
		4）焊缝加强层宽度	mm	2	焊缝检查仪	
		5）焊缝电焊质量外观	无气孔，无焊瘤，无裂缝		直观	抽 10% 接头
		6）焊缝探伤检验	满足设计要求		按设计要求	抽 20% 接头
	电焊结束后停歇时间		min	>1.0	秒表测定	全数检查
	上下节平面偏差		min	<10	用钢尺量	
	节点弯曲矢高		—	<l/1 000	用钢尺量，l 为两节桩长	

续表 1.18

<table>
<tr><th rowspan="2">序号</th><th colspan="2" rowspan="2">检查项目</th><th colspan="2">允许偏差或允许值</th><th rowspan="2">检查方法</th><th rowspan="2">检查数量</th></tr>
<tr><th>单位</th><th>数值</th></tr>
<tr><td rowspan="2">7</td><td rowspan="2">硫磺胶泥接桩</td><td>胶泥浇筑时间</td><td>min</td><td><2</td><td>秒表测定</td><td rowspan="2">全数检查</td></tr>
<tr><td>浇筑后停歇时间</td><td>min</td><td>>7</td><td>秒表测定</td></tr>
<tr><td>8</td><td colspan="2">桩顶标高</td><td>min</td><td>±50</td><td>水准仪</td><td rowspan="2">抽20%</td></tr>
<tr><td>9</td><td colspan="2">停锤标准</td><td colspan="2">设计要求</td><td>现场实测或查沉桩记录</td></tr>
</table>

(2)验收资料。

1)钢筋混凝土预制桩的出厂合格证。

2)现场预制桩的检验记录(包括材料合格证、材料试验报告、混凝土配合比、现场混凝土计量和坍落度检验记录、钢筋骨架隐蔽工程验收、每批浇捣混凝土强度试验报告、每批浇筑验收批检验记录等)。

3)补桩平面示意图。

4)试桩或试验记录。

5)打(压)桩施工记录。

6)桩位竣工平面图(包括桩位偏差、桩顶标高、桩身垂直度)。

7)周围环境监测的记录。

8)打(压)桩每一验收批记录。

◆混凝土灌注桩

1. 监理巡视与检查

(1)在施工前应对水泥、砂、石子(如现场搅拌)、钢材等原材料进行检查,对施工组织设计中制定的施工顺序、监测手段(包括仪器、方法)也应检查。

(2)在施工中应对成孔、清渣、放置钢筋笼、灌注混凝土等进行全过程检查,人工挖孔桩尚应复验孔底持力层土(岩)性。嵌岩桩必须有桩端持力层的岩性报告。

(3)在施工结束后,应检查混凝土强度,并应做桩体质量及承载力的检验。

2. 监理验收

(1)验收标准。灌注桩的桩位偏差应符合《建筑地基基础工程施工质量验收规范》(GB 50202—2002)表 5.1.4 的规定,桩顶

标高至少要比设计标高高出 0.5 m，桩底清孔质量按不同的成桩工艺有不同的要求，应按本章的各节要求执行。每浇筑 50 m^3 必须有 1 组试件，小于 50 m^3 的桩，每根桩必须有 1 组试件。

1）混凝土灌注桩钢筋笼。

①主控项目检验标准应符合表 1.19 的规定。

表 1.19　主控项目检验

序号	检查项目	允许偏差或允许值/mm	检查方法	检查数量
1	主筋间距	±10	用钢尺测量	全数检查
2	长度	±100		

②一般项目检验标准应符合表 1.20 的规定。

表 1.20　一般项目检验

序号	检查项目	允许偏差或允许值/mm	检查方法	检查数量
1	钢筋材质检验	设计要求	抽样送检	按进场的批次和产品的抽样检验方案确定
2	箍筋间距	±20	用钢尺测量	抽 20% 桩数
3	直径	±10		

2）混凝土灌注桩。

①主控项目检验标准应符合表 1.21 的规定。

表 1.21　主控项目检验

序号	检查项目	允许偏差或允许值		检查方法	检查数量
		单位	数值		
1	桩位	见《建筑地基基础工程施工质量验收规范》（GB 50202—2002）表 5.1.4		基坑开挖前量护筒，开挖后量桩中心	全数检查
2	孔深	mm	+300	只深不浅，用重锤测，或测钻杆、套管长度，嵌岩桩应确保进入设计要求的嵌岩深度	

续表 1.21

序号	检查项目	允许偏差或允许值		检查方法	检查数量
		单位	数值		
3	桩体质量检验	按基桩检测技术规范。如钻芯取样,大直径嵌岩桩应钻至桩尖下50 cm		按基桩检测技术规范	按设计要求
4	混凝土强度	设计要求		试件报告或钻芯取样送检	每浇筑50 m^3必须有1组试件,小于50 m^3的桩,每根或每台班必须有1组试件
5	承载力	按基桩检测技术规范		按基桩检测技术规范	按设计要求

②一般项目检验标准应符合表1.22的规定。

表 1.22　一般项目检验

序号	检查项目		允许偏差或允许值		检查方法	检查数量
			单位	数值		
1	垂直度		见《建筑地基基础工程施工质量验收规范》(GB 50202—2002)表5.1.4		测套管或钻杆,或用超声波探测,干施工时吊垂球	全数检查
2	桩径		见《建筑地基基础工程施工质量验收规范》(GB 50202—2002)表5.1.4		井径仪或超声波检测,干施工时用钢尺测量,人工挖孔桩不包括内衬厚度	
3	泥浆比重(黏土或砂性土中)		1.15~1.20		用比重计测,清孔后在距孔底50 cm处取样	
4	泥浆面标高(高于地下水位)		m	0.5~1.0	目测	
5	沉渣厚度	端承桩 摩擦桩	mm mm	≤50 ≤150	用沉渣仪或重锤测量	

续表 1.22

<table>
<tr><th rowspan="2">序号</th><th rowspan="2" colspan="2">检查项目</th><th colspan="2">允许偏差或允许值</th><th rowspan="2">检查方法</th><th rowspan="2">检查数量</th></tr>
<tr><th>单位</th><th>数值</th></tr>
<tr><td>6</td><td>混凝土坍落度</td><td>水下灌注
干施工</td><td>mm
mm</td><td>160 ~ 220
70 ~ 100</td><td>坍落度仪</td><td>每 50 m³ 或一根桩或一台班不少于 1 次</td></tr>
<tr><td>7</td><td colspan="2">钢筋笼安装深度</td><td>mm</td><td>±100</td><td>用钢尺量</td><td rowspan="3">全数检查</td></tr>
<tr><td>8</td><td colspan="2">混凝土充盈系数</td><td colspan="2">>1</td><td>检查每根桩的实际灌注量</td></tr>
<tr><td>9</td><td colspan="2">桩顶标高</td><td>mm</td><td>+30
−50</td><td>水准仪，需扣除桩顶浮浆层及劣质桩体</td></tr>
</table>

(2)验收资料。

1)桩设计图纸、施工说明和地质资料。

2)当地无成熟经验时必须提供试成孔资料。

3)材料合格证和到施工现场后复试试验报告。

4)灌注桩从开孔至混凝土灌注的各工序施工记录。

5)隐蔽工程验收记录。

6)单桩混凝土试件试压报告。

7)桩体完整性测试报告。

8)桩承载力测试报告。

9)混凝土灌注桩钢筋笼质量检验记录。

10)灌注桩平面位置和垂直度检验记录。

11)混凝土灌注桩质量检验记录。

12)混凝土灌注桩竣工桩位平面图。

◆钢桩

1. 监理巡视与检查

(1)在施工前应检查进入现场的成品钢桩，成品桩的质量标准应符合表 1.23、表 1.24 的规定。

(2)钢桩应按规格、材质分别堆放。对于钢管桩,Φ900 堆置三层;Φ600 放置四层;Φ400 放置五层;钢管桩的两侧要用木楔塞住,防止滚动。对于 H 型钢桩最多堆六层。桩的支点设置要合理,防止支点不妥而使钢管桩变形。

(3)混凝土预制桩的沉桩过程各条质量要求均适用于钢桩施工。

(4)在锤击沉桩时,应控制:

1)对于钢管桩沉桩有困难,可采用管内取土法沉桩。

2)沉 H 型钢桩时:

①当持力层较硬时,H 型钢桩不宜送桩。

②在施工现场地表若有大块石、混凝土块等回填物,在插桩前用触探法了解桩位上的障碍物,清除障碍物后再插入 H 型钢桩,能保证沉桩顺利和桩垂直度正确。

3)H 型钢桩断面刚度较小,锤重不宜大于 4.5 t 级(柴油锤),且在锤击过程中桩架前应有横向约束装置,防止横向失稳。

(5)桩端部的浮锈、油污等脏物必须清除,保持干燥;下节桩桩顶经锤击后的变形部分应割除。

(6)上、下节桩焊接时应校正垂直度,用二台经纬仪呈 90°方向,对口的间隙留 2 ~ 3 mm。

(7)焊接应对称进行,应用多层焊,钢管桩各层焊缝接头应错开,焊渣应每层清除。

(8)焊丝(自动焊)或焊条应烘干。

(9)气温低于 0 ℃或雨雪天,无可靠措施确保焊接质量时,不得施焊。

(10)每个接头焊接后,应冷却 1 min 后方可锤击。

2. 监理验收

(1)验收标准。

1)成品钢桩。

①主控项目检验标准应符合表 1.23 的规定。

表 1.23　主控项目检验

序号	检查项目		允许偏差或允许值		检查方法	检查数量
			单位	数值		
1	钢桩外径或断面尺寸	桩端	—	$\pm 0.5\% D$	用钢尺测量,D为外径或边长	全数检查
		桩身		$\pm 1D$		
2	矢高		—	$<l/1\,000$	用钢尺测量,l为桩长	

②一般项目检验标准应符合表1.24的规定。

表 1.24　一般项目检验

序号	检查项目	允许偏差或允许值		检查方法	检查数量
		单位	数值		
1	长度	mm	+10	用钢尺测量	抽取总桩数20%
2	端部平整度	mm	≤2	用水平尺测量	
3	H钢桩的方正度: $h\geq 300$ $h<300$ (图示:T、T'、h)	mm mm	$T+T'\leq 8$ $T+T'\leq 6$	用钢尺测量,h、T、T'见图示	
4	端部平面与桩中心线的倾斜值	mm	≤2	用水平尺测量	

2)钢桩施工。

①主控项目检验标准应符合表1.25的规定。

表 1.25　主控项目检验

序号	检查项目	允许偏差或允许值	检查方法	检查数量
1	桩位偏差	见《建筑地基基础工程施工质量验收规范》(GB 50202—2002)表5.1.3	用钢尺测量	按设计要求
2	承载力	按基桩检测技术规范	按基桩检测技术规范	

②一般项目检验标准应符合表1.26的规定。

表1.26　一般项目检验

序号	检查项目		允许偏差或允许值		检查方法	检查数量
			单位	数值		
1	电焊接桩焊缝	1)上下节端部错口 (外径≥700 mm) (外径<700 mm)	mm	≤3	用钢尺测量	抽20%接头
		2)焊缝咬边深度	mm	≤2	用钢尺测量	
		3)焊缝加强层高度	mm	≤0.5	焊缝检查仪	
		4)焊缝加强层宽度	mm	2	焊缝检查仪	
		5)焊缝电焊质量外观	mm	2	焊缝检查仪	
		6)焊缝探伤检验	无气孔,无焊瘤,无裂缝		直观	
			满足设计要求		按设计要求	
2	电焊结束后停歇时间		min	>1.0	秒表测定	
3	节点弯曲矢高		—	$<l/1\,000$	用钢尺测量,l为两节桩长	抽检20%总桩数
4	桩顶标高		mm	±50	水准仪	
5	停锤标准		设计要求		用钢尺量或沉桩记录	抽检20%

(2)验收资料。

1)桩基设计文件和施工图,包括图纸会审纪要、设计变更等。

2)桩位测量放线成果和验线表。

3)工程地质和水文地质勘察报告。

4)经审定的施工组织设计或施工方案,包括实施中的变更文件和资料。

5)钢桩出厂合格证及钢桩技术性能资料。

6)打桩施工记录,包括桩位编号图。

7)桩基竣工图。

8)成桩质量检验报告和承载力检验报告。

9)质量事故处理资料。

◆静力压桩

1. 监理巡视与检查

(1)在施工前应对成品桩(锚杆静压成品桩一般均由工厂制造,运至现场堆放)做外观及强度检验,接桩用焊条或半成品硫黄胶泥应有产品合格证书,或送有关部门检验,压桩用压力表、锚杆规格及质量也应进行检查。

(2)桩定位控制。压桩前对已放线定位的桩位按施工图进行系统的轴线复核,并检查定位桩一旦受外力影响时,第二套控制桩是否安全可靠,并可立即投入使用。桩位的放样群桩控制在20 mm偏差之内;单排桩控制在10 mm偏差内。做好定位放线复核记录,在压桩过程中应对每根桩位复核,防止因压桩后引起桩位的位移。

(3)桩位过程检验。当桩顶设计标高低于施工场地标高,送桩后无法对桩位进行检查时,对压入桩可在每根桩桩顶沉至场地标高时,在送桩前对每根桩顶的轴线位置进行中间验收,符合允许偏差范围,方可送桩到位。待全部桩压入后,承台或底板开控制设计标同时,再做桩的轴线位置最终验收。

(4)接桩的节点要求。

1)焊接接桩。钢材宜用低碳钢。接桩处如有间歇应用铁片填实焊牢,对称焊接,焊缝连续饱满,并注意焊接变形。焊温冷却大于1 min后方可施压。

2)硫黄胶泥接桩:

①选用半成品硫黄胶泥。

②浇注硫黄胶泥的温度控制在140~150 ℃范围内。

③浇注时间不得超过 2 min。

④上下节桩连接的中心偏差不得大于 10 mm,节点弯曲矢高不得大于 $l/1\ 000$(l 为两节桩长)。

⑤硫黄胶泥灌注后需停歇的时间应大于 7 min。

⑥硫黄胶泥半成品应每 100 kg 做一组试件(一组 3 件)。

(5)压桩过程中应检查压力、桩垂直度、接桩间歇时间、桩的连接质量及压入深度。重要工程应对电焊接桩的接头做 10% 的探伤检查。对承受反力的结构应加强观测。施工结束后,应做桩的承载力及桩体质量检验。

2. 监理验收

(1)验收标准。

1)主控项目检验标准应符合表 1.27 的规定。

表 1.27　主控项目检验

<table>
<tr><th rowspan="2">序号</th><th rowspan="2" colspan="2">检查项目</th><th colspan="2">允许偏差或允许值</th><th rowspan="2">检查方法</th><th rowspan="2">检查数量</th></tr>
<tr><th>单位</th><th>数值</th></tr>
<tr><td>1</td><td colspan="2">桩体质量检验</td><td colspan="2">按基桩检测技术规范</td><td>按基桩检测技术规范</td><td>按设计要求</td></tr>
<tr><td rowspan="4">2</td><td rowspan="4">桩位偏差</td><td>盖有基础梁的桩:
1)垂直基础梁的中心线
2)沿基础梁的中心线</td><td>mm</td><td>100+0.01H
150+0.01H</td><td rowspan="4">用钢尺测量,H 为施工现场地面标高与桩顶设计标高的距离</td><td rowspan="4">全数检查</td></tr>
<tr><td>桩数为 1～3 根桩基中的桩</td><td>mm</td><td>100</td></tr>
<tr><td>桩数为 4～16 根桩基中的桩</td><td>mm</td><td>1/2 桩径或边长</td></tr>
<tr><td>桩数大于 16 根桩基中的桩:
1)最外边的桩
2)中间桩</td><td>mm</td><td>1/3 桩径或边长
1/2 桩径或边长</td></tr>
</table>

续表 1.27

<table>
<tr><th rowspan="2">序号</th><th rowspan="2">检查项目</th><th colspan="2">允许偏差或允许值</th><th rowspan="2">检查方法</th><th rowspan="2">检查数量</th></tr>
<tr><th>单位</th><th>数值</th></tr>
<tr><td>3</td><td>承载力</td><td colspan="2">按基桩检测技术规范</td><td>按基桩检测技术规范</td><td>按设计要求</td></tr>
</table>

2)一般项目检验标准应符合表 1.28 的规定。

表 1.28　一般项目检验

<table>
<tr><th rowspan="2">序号</th><th colspan="2" rowspan="2">检查项目</th><th colspan="2">允许偏差或允许值</th><th rowspan="2">检查方法</th><th rowspan="2">检查数量</th></tr>
<tr><th>单位</th><th>数值</th></tr>
<tr><td rowspan="7">1</td><td colspan="2">外观</td><td colspan="2">表面平整,颜色均匀,掉角深度<10 mm,蜂窝面积小于总面积0.5%</td><td>直观</td><td rowspan="6">抽20%</td></tr>
<tr><td rowspan="5">外形尺寸</td><td>横截面边长</td><td>mm</td><td>±5</td><td>用钢尺测量</td></tr>
<tr><td>桩顶对角线差</td><td>mm</td><td><10</td><td>用钢尺测量</td></tr>
<tr><td>桩尖中心线</td><td>mm</td><td><10</td><td>用钢尺测量</td></tr>
<tr><td>桩身弯曲矢高</td><td>—</td><td><l/1 000</td><td>用钢尺测量,l 为桩长</td></tr>
<tr><td>桩顶平整度</td><td>mm</td><td><2</td><td>用水平尺测量</td></tr>
<tr><td colspan="2">强度</td><td colspan="2">满足设计要求</td><td>查产品合格证书或钻芯试压</td><td>按设计要求</td></tr>
<tr><td>2</td><td colspan="2">硫磺胶泥质量(半成品)</td><td colspan="2">设计要求</td><td>查产品合格证书或抽样送检</td><td>每100 kg做一组试件(3件)。且一台班不少于1组</td></tr>
</table>

续表 1.28

序号	检查项目			允许偏差或允许值		检查方法	检查数量
				单位	数值		
3	接桩	电焊接桩	电焊接桩焊缝： 1）上下节端部错口 （外径≥700 mm）	mm	≤3	用钢尺测量	抽20%接头
			（外径<700 mm）	mm	≤2	用钢尺测量	
			2）焊缝咬边深度	mm	≤0.5	焊缝检查仪	
			3）焊缝加强层高度	mm	2	焊缝检查仪	
			4）焊缝加强层宽度	mm	2	焊缝检查仪	
			5）焊缝电焊质量外观	无气孔，无焊瘤，无裂缝		直观	
			6）焊缝探伤检验	满足设计要求		按设计要求	抽10%接头
			电焊结束后停歇时间	min	>1.0	秒表测定	抽20%接头
		硫磺胶泥接桩	胶泥浇筑时间	min	<2	秒表测定	全数检查
			浇筑后停歇时间	min	>7	秒表测定	

续表 1.28

序号	检查项目	允许偏差或允许值		检查方法	检查数量
		单位	数值		
4	电焊条质量	设计要求		查产品合格证书	全数检查
5	压桩压力(设计有要求时)	%	±5	查压力表读数	一台班不少于3次
6	接桩时上下节平面偏差	mm	<10	用钢尺测量	水准仪
	接桩时节点弯曲矢高	—	<l/1 000	用钢尺测量,l为两节桩长	
7	桩顶标高	mm	±50	水准仪	

(2)验收资料。

1)桩的结构图及设计变更通知单。

2)材料的出场合格证和试验报告、化验报告。

3)焊件和焊接记录及焊件试验报告。

4)桩体质量检验记录。

5)混凝土试件强度试验报告。

6)压桩施工记录。

7)桩位平面图。

相关知识

◆桩基础施工安全技术

各种机械应当遵守安全技术操作要求,由专人操作并加强机械维修保养工作,保证各项机械设备和部件、零件的正常运转。在施工前应先全面检查机械,发现问题应及时解决。机械检查后要进行试运转,严禁机械带“病”工作。在施工时,机械操作人员应集中精力,密切注视机械运转是否正常,设备和部件是否安全可靠,要严防机械的倾斜、倾倒及桩锤不工作时,突然下落等事故的发生。

各种桩机的行走道路必须平整坚实,保证移动桩机时的安全。

(1)电气。电路要架空设置,不得使用不防水的电线或绝缘层有损伤的电线,电闸箱和电动机要有接地装置,加盖防雨罩;电路接头应安全可靠,开关应有保险装置,当使用 220 V 电源引爆时,应设置专用插座和插头。

(2)施工。各种桩机的行走道路必须平整坚实,保证移动桩机时的安全,当吊桩就位时,起吊要慢,拉住尾绳,防止桩头撞击桩架,撞坏桩身应加强检查,发现问题应及时处理。

现场施工操作人员应戴安全帽;高处作业人员要携带安全带;在高处检修时,不得向下乱丢物件,以防伤人;在夜间施工时,必须有足够的照明设备;遇到大风、大雾和大雨时,不宜施工。

第3节　基坑工程质量监理

要　点

不同地质条件、施工环境下的深基坑工程需要不同的施工工艺和施工技术。从而对监理提出了新的要求。这需要我们在深基坑工程质量监理工作实践基础上,不断进行理论探索、实践总结,使之理论化、系统化。这对深基坑工程质量监理工作具有普遍的指导意义。

解　释

◆基坑支护工程

1. 排桩墙支护工程

(1)监理巡视与检查。

1)钢筋混凝土灌注桩排桩墙支护工程。

①用于排桩墙的灌注桩,其成排施工顺序应根据土质情况制

定排桩施工间隔距离,防止后续施工桩机具破坏已完成桩的桩身混凝土。

②在成孔机械的选择上,应尽量选用有导向装置的机具,减少钻头晃动造成的扩径而影响邻桩钻进施工。

③在施工前做试成孔,决定不同土层孔径和转速的关系参数,按试成孔获得的参数钻进,防止扩孔(以上测试打桩单位自检完成,不需另外检测)。

④当用水泥土搅拌桩作隔水帷幕时,应先进行水泥土搅拌桩施工。

⑤混凝土灌注桩质量检查要点同桩基础的混凝土灌注桩的质量检查。

2)钢板桩排桩墙支护工程。

①钢板桩检验。钢板桩材质检验和外观检验,对于焊接钢板桩,尚需进行焊接部位的检验。对用于基坑临时支护结构的钢板桩,主要进行外观检验,并对不符合形状要求的钢板桩进行矫正,从而减少打桩过程中的困难。

②钢板桩的打设。先用吊车将钢板桩吊至插桩点处进行插桩,插桩时锁口要对准,每插入一块即套上桩帽轻轻加以锤击。在打桩过程中,为了保证钢板桩的垂直度,用两台经纬仪在两个方向加以控制。为了防止锁口中心线平面位移,可以在打桩进行方向的钢板桩锁口处设卡板,阻止板桩位移。同时在围檩上预先算出每块板块的位置,以便随时检查校正。

钢板桩分几次打入,若第一次由 20 m 高打至 15 m,第二次则打至 10 m,第三次打至导架高度,待导架拆除后第四次才打至设计标高。

在打桩时,开始打设的第一、二块钢板桩的打入位置和方向要确保精度,它可以起样板导向作用,一般每打入 1 m 应测量一次。

③钢板桩拔除。在进行基坑回填土时,应拔除钢板桩,以便修整后重复使用。拔除前要研究钢板桩拔除顺序、拔除时间及桩孔处理方法。

钢板桩的拔出，应从克服板桩的阻力着眼，根据所用拔桩机械，拔桩方法有静力拔桩、振动拔桩和冲击拔桩。

(2)监理验收。

1)验收标准。出厂钢板桩质量标准、重复使用的钢板桩检验标准，分别应符合表1.29、表1.30的规定。

表1.29　出厂钢板桩质量标准

桩型	有效宽度 b/%	端头矩形比/mm	厚度比				平直度/(%·L)				重量/%	长度L/mm	表面欠陷/(%·δ)	锁口/mm
							垂直向		平行向					
			<8 m	8~12 m	12~18 m	>18 m	<10 m	>10 m	<10 m	>10 m				
U型	±2	<2	±0.5	±0.6	±0.8	±1.2	<0.1	<0.12	<0.15	<0.12	±4	≤±200	<4	±2
Z型	-1~+3	<2	±0.5	±0.6	±0.8	±1.2	<0.15	<0.12	<0.15	<0.12	±4	≤±200	<4	±2
箱型	±2	<2	±0.5	±0.6	±0.8	±1.2	<0.1	<0.12	<0.15	<0.12	±4	≤4%	<4	±2
直线型	±2	<2	±0.5	±0.5	±0.5	±0.5	<0.15	<0.12	<0.15	<0.12	±4	≤±200	<4	±2

表1.30　重复使用的钢板桩检验标准

序号	检查项目	允许偏差或允许值	检查方法	检验数量
1	桩垂直度/%	<1	用钢尺测量	全数检查
2	桩身弯曲度	<2%L	用钢尺测量，L为桩长	
3	齿槽平直度及光滑度	无电焊渣或毛刺	用1 m长的桩段做通过试验	
4	桩长度	不小于设计长度	用钢尺测量	

混凝土板桩制作主控项目检验标准应符合表1.31的规定，一般项目检验标准应符合表1.32的规定。

表1.31　主控项目检验

序号	检查项目	允许偏差或允许值		检查方法	检查数量
		单位	数值		
1	桩长度	mm	+10 0	用钢尺测量	全数检查
2	桩身弯曲度	—	<0.1%L	用钢尺测量，L为桩长	

表 1.32　一般项目检验

序号	检查项目	允许偏差或允许值		检查方法	检查数量
		单位	数值		
1	保护层厚度	mm	±5	用钢尺测量	抽 10% 桩
2	模截面相对两面之差	mm	5		
3	桩尖对桩轴线的位移	mm	10	用钢尺测量	抽 10% 桩
4	桩厚度	mm	+10 0		
5	凹凸槽尺寸	mm	±3		

2)验收资料。

①经审批支护结构方案、施工图。

②有资质单位出具的监测方案和监测记录。

③不拔除桩墙的竣工图。

④施工过程突发事故处理措施和实施记录。

2. 水泥土桩墙支护工程

(1)监理巡视与检查。

1)测量放线可以分为三个层次做,先放出工程轴线;根据工程轴线放出加筋水泥土搅拌桩墙的轴线,请有关方确认工程轴线与加筋水泥土轴线的间隔距离;根据已确认的加筋水泥土搅拌桩墙轴线,放出加筋水泥土搅拌桩墙施工沟槽的位置,应考虑施工垂直度偏差值及确保内衬结构施工达到规范标准。

2)对于加筋水泥搅拌桩墙位置要求严格的工程,在施工沟槽开挖后应放好定位型钢,施工每一根插入型钢时予以对比调整。

3)水泥土搅拌应事先做工艺试桩,确定搅拌机钻孔下沉、提升速度,严格控制喷浆速度与下沉、提升速度匹配,并要求做到原状土充分破碎、水泥浆与原状土拌和均匀。

4)当发生输浆管堵塞时,在恢复喷浆时立即把搅拌钻具上提或下沉 1.0 m 后再继续注浆,重新注浆时应停止下沉或提升 10 ~ 20 s 喷浆,从而保证接桩强度和均匀性。

5)严格跳孔复搅工序施工。

6)插入型钢应均匀地涂刷减摩剂。

7)在水泥土搅拌结束后,型钢起吊,用经纬仪调整型钢的垂直度,在达到垂直度要求后下插型钢,利用水准仪控制型钢的顶标高,保证型钢的插入深度,型钢的对接接头应放在土方开挖标高以下。

(2)监理验收。

1)验收标准。加筋水泥土桩应符合表1.33的规定。

表1.33 加筋水泥土桩质量检验

序号	检查项目	允许偏差或允许值		检查方法	检查数量
		单位	数值		
1	型钢长度	mm	±10	用钢尺测量	全数检查
2	型钢垂直度	%	<1	用经纬仪	
3	型钢插入标高	mm	±30	水准测仪	
4	型钢插入平面位置	mm	10	用钢尺测量	

2)验收资料。

①水泥土搅拌桩或高压喷射注浆与型钢插入记录。

②原材料检验记录。

③土方开挖后加筋水泥土墙竣工平面图。

④插入型钢拔除记录。

⑤对于非二墙合一加筋水泥土桩仅需加筋水泥土墙竣工平面图。

3. 锚杆及土钉墙支护工程

(1)监理巡视与检查。

1)锚杆及土钉墙支护工程在施工前应熟悉地质资料、设计图纸及周围环境,降水系统应确保正常工作,必须的施工设备如挖掘机、钻机、压浆泵、搅拌机等应能正常运转。

2)通常情况下,应遵循分段开挖、分段支护的原则,不宜按一次挖就再行支护的方式施工。

3)在施工中应对锚杆或土钉位置,钻孔直径、深度及角度,锚杆或土钉插入长度,注浆配比、压力及注浆量,喷锚墙面厚度及强度、锚杆或土钉应力等进行检查。

4)每段支护体施工完后,应检查坡顶或坡面位移,坡顶沉降及周围环境变化,如有异常情况应采取措施,待恢复正常后方可继续施工。

(2)监理验收。

1)验收标准。

①主控项目检验标准应符合表1.34的规定。

表1.34　主控项目检验

序号	检查项目	允许偏差或允许值		检查方法	检查数量
		单位	数值		
1	锚杆土钉长度	mm	±30	用钢尺测量	全数检查
2	锚杆额定力	设计要求		现场实测	全数检查

②一般项目检验标准应符合表1.35的规定。

表1.35　一般项目检验

序号	检查项目	允许偏差或允许值		检查方法	检查数量
		单位	数值		
1	锚杆或土钉位置	mm	±100	用钢尺测量	抽10%
2	钻孔倾斜度	°	±1	测钻机倾角	抽10%孔位
3	浆体强度	设计要求		试样送检	每30根锚杆或土钉不少于一组,每组试块数量为6块。同时锚杆尚应根据施工需要留置一定数量的同条件养护试块
4	注浆量	大于理论计算浆量		检查计量数据	查10%

续表 1.35

序号	检查项目	允许偏差或允许值		检查方法	检查数量
		单位	数值		
5	土钉墙面厚度	mm	±10	用钢尺测量	每 100 m^2 为一组，每组不少于 3 点
6	墙体强度	设计要求		试样送检	每天喷锚墙体时，留一组试块检查试块 28 d试验报告

2）验收资料。

①锚杆和土钉墙竣工图。

②锚杆或土钉锁定力测试报告。

③锚杆或土钉注浆浆体强度试验报告。

④墙面喷射混凝土强度试验报告。

⑤锚杆或土钉墙竣工记录（锚杆或土钉位置，钻孔直径、深度和角度，锚杆或土钉插入长度，注浆配比、压力及注浆量，喷锚墙面厚度等）。

◆地下连续墙

1. 监理巡视与检查

（1）在施工前地下墙宜先试成槽，以检验泥浆的配比、成槽机的选型，并可复核地质资料。

（2）作为永久结构的地下连续墙，其抗渗质量标准可按现行国家标准《地下防水工程施工质量验收规范》（GB 50208—2002）执行。

（3）地下墙槽段间的连接接头形式应根据地下墙的使用要求选用，且应考虑施工单位的经验，无论选用何种接头，在浇筑混凝土前，其接头处应刷洗干净，不留任何泥砂或污物。

（4）地下墙与地下室结构顶板、楼板、底板及梁之间连接可预埋钢筋或接驳器(锥螺纹或直螺纹),对接驳器也应按原材料检验要求,抽样复验。抽样数量每500套为一个检验批,每批应抽查3件,复验内容为外观、尺寸、抗拉试验等。

(5)在施工前应检验进场的钢材、电焊条。已完工的导墙应检查其净空尺寸、墙面平整度与垂直度。检查泥浆用的仪器、泥浆循环系统应完好。地下连续墙应用商品混凝土。

(6)在施工中应检查成槽的垂直度、槽底的淤积物厚度、泥浆比重、钢筋笼尺寸、浇筑导管位置、混凝土上升速度、浇筑面标高、地下墙连接面的清洗程度、商品混凝土的坍落度、锁口管或接头箱的拔出时间及速度等。

(7)在成槽结束后应对成槽的宽度、深度及倾斜度进行检验,重要结构每段槽段均应检查,通常结构可抽查总槽段数的20%,每槽段应抽查1个段面。

(8)永久性结构的地下墙,在钢筋笼沉放后,应做二次清孔,沉渣厚度应符合要求。

(9)每50 m 地下墙应做1组试件,每幅槽段不得少于1组,在强度满足设计要求后方可开挖土方。

(10)作为永久性结构的地下连续墙,土方开挖后应进行逐段检查,钢筋混凝土底板也应当符合现行国家标准《混凝土结构工程施工质量验收规范》(GB 50204—2002)的规定。

2. 监理验收

(1)验收标准。

1)地下墙的钢筋笼。

①主控项目检验标准应符合表1.36的规定。

表1.36 主控项目检验

序号	检查项目	允许偏差或允许值/mm	检查方法	检查数量
1	主筋间距	±10	用钢尺测量	每桩必检
2	长度	±100		

②一般项目检验标准应符合表1.37的规定。

表 1.37　一般项目检验

序号	检查项目	允许偏差或允许值/mm	检查方法	检查数量
1	钢筋材质检验	设计要求	抽样送检	按进场的批次和产品的抽样检验方案确定
2	箍筋间距	±20	用钢尺测量	抽 20% 桩数
3	直径	±10		

2)地下墙。

①主控项目检验标准应符合表 1.38 的规定。

表 1.38　主控项目检验

序号	检查项目		允许偏差或允许值		检查方法	检查数量
			单位	数值		
1	墙体强度		设计要求		查试件记录或取芯试压	$50\ m^3$ 或每幅槽段不少于 1 组试块
2	垂直度	永久结构 临时结构	—	1/300 1/150	测声波测槽仪或成槽机上的监测系统	抽查总槽段数的 20% 以上;重要结构(永久性)应全数检查,每个槽段抽查一个段面

②一般项目检验标准应符合表 1.39 的规定。

表 1.39　一般项目检验

序号	检查项目		允许偏差或允许值		检查方法	检查数量
			单位	数值		
1	导墙尺寸	宽度	mm	*W*+40	用钢尺测量,*W* 为地下墙设计厚度	全数检查,且每段不少于 5 点
		墙面平整度	mm	<5	用钢尺测量	
		导墙平面位置	mm	±10	用钢尺测量	

续表 1.39

序号	检查项目		允许偏差或允许值		检查方法	检查数量
			单位	数值		
2	沉渣厚度	永久结构 临时结构	mm mm	≤100 ≤200	重锤测或沉积物测定仪测	抽查总槽段数的20%以上;重要结构(永久性)应全数检查,每个槽段抽查一个段面
3	槽深		mm	+100	重锤测	抽查总槽段数的20%以上;重要结构(永久性)应全数检查,每个槽段抽查一个段面
4	混凝土坍落度		mm	180~220	坍落度测定器	50 m³ 或每幅槽段不少于1组试块
5	钢筋笼尺寸		见表 1.37、表 1.38			
6	地下墙表面平整度	永久结构 临时结构 插入式结构		<100 <150 <20	此为均匀黏土层,松散及易塌土层由设计决定	抽查总槽段数的20%以上;重要结构(永久性)应全数检查,每个槽段抽查一个段面
7	永久结构目的预埋件位置		水平向 垂直向	≤10 ≤20	用钢尺测量 水准仪	全数检查

(2)验收资料。

1)工程竣工图(包括开挖后墙面实际位置和形状图)。

2)导墙施工验收记录。

3)钢筋、钢材合格证和复验报告。

4)地下墙与地下室结构顶板、楼板、底板及梁之间连接预埋钢筋或接驳器(锥螺纹或直螺纹)抽样复验,每500套为一个检验批,每批抽查3件,复验内容为外观、尺寸、抗拉试验报告和记录。

5)电焊条合格证和电焊条使用前烘焙记录。

6)钢筋焊接接头试验报告(抽检数量按钢筋混凝土规范执行)。

7)地下连续墙成槽施工记录。

8)泥浆组合比及测试资料。

◆沉井与沉箱

1. 监理巡视与检查

(1)沉井是下沉结构,必须掌握确凿的地质资料,钻孔可按下列要求进行:

1)面积在200 m^2 以下(包括200 m^2)的沉井(箱),应有一个钻孔(可布置在中心位置)。

2)面积在200 m^2 以上的沉井(箱),在四角(圆形为相互垂直的两直径端点)应各布置一个钻孔。

3)对于特大沉井(箱)可根据具体情况增加钻孔。

4)钻孔底标高应深于沉井的终沉标高。

5)每座沉井(箱)应有一个钻孔提供土的各项物理力学指标、地下水位和地下水含量资料。

(2)在沉井(箱)的施工应由具有专业施工经验的单位承担。

(3)在沉井制作时,承垫木或砂垫层的采用与沉井的结构情况、地质条件、制作高度等有关。无论采用何种形式,均应有沉井制作时的稳定计算及措施。

(4)多次制作和下沉的沉井(箱),在每次制作接高时,应对下卧层作稳定复核计算,并确定确保沉井接高的稳定措施。

(5)沉井采用排水封底,应确保终沉时,井内不发生管涌、涌土及沉井止沉稳定。若不能保证时,则应采用水下封底。

(6)沉井施工除应符合本规范规定外,尚应符合现行国家标准《混凝土结构工程施工质量验收规范》(GB 50204—2002)及《地下防水工程施工质量验收规范》(GB 50208—2002)的规定。

(7)沉井(箱)在施工前应对钢筋、电焊条及焊接成形的钢筋半成品进行检验。若不用商品混凝土,则应对现场的水泥、骨料做检验。

(8)在混凝土浇筑前,应对模板尺寸、预埋件位置、模板的密封性进行检验。拆模后应检查浇筑质量(外观及强度),符合要求后方可下沉。浮运沉井尚需做起浮可能性检查。在下沉过程中应对下沉偏差做过程控制检查。下沉后的接高应对地基强度、沉井的稳定做检查。在封底结束后，应对底板的结构（有无裂缝）及渗漏做检查。有关渗漏验收标准应符合现行国家标准《地下防水工程施工质量验收规范》（GB 50208—2002）的规定。

（9）沉井（箱）竣工后的验收应包括沉井（箱）的平面位置、终端标高、结构完整性、渗水等进行综合检查。

2. 监理验收

（1）验收标准。

1）主控项目检验标准应符合表 1.40 的规定。

表 1.40　主控项目检验

序号	检查项目		允许偏差或允许值		检查方法	检查数量
			单位	数值		
1	混凝土强度		满足设计要求（下沉前必须达到 70% 设计强度）		查试件记录或抽样送检	每 50 m³ 或每节沉井（箱）不少于一组试块。与沉井（箱）同条件养护
2	封底前，沉井（箱）的下沉稳定		mm/8 h	<10	水准仪	全数检查
3	封底结束后的位置	刃脚平均标高（与设计标高比）	mm	<100	水准仪	全数检查
		刃脚平面中心线位移		<1% H	经纬仪，H 为下沉总深度，H<10 m 时，控制在100 mm之内	
		四角中任何两角的底面高差		<1% l	水准仪，l 为两角的距离，但不超过 300 m，l<10 m 时，控制在100 mm之内	

注：主控项目 3 的三项偏差可同时存在，下沉总深度是指下沉前后刃脚之高差。

2）一般项目检验标准应符合表 1.41 的规定。

表 1.41　一般项目检验

序号	检查项目	允许偏差或允许值		检查方法	检查数量
		单位	数值		
1	钢材、对接钢筋、水泥、骨料等原材料检查	符合设计要求		查出厂质保书或抽样送检	按《混凝土结构工程施工质量验收规范》GB 50204—2002 的规定 钢材、对接钢筋检查数量:按进场批次和产品的抽样检验方案确定 水泥检查数量:按同一生产厂家、同一等级、同一品种、同一批号且连续进场的水泥,袋装不超过 200 t 为一批,散装不超过 500 t 为一批,每批抽样不少于一次 骨料、外加剂检查数量:按进场批次和产品的抽样检验方案确定
2	结构体外观	无裂缝、无蜂窝、空洞、不露筋		直观	内外壁全数检查
3	平面尺寸长与宽	%	±0.5	用钢尺测量,最大控制在 100 mm 之内	全数检查
	曲线部分半径	%	±0.5	用钢尺测量,最大控制在 500 m 之内	
	两对角线差	%	1.0	用钢尺测量	
	预埋件	mm	2.0	用钢尺测量	

续表 1.41

序号	检查项目		允许偏差或允许值		检查方法	检查数量
			单位	数值		
4	下沉过程	高差	%	1.5~2.0	经纬仪，H为下沉深度，最大应控制在300 mm之内，此数值不包括高差引起的中线位移	全数检查
		平面轴线	—	<1.5% H		
5	封底混凝土坍落度		cm	18~22	坍落度测定器	每50 m^3或每节沉井(箱)不少于一组试块，与沉井(箱)同条件养护

(2)验收资料。

1)工程竣工图。

2)工程测量记录；中间验收报告；沉井下沉记录；沉箱工程施工记录与下沉记录。

3)各种原材料检验记录。

4)混凝土试验报告。

5)钢筋焊接接头试验报告。

6)沉井制作、封底施工记录。

7)沉井(箱)的质量检验记录。

◆降水与排水

1. 监理巡视与检查

(1)轻型井点。

1)井管布置应考虑挖土机和运土车辆出入方便。

2)井管距离基坑壁通常可取0.7~1 m，从而防局部发生漏气。

3)集水总管标高宜尽量接近地下水位线，并沿抽水水流方向有0.25%～0.5%的上仰坡度。

4)井点管在转角部位宜适当加密。

(2)喷射井点。

1)为防止喷射器的损坏,安装前应对喷射井管逐根冲洗,开泵时压力要小一些,正常后逐步开足,防止喷射器损坏。

2)井点全面抽水两天后,应更换清水,以后要视水质浑浊程度定期更换清水。

3)工作水压力以能满足降水要求即可,从而减轻喷嘴的磨耗程度。

(3)电渗井点。

1)电渗井点的阳极外露地面为20～40 cm,入土深度应比井点管深50 cm,以保证水位能降到所要求的深度。

2)为了避免大量电流从土表面通过,降低电渗效果,通电前应清除阴阳极之间地面上无关的金属和其他导电物,并使地面保持干燥,有条件的可涂一层沥青,绝缘效果会更好。

(4)管井井点。

1)滤水管井埋设应采用泥浆护壁套管钻孔法。

2)管井下沉前应先进行清孔,并保持滤网畅通,再将滤水管井居中插入,用圆木堵住管口,地面以下0.5 m以内用黏土填充夯实。

3)管井井点埋设孔应比管井的外径大200 mm以上,以便在管井外侧与土壁之间用3～15 mm砾石填充作过滤层。

(5)排水施工。

1)监理员控制排水沟的位置,应在基础轮廓线以外,不小于0.3 m处(沟边缘离坡脚)的位置。

2)集水井深通常低于排水沟1 m左右,监理人员与施工单位有关人员根据排水沟的来水量和水泵的排水量共同决定其容量大小。应保证泵停抽后10～15 min内基坑坑底不被地下水淹没。

3)集水井底应铺上一层粗砂,监理员控制其厚度为10～15 cm,或分为两层:上层为砾石层10 cm厚,下层为粗砂层10 cm

厚。

4)监理人员可以建议施工单位在集水井四面用木板桩围起,板桩深入挖掘底部0.5~0.75 m。

5)当发现集水井井壁容易坍塌时,监理员应要求施工人员用挡土板或用砖干砌围护,井底铺30 cm厚的碎石、卵石作反滤层。

2. 监理验收

(1)验收标准。降水与排水施工的质量检验标准应符合表1.42的规定。

表1.42 降水与排水施工质量检验标准

<table>
<tr><th rowspan="2">序号</th><th rowspan="2" colspan="2">检查项目</th><th colspan="2">允许偏差或允许值</th><th rowspan="2">检查方法</th><th rowspan="2">检查数量</th></tr>
<tr><th>单位</th><th>数值</th></tr>
<tr><td>1</td><td colspan="2">排水沟坡度</td><td>‰</td><td>1~2</td><td>目测:坑内不积水,沟内排水畅通</td><td rowspan="9">全数检查</td></tr>
<tr><td>2</td><td colspan="2">井管(点)垂直度</td><td>%</td><td>1</td><td>插管时目测</td></tr>
<tr><td>3</td><td colspan="2">井管(点)间距(与设计相比)</td><td>%</td><td>≤150</td><td>用钢尺测量</td></tr>
<tr><td>4</td><td colspan="2">井管(点)插入深度(与设计相比)</td><td>mm</td><td>≤200</td><td>水准仪</td></tr>
<tr><td>5</td><td colspan="2">过滤砂砾料填灌(与计算值相比)</td><td>mm</td><td>≤5</td><td>检查回填料用量</td></tr>
<tr><td rowspan="2">6</td><td rowspan="2">井点真空度</td><td>轻型井点</td><td>kPa</td><td>>60</td><td>真空度表</td></tr>
<tr><td>喷射井点</td><td>kPa</td><td>>93</td><td>真空度表</td></tr>
<tr><td rowspan="2">7</td><td rowspan="2">电渗井点阴阳极距离</td><td>轻型井点</td><td>mm</td><td>80~100</td><td>用钢尺测量</td></tr>
<tr><td>喷射井点</td><td>mm</td><td>120~150</td><td>用钢尺测量</td></tr>
</table>

(2)验收资料。

1)降水设备埋设记录(井管、点埋设深度、标高、间距、填砂砾石量、抽水设备设置位置与标高)。

2)降水系统完成后试运转记录;若发现井管(点)失效,采取措施恢复正常再试运转记录。

3)每台井点设备每台班运行记录。

4)降水系统运转过程中每天检查井内外观测孔水位记录,当坑外环境受到影响的处理记录。

5)降排水设计文件。

6)如坑外采用井点回灌技术处理时,回灌前后水位升降记录等。

7)降排水停止与拆除及地下建(物)筑物标高变化的测量记录。

◆一般规定

(1)在基坑(槽)或管沟工程等开挖施工中,现场不应进行放坡开挖,当可能对邻近建(构)筑物、地下管线、永久性道路产生危害时,应对基坑(槽)、管沟进行支护后再开挖。

(2)基坑(槽)、管沟开挖前应做好下列工作:

1)在基坑(槽)、管沟开挖前,应根据支护结构形式、挖深、地质条件、施工方法、周围环境、工期、气候和地面载荷等资料制定施工方案、环境保护措施、监测方案,经审批后方可施工。

2)在土方工程施工前,应对降水、排水措施进行设计,系统应经检查和试运转,一切正常时方可开始施工。

3)有关围护结构的施工质量验收可按相关规定执行,验收合格后方可进行土方开挖。

基坑的支护与开挖方案,各地均有严格的规定,应按当地的要求,对方案进行申报,经批准后才能施工。降水、排水系统对维护基坑的安全极为重要,必须在基坑开挖施工期间安全运转,并应时刻检查其工作状况。对于临近有建筑物或有公共设施的,在降水过程中要予以观测,不得因降水而危及这些建筑物或设施的安全。

(3)土方开挖的顺序、方法应与设计工况相一致,并应遵循“开槽支撑,先撑后挖,分层开挖,严禁超挖”的原则。

(4)基坑(槽)、管沟的挖土应分层进行。在施工过程中基坑

(槽)、管沟边堆置土方不应超过设计荷载,挖方时不应碰撞或损伤支护结构、降水设施。

基坑(槽)、管沟挖土应分层进行,分层厚度应根据工程具体情况(包括土质、环境等)决定。开挖本身是一种卸荷过程,应防止局部区域挖土过深、卸载过速,引起土体失稳,降低土体抗剪性能,同时在施工中应不损伤支护结构,以保证基坑的安全。

(5)在基坑(槽)、管沟土方施工中应对支护结构、周围环境进行观察和监测,如出现异常情况应及时处理,待恢复正常后方可继续施工。

(6)在基坑(槽)、管沟开挖至设计标高后,应对坑底进行保护,经验槽合格后,方可进行垫层施工。对特大型基坑,宜分区分块挖至设计标高,分区分块及时浇筑垫层。必要时,可加强垫层。

(7)基坑(槽)、管沟土方工程验收必须确保支护结构安全和周围环境安全为前提。当设计有指标时,以设计要求为依据,如无设计指标时应按表1.43的规定执行。

表1.43　基坑变形的监控值

基坑类别	围护结构墙顶位移监控值/cm	围护结构墙体最大位移监控值/cm	地面最大沉降监控值/cm
一级基坑	3	5	3
二级基坑	6	8	6
三级基坑	8	10	10

注:①符合下列情况之一,为一级基坑。

重要工程或支护结构做主体结构的一部分;

开挖深度大于10 m;

与临近建筑物、重要设施的距离在开挖深度以内的基坑;

基坑范围内有历史文物、近代优秀建筑、重要管线等需严加保护的基坑。

②三级基坑为开挖深度小于7 m,且周围环境无特别要求时的基坑。

③除一级和三级外的基坑属二级基坑。

④当周围已有的设施有特殊要求时,尚应符合这些要求。

第4节　土方工程质量监理

要　点

土方工程是建筑工程施工中主要工种工程之一。这里主要介绍土方开挖与土方回填。

解　释

◆土方开挖

1. **监理巡视与检查**

(1)应检查基底的土质情况,特别是土质与承载力是否与设计相符。

(2)通过施工变形监测,检查基底围护结构是否基本稳定。

(3)当基底为砂或软黏土时,应督促施工单位按设计要求,及时铺碎石、卵石,其厚度不小于20 cm,对下沉尚未稳定的沉井,其刃脚下还应密垫块石。

(4)若遇有局部超挖时,不能允许施工单位用素土回填,一般应用封底的混凝土加厚填平。

(5)若发现基底土体仍有松土或有水井、古河、古湖、橡皮土或局部硬土(硬物)等,应与施工单位、设计单位共同协商,根据具体情况,采用相应的处理措施。

2. **监理验收**

(1)验收标准。

1)主控项目检验标准应符合表1.44的规定。

表 1.44　主控项目检验

序号	检查项目	允许偏差或允许值/mm					检查方法	检查数量
		柱基基坑基槽	挖方场地平整		管沟	地(路)面基层		
			人工	机械				
1	标高	-50	±30	±50	-50	-50	水准仪	柱基按总数抽查10%，但不少于5个，每个不少于2点；基坑每20 m^2 取1点，每坑不少于2点；基槽、管沟、排水沟、路面基层每20 m取1点，但不少于5点；挖方每30～50 m^2 取1点，但不少于5点
2	长度、宽度(由设计中心线向两边量)	+200 -50	+300 -100	+500 -150	+100	—	经纬仪，用钢尺测量	每20 m取1点，每边不少于1点
3	边坡	设计要求					用坡度尺检查	

注：地(路)面基层的偏差只适用于直接在挖、填方上做地(路)面的基层。

2)一般项目检验标准应符合表1.45的规定。

表 1.45　一般项目检验

序号	检查项目	允许偏差或允许值/mm					检查方法	检查数量
		柱基基坑基槽	挖方场地平整		管沟	地(路)面基层		
			人工	机械				
1	表面平整度	20	20	50	20	20	用2 m靠尺和楔形塞尺检查	每30～50 m^2 取1点
2	基底土性	设计要求					观察或土样分析	每30～50 m^2 取1点

(2)验收资料。

1)工程地质勘察报告或施工前补充的地质详勘报告。

2)地基验槽记录:应有建设单位(或监理单位)、施工单位、设计单位、勘察单位签署的检验意见。

3)规划红线放测签证单或建筑物(构筑物)平面和标高放线测量记录和复核单。

4)地基处理设计变更单或技术核定单。

5)土方工程施工方案(包括排水措施、周围环境监测记录等)。

6)挖土边坡坡度选定的依据。

7)施工过程排水监测记录。

8)土方开挖工程质量检验单。

◆土方回填

1. 监理巡视与检查

(1)填方边坡。

1)填方的边坡坡度应根据填方高度、土的种类和其重要性在设计中加以规定,当设计无规定时,可按表1.46和表1.47采用。

2)对使用时间较长的临时性填方边坡坡度,当填方高度小于10 m时,可采用1∶1.5;超过10 m,可做成折线形,上部采用1∶1.5,下部采用1∶1.75。

表1.46 填土的边坡控制

项次	土的种类	填方高度/m	边坡坡度
1	黏土类土、黄土、类黄土	6	1∶1.50
2	粉质黏土、泥灰岩土	6~7	1∶1.50
3	中砂和粗砂	10	1∶1.50
4	砾石和碎石土	10~12	1∶1.50
5	易风化的岩土	12	1∶1.50
6	轻微风化、尺寸在25 cm内的石料	6以内	1∶1.33
		6~12	1∶1.50

续表 1.46

项次	土的种类	填方高度/m	边坡坡度
7	轻微风化、尺寸大于 25 cm 的石料，边坡用最大石块、分排整齐铺砌	12 以内	1∶1.50～1∶0.75
8	轻微风化、尺寸大于 4 cm 的石料，其边坡分排整齐	5 以内 5～10 >10	1∶0.50 1∶0.65 1∶1.00

注：①当填方高度超过本表规定限值时，其边坡可做成折线形，填方下部的边坡坡度应为 1∶1.75～1∶2.00。

②凡永久性填方，土的种类未列入本表者，其边坡坡度不得大于 $\varphi+45°/2$，φ 为土的自然倾斜角。

表 1.47 压实填土的边坡允许值

填料类别	压实系数 λ_c	边坡允许值（高宽比）			
		填料厚度 H/m			
		$H \leqslant 5$	$5<H \leqslant 10$	$10<H \leqslant 15$	$15<H \leqslant 20$
碎石、卵石	0.94～0.97	1∶1.25	1∶1.50	1∶1.75	1∶2.00
砂夹石（其中碎石、卵石占全重 30%～50%）		1∶1.25	1∶1.50	1∶1.75	1∶2.00
土夹石（其中碎石、卵石占全重 30%～50%）	0.94～0.97	1∶1.25	1∶1.50	1∶1.75	1∶2.00
粉质黏土、黏粒含量 $\rho_c \geqslant 10\%$ 的粉土		1∶1.25	1∶1.75	1∶2.00	1∶2.25

注：当压实填土厚度大于 20 m 时，可设计成台阶进行压实填土的施工。

（2）密实度要求。填方的密实度要求及质量指标通常以压实系数 λ_c 表示。压实系数为土的控制（实际）干土密度 ρ_d 与最大干土密度 ρ_{dmax} 的比值。最大干土密度 ρ_{dmax} 是当最优含水量时，通过标准的击实方法确定的。密实度要求通常由设计根据工程结构性质、使用要求以及土的性质确定，若未作规定，可参考表 1.48 数值。

表 1.48　压实填土的质量控制

结构类型	填土部位	压实系数 λ_c	控制含水量/%
砌体承重结构和框架结构	在地基主要受力层范围内	≥0.97	$\omega_{op}\pm2$
	在地基主要受力层范围以下	≥0.95	
排架结构	在地基主要受力层范围内	≥0.96	$\omega_{op}\pm2$
	在地基主要受力层范围以下	≥0.94	

注:①压实系数 λ_c 为压实填土的控制干密度 ρ_d 与最大干密度 ρ_{dmax} 的比值,ω_{op} 为最优含水量。

②地坪垫层以下及基础底面标高以上的压实填土,压实系数不应小于0.94。

(3)压实排水要求。

1)若填土层有地下水或滞水时,应在四周设置排水沟和集水井,将水位降低。

2)已填好的土如遭水浸,应把稀泥铲除后,方能进行下一道工序。

3)填土区应保持一定横坡,或中间稍高两边稍低,从而利于排水。当天填土,应在当天压实。

2. 监理验收

(1)验收标准。

1)主控项目检验标准应符合表 1.49 的规定。

表 1.49　主控项目检验

序号	检查项目	允许偏差或允许值/mm					检查方法	检查数量
		柱基基坑基槽	挖方场地平整		管沟	地(路)面基层		
			人工	机械				
1	标高	-50	±30	±50	-50	-50	水准仪	柱基按总数抽查10%,但不少于5个,每个不少于2点;基坑每20 m^2 取1点,每坑不少于2点;基槽、管沟、排水沟、路面基层每20 m取1点,但不少于5点;场地平整每100~400 m^2 取1点,但不少于10点。用水准仪检查

续表 1.49

序号	检查项目	允许偏差或允许值/mm					检查方法	检查数量
		柱基基坑基槽	挖方场地平整		管沟	地(路)面基层		
			人工	机械				
2	分层压实系数	设计要求					按规定方法	密实度控制基坑和室内填土,每层按 100 ~ 500 m^2 取样 1 组;场地平整填方,每层按 400 ~ 900 m^2 取样 1 组;基坑和管沟回填每 20 ~ 50 m^2 取样 1 组,但每层均不得少于一组,取样部位在每层压实后的下半部

2)一般项目检验标准应符合表 1.50 的规定。

表 1.50　一般项目检验

序号	检查项目	允许偏差或允许值/mm					检查方法	检查数量
		柱基基坑基槽	挖方场地平整		管沟	地(路)面基层		
			人工	机械				
1	回填土料	设计要求					取样检查或直观鉴别	同一土场不少于 1 组
2	分层厚度及含水量	设计要求					水准仪及抽样检查	分层铺土厚度检查每 10 ~ 20 mm 或 100 ~ 200 m^2 设置一处。回填料实测含水量与最佳含水量之差,黏性土控制在-4% ~ +2%范围内,每层填料均应抽样检查一次,由于气候因素使含水量发生较大变化时应再抽样检查
3	表面平整度	20	20	30	20	20	用靠尺或水准仪	每 30 ~ 50 m^2 取 1 点

(2)验收资料。

1)地基验槽记录:应有建设单位(或监理单位)、施工单位、设计单位及勘察单位签署的检验意见。

2)填方工程基底处理记录。

3)规划红线放测签证单或建筑物(构筑物)平面和标高放线测量记录和复核单。

4)地基处理设计变更单或技术核定单。

5)隐蔽工程验收记录。

6)回填土料取样检查或工地直观鉴别记录。

7)填筑厚度及压实遍数取值的根据或试验报告。

8)最优含水量选定根据或试验报告。

9)填土边坡坡度选定的依据。

10)每层填土分层压实系数测试报告和取样分布图。

11)土方回填工程质量检验单。

相关知识

◆土方石工程施工特点

土石方工程是建筑工程施工中主要工种工程之一,土石方工程主要包括土的挖掘、填筑和运输等主要施工过程,以及排水、降水和土壁支撑等准备和辅助过程。常见的土石方工程主要有场地平整、基坑(槽)开挖、地坪填土、路基填筑与基坑回填等。

土石方工程施工的特点主要是工程量大,施工条件复杂。新建一个大型工业企业,土石方量往往可达几十万乃至几百万 m^3,合理地选择施工方案,对缩短工期,降低工程成本有很重要意义。土方工程多为露天作业,施工受地区的气候条件影响,而土本身是一种天然物质,种类繁多,施工受工程地质和水文地质条件的影响很大。

根据土石方工程施工特点,在土石方施工前,应根据现场情况、施工条件及质量要求,拟定合理可行的施工方案,尽可能采用机械化施工,从而降低劳动强度,并做好各项准备工作。在施工

中,则应及时做好施工排水和降水、土壁支护等工作,以确保工程质量,防止流沙、塌方等意外事故的发生。具体说应做好如下几点:

(1)根据工程条件,选择适宜的施工方案和效率较高、费用较低的机械进行施工。

(2)合理调配土石方,从而使总的施工工作量最少。

(3)合理组织机械施工,保证机械发挥最大的使用效率。

(4)安排好运输道路、排水、降水、土壁支护等一切准备及辅助工作。

(5)合理安排施工计划,尽量避免雨期施工。

(6)保证工程质量,对施工中可能遇到的问题,例如流砂现象、边坡稳定等进行技术分析,并提出解决措施。

(7)土石方施工应保证安全。

第2章 混凝土结构工程质量监理

第1节 模板分项工程

要 点

模板工程是混凝土结构工程的重要组成部分。目前在我国大部分建筑还都采用现浇混凝土形式，而模板工程的造价占总钢筋混凝土总造价的30%，占总用工量的1/2，所以采用新的模板技术，对提高生产率，加快施工进度，保证工程质量，降低成本和文明施工具有深远的意义。

解 释

◆模板安装

1. 监理巡视与检查

(1)在安装现浇结构的上层模板及其支架时，下层楼板应具有承受上层荷载的承载能力，或加设支架；上、下层支架的立柱应对准，并且铺设垫板。

(2)在涂刷模板隔离剂时，不得沾污钢筋和混凝土接槎处。

(3)模板安装应满足下列要求：

1)模板的接缝不应漏浆，在浇筑混凝土前，木模板应浇水湿润，但是模板内不应有积水。

2)模板与混凝土的接触面应当清理干净并涂刷隔离剂，但不得采用影响结构性能或妨碍装饰工程施工的隔离剂。

3)浇筑混凝土前，模板内的杂物应清理干净。

4)对于清水混凝土工程及装饰混凝土工程，应使用能达到设计效果的模板。

(4)用作模板的地坪、胎模等应平整光洁，不得产生影响构件质量的下沉、裂缝、起砂或起鼓。

(5)对跨度不小于4 m的现浇钢筋混凝土梁、板,其模板应按设计要求起拱;当设计无具体要求时,起拱高度应为跨度的1/1 000~3/1 000。

(6)固定在模板上的预埋件、预留孔和预留洞均不得遗漏,并且应安装牢固。

2. 监理验收

(1)验收标准。

1)主控项目检验标准应符合表2.1的规定。

表2.1 主控项目检验

序号	项目	合格质量标准	检验方法	检查数量
1	模板支撑、立柱位置和垫板	安装现浇结构的上层模板及其支架时,下层楼板应具有承受上层荷载的承载能力,或加设支架;上、下层支架的立柱应对准,并铺设垫板	对照模板设计文件和施工技术方案观察	全数检查
2	避免隔离剂玷污	在涂刷模板隔离剂时,不得玷污钢筋和混凝土接槎处	观察	

2)一般项目检验标准应符合表2.2的规定。

表2.2 一般项目检验

序号	项目	合格质量标准	检验方法	检查数量
1	模板安装要求	模板安装应满足下列要求: 1)模板的接缝不应漏浆;在浇筑混凝土前,木模板应浇水湿润,但模板内不应有积水 2)模板与混凝土的接触面应清理干净并涂刷隔离剂,但不得采用影响结构性能或妨碍装饰工程施工的隔离剂 3)浇筑混凝土前,模板内的杂物应清理干净 4)对清水混凝土工程及装饰混凝土工程,应使用能达到设计效果的模板	观察	全数检查

续表 2.2

序号	项目	合格质量标准	检验方法	检查数量
2	用作模板的地坪、胎模质量	用作模板的地坪、胎模等应平整光洁,不得产生影响构件质量的下沉、裂缝、起砂或起鼓	观察	全数检查
3	模板起拱高度	对跨度不小于 4 m 的现浇钢筋混凝土梁、板,其模板应按设计要求起拱;当设计无具体要求时,起拱高度宜为跨度的1/1 000～3/1 000	水准仪或拉线、钢尺检查	在同一检验批内,对梁、柱和独立基础,应抽查构件数量的10%,且不少于3件;对墙和板,应按有代表性的自然间抽查10%,且不少于3间;对大空间结构,墙可按相邻轴线间高度5 m左右划分检查面,板可按纵、横轴线划分检查面,抽查10%,且均不少于3面
4	预埋件、预留孔和预留洞允许偏差	固定在模板上的预埋件、预留孔和预留洞均不得遗漏,且应安装牢固,其偏差应符合《混凝土结构工程质量验收规范》(GB 50204—2002)表4.2.6的规定	钢尺检查	
5	模板安装允许偏差	现浇结构模板安装的偏差,应符合《混凝土结构工程质量验收规范》(GB 50204—2002)表4.2.7的规定		

(2)验收资料。

1)模板设计及施工技术方案。

2)技术复核单。

3)检验批质量验收记录。

4)模板分项工程质量验收记录。

◆模板拆除

1. **监理巡视与检查**

(1)底模及其支架拆除时的混凝土强度应符合设计要求。

(2)对于后张法预应力混凝土结构构件,侧模宜在预应力张拉前拆除;底模支架的拆除应按施工技术方案执行,当无具体要求时,不应在结构构件建立预应力前拆除。

(3)后浇带模板的拆除和支顶应当按施工技术方案执行。

(4)侧模拆除时的混凝土强度应能保证其表面及棱角不受损伤。

(5)在模板拆除时,不应对楼层形成冲击荷载。拆除的模板和支架宜分散堆放并及时清运。

2. **监理验收**

(1)验收标准。

1)主控项目检验应符合表2.3的规定。

表2.3 主控项目检验

序号	项目	合格质量标准	检验方法	检查数量
1	底模及其支架拆除时的混凝土强度	底模及其支架拆除时的混凝土强度应符合设计要求;当设计无具体要求时,混凝土强度应符合《混凝土结构工程施工质量验收规范》(GB 50204—2002)表4.3.1的规定	检查同条件养护试件强度试验报告	全数检查
2	后张法预应力构件侧模和底模的拆除时间	对后张法预应力混凝土结构构件,侧模宜在预应力张拉前拆除;底模支架的拆除应按施工技术方案执行,当无具体要求时,不应在结构构件建立预应前拆除	观察	
3	后浇带拆模和支顶	后浇带模板的拆除和支顶应按施工技术方案执行	观察	

2)一般项目检查标准应符合表2.4的规定。

表2.4 一般项目检查

序号	项目	合格质量标准	检验方法	检查数量
1	避免拆模损伤	侧模拆除时的混凝土强度应能保证其表面及棱角不受损伤	观察	全数检查
2	模板拆除、堆放和清运	模板拆除时,不应对楼层形成冲击荷载。拆除的模板和支架宜分散堆放并及时清运		

(2)验收资料参照本章“模板安装”部分。

相关知识

◆模板分项工程基本规定

(1)模板及其支架应根据工程结构形式、荷载大小、地基土类型、施工设备和材料供应等条件进行设计。模板及其支架应具有足够的承载能力、刚度和稳定性,能可靠地承受浇筑混凝土的质量、侧压力以及施工荷载。

(2)在浇筑混凝土之前,应对模板工程进行验收。模板安装和浇筑混凝土时,应对模板及其支架进行观察和维护。发生异常情况时,应按施工技术方案及时进行处理。

(3)模板及支架拆除的顺序及安全措施应按施工技术方案执行。

第2节 钢筋分项工程

要 点

钢筋工程监理包括钢筋加工、钢筋连接、钢筋安装等。

解　释

◆钢筋加工

1. 监理巡视与检查

(1)受力钢筋的弯钩和弯折应符合下列规定:

1)HPB235 级钢筋末端应作 180°弯钩,其弯弧内直径不应小于钢筋直径的 2.5 倍,弯钩的弯后平直部分长度不应小于钢筋直径的 3 倍。

2)当设计要求钢筋末端需作 135°弯钩时,HRB335 级、HRB400 级钢筋的弯弧内直径不应小于钢筋直径的 4 倍,弯钩的弯后平直部分长度应符合设计要求。

3)当钢筋作不大于 90°的弯折时,弯折处的弯弧内直径不应小于钢筋直径的 5 倍。

(2)除了焊接封闭环式箍筋以外,箍筋的末端应作弯钩,弯钩形式应符合设计要求;当设计无具体要求时,应符合下列规定:

1)箍筋弯钩的弯弧内直径除应满足《混凝土结构工程施工质量验收规范》(GB 50204—2002)第 5.3.1 条的规定外,还应不小于受力钢筋直径。

2)箍筋弯钩的弯折角度:对于一般结构,不应小于 90°;对于有抗震等要求的结构,应为 135°。

3)箍筋弯后平直部分长度:对于一般结构,不宜小于箍筋直径的 5 倍;对于有抗震等要求的结构,不应小于箍筋直径的 10 倍。

(3)钢筋调直宜采用机械方法,也可采用冷拉方法。当采用冷拉方法调直钢筋时,HPB235 级钢筋的冷拉率不宜大于 4%,HRB335 级、HRB400 级和 RRB400 级钢筋的冷拉率不宜大于 1%。

(4)钢筋加工的形状、尺寸应符合设计要求。

2. 监理验收

(1)验收标准。

1)主控项目检验标准应符合表 2.5 的规定。

表 2.5 主控项目检验

序号	项目	合格质量标准及说明	检验方法	检查数量
1	力学性能检验	钢筋进场时,应按现行国家标准《钢筋混凝土用钢第2部分:热轧带肋钢筋》(GB 1499. 2—2007/XG1—2009)等的规定抽取试件作力学性能检验,其质量必须符合有关标准的规定	检查产品合格证、出厂检验报告和进场复验报告	按进场的批次和产品的抽样检验方案确定
2	抗震用钢筋强度实测值	对有抗震设防要求的框架结构,其纵向受力钢筋的强度应满足设计要求;当设计无具体要求时,对一、二级抗震等级,检验所得的强度实测值应符合下列规定: 1)钢筋的抗拉强度实测值与屈服强度实测值的比值应不小于1.25 2)钢筋的屈服强度实测值与强度标准值的比值应不大于1.3	检查进场复验报告	
3	化学成分等专项检验	当发现钢筋脆断、焊接性能不良或力学性能显著不正常等现象时,应对该批钢筋进行化学成分检验或其他专项检验	检查化学成分等专项检验报告	按产品的抽样检验方案确定

续表 2.5

序号	项目	合格质量标准及说明	检验方法	检查数量
4	受力钢筋的弯钩和弯折	受力钢筋的弯钩和弯折应符合下列规定: 1)HPB235 级钢筋末端应做180°弯钩,其弯弧内直径应不小于钢筋直径的2.5倍,弯钩的弯后平直部分长度应不小于钢筋直径的3倍 2)当设计要求钢筋末端需做135°弯钩时,HRBB335级、HRB400级钢筋的弯弧内直径应不小于钢筋直径的4倍,弯钩的弯后平直部分长度应符合设计要求 3)钢筋作不大于90°的弯折时,弯折处的弯弧内直径应不小于钢筋直径的5倍	钢尺检查	按每工作班同一类型钢筋、同一加工设备抽查应不少于3件
5	箍筋弯钩形式	除焊接封闭环式箍筋外,箍筋的末端应作弯钩,弯钩形式应符合设计要求;当设计无具体要求时,应符合下列规定: 1)箍筋弯钩的弯弧内直径除应满足上述表项4的规定外,尚应不小于受力钢筋直径 2)箍筋弯钩的弯折角度:对一般结构,应不小于90°;对有抗震等要求的结构,应为135° 3)箍筋弯后平直部分长度:对一般结构,不宜小于箍筋直径的5倍;对有抗震等要求的结构,应不小于箍筋直径的10倍	钢尺检查	按每工作班同一类型钢筋、同一加工设备抽查应不少于3件

2)一般项目检验标准应符合表2.6的规定。

表2.6 一般项目检验

序号	项目	合格质量标准及说明	检验方法	检查数量
1	外观质量	钢筋应平直、无损伤,表面不得有裂纹、油污、颗粒状或片状老锈	观察	进场时和使用前全数检查
2	钢筋调直	钢筋调直宜采用机械方法,也可采用冷拉方法。当采用冷拉方法调直钢筋时,HPB235级钢筋的冷拉率不宜大于4%,HRB335级、HRB400级和RRB400级钢	观察、钢尺检查	按每工作班同一类型钢筋、设备抽查应不少于3件同一加工
3	钢筋加工的形状、尺寸	钢筋加工的形状、尺寸应符合设计要求,其偏差应符合表《混凝土结构工程施工质量验收规范》(GB 50204—2002)5.3.4的规定	钢尺检查	

(2)验收资料。

1)钢筋产品合格证、出厂检验报告。

2)钢筋进场复验报告。

3)钢筋冷拉记录。

4)钢筋焊接接头力学性能试验报告。

5)钢筋机械连接接头力学性能试验报告。

6)焊条(剂)试验报告。

7)钢筋隐蔽工程验收记录。

8)钢筋锥螺纹加工检验记录及连接套产品合格证。

9)钢筋锥螺纹接头质量检查记录。

10)施工现场挤压接头质量检查记录。

11)设计变更和钢材代用证明。

12)见证检测报告。

13)检验批质量验收记录。

14)钢筋分项工程质量验收记录。

◆钢筋连接与安装

1. 监理巡视与检查

(1)纵向受力钢筋的连接方式应符合设计要求。

(2)在施工现场,应按国家现行标准《钢筋机械连接通用技术规程》(JGJ 107—2010)、《钢筋焊接及验收规程》(JGJ 18—2003)的规定抽取钢筋机械连接接头、焊接接头试件作力学性能检验,其质量应符合有关规程的规定。

(3)钢筋的接头宜设置在受力较小处。同一纵向受力钢筋不宜设置两个或两个以上接头。接头末端至钢筋弯起点的距离不应小于钢筋直径的10倍。

(4)在施工现场,应按国家现行标准《钢筋机械连接通用技术规程》(JGJ 107—2010)、《钢筋焊接及验收规程》(JGJ 18—2003)的规定对钢筋机械连接接头、焊接接头的外观进行检查,其质量应符合有关规程的规定。

(5)当受力钢筋采用机械连接接头或焊接接头时,设置在同一构件内的接头宜相互错开。

(6)同一构件中相邻纵向受力钢筋的绑扎搭接接头宜相互错开。绑扎搭接接头中钢筋的横向净距不应小于钢筋直径,且不应小于25 mm。

(7)在梁、柱类构件的纵向受力钢筋搭接长度范围内,应按设计要求配置箍筋。当设计无具体要求时,应符合下列规定:

1)箍筋直径不应小于搭接钢筋较大直径的0.25倍。

2)受拉搭接区段的箍筋间距不应大于搭接钢筋较小直径的5倍,且不应大于100 mm。

3)受压搭接区段的箍筋间距不应大于搭接钢筋较小直径的10倍,且不应大于200 mm。

4)当柱中纵向受力钢筋直径大于25 mm时,应在搭接接头两个端面外100 mm范围内各设置两个箍筋,其间距宜为50 mm。

2. 监理验收

(1)验收标准。

1)主控项目检验标准应符合表2.7的规定。

表2.7 主控项目检验

序号	项目	合格质量标准	检验方法	检查数量
1	纵向受力钢筋的连接方式	纵向受力钢筋的连接方式应符合设计要求	观察	全数检查
2	钢筋机械连接和焊接接头的力学性能	在施工现场,应按国家现行标准《钢筋机械连接通用技术规程》(JGJ 107—2010)、《钢筋焊接及验收规程》(JGJ 18—2003)的规定抽取钢筋机械连接接头、焊接接头试件作力学性能检验	检查产品合格证、接头力学性能试验报告	按有关规程确定
3	受力钢筋的品种、级别、规格和数量	钢筋安装时,受力钢筋的品种、级别、规格和数量必须符合设计要求	观察、钢尺检查	全数检查

2)一般项目检验标准应符合表2.8的规定。

表2.8 一般项目检验

序号	项目	合格质量标准	检验方法	检查数量
1	接头位置和数量	钢筋的接头宜设置在受力较小处。同一纵向受力钢筋不宜设置两个或两个以上接头。接头末端至钢筋弯起点的距离应不小于钢筋直径的10倍	观察、钢尺检查	全数检查
2	钢筋机械连接焊接的外观质量	在施工现场,应按国家现行标准《钢筋机械连接通用技术规程》(JGJ 107—2010)、《钢筋焊接及验收规程》(JGJ 18—2003)的规定对钢筋机械连接接头、焊接接头的外观进行检查,其质量应符合相关规定	观察	

续表 2.8

序号	项目	合格质量标准	检验方法	检查数量
3	纵向受力钢筋机械连接、焊接的接头面积百分率	当受力钢筋采用机械连接接头或焊接接头时，设置在同一构件内的接头宜相互错开 纵向受力钢筋机械连接接头及焊接接头连接区段的长度为35d（d为纵向受力钢筋的较大直径）且不小于500 mm，凡接头中点位于该连接区段长度内的接头均属于同一连接区段。同一连接区段内，纵向受力钢筋机械连接及焊接的接头面积百分率为该区段内有接头的纵向受力钢筋截面面积与全部纵向受力钢筋截面面积的比值 同一连接区段内，纵向受力钢筋的接头面积百分率应符合设计要求；当设计无具体要求时，应符合下列规定： 1）在受拉区不宜大于50% 2）接头不宜设置在有抗震设防要求的框架梁端、柱端的箍筋加密区；当无法避开时，对等强度高质量机械连接接头，应不大于50% 3）直接承受动力荷载的结构构件中，不宜采用焊接接头；当采用机械连接接头时，应不大于50%		

续表 2.8

序号	项目	合格质量标准	检验方法	检查数量
4	纵向受拉钢筋搭接接头面积百分率和最小搭接长度	同一构件中相邻纵向受力钢筋的绑扎搭接接头宜相互错开。绑扎搭接接头中钢筋的横向净距应不小于钢筋直径,且应不小于25 mm 钢筋绑扎搭接接头连接区段的长度为1.3 l_1(l_1 为搭接长度),凡搭接接头中点位于该连接区段长度内的搭接接头均属于同一连接区段。同一连接区段内,纵向钢筋搭接接头面积百分率为该区段内有搭接接头的纵向受力钢筋截面面积与全部纵向受力钢筋截面面积的比值 同一连接区段内,纵向受拉钢筋搭接接头面积百分率应符合设计要求;当设计无具体要求时,应符合下列规定: 1)对梁类、板类及墙类构件,不宜大于25% 2)对柱类构件,不宜大于50% 3)当工程中确有必要增大接头面积百分率时,对梁类构件,应不大于50%;对其他构件,可根据实际情况放宽 纵向受力钢筋绑扎搭接接头的最小搭接长度应符合《混凝土结构工程施工质量验收规范》(GB 50204—2002)附录B的规定	观察、钢尺检查	在同一检验批内,对梁、柱和独立基础,应抽查构件数量的10%,且不少于3件 对墙和板,应按有代表性的自然间抽查10%,且不少于3间;对大空间结构,墙可按相邻轴线间高度5 m左右划分检查面,板可按纵横轴线划分检查面,抽查10%,且均不少于3面

(2)验收资料参照本章“钢筋加工”部分。

相关知识

◆钢筋分项工程基本规定

(1)当钢筋的品种、级别或规格需作变更时,应办理设计变更文件。

(2)在浇筑混凝土之前,应进行钢筋隐蔽工程验收,其包括以下内容:

1)纵向受力钢筋的品种、规格、数量、位置等。

2)钢筋的连接方式、接头位置、接头数量、接头面积百分率等。

3)箍筋、横向钢筋的品种、规格、数量、间距等。

4)预埋件的规格、数量、位置等。

第3节　混凝土分项工程

要　点

混凝土分项工程是从水泥、砂、石、水、外加剂、矿物掺和料等原材料进场检验、混凝土配合比设计及称量、拌制、运输、浇筑、养护、试件制作直至混凝土达到预定强度等一系列技术工作和完成实体的总称。

解　释

◆混凝土配合比设计

1.监理巡视与检查

(1)混凝土应符合国家现行标准《普通混凝土配合比设计规程》(JGJ 55—2000)的相关规定,根据混凝土强度等级、耐久性及工作性等要求进行配合比设计。

对于有特殊要求的混凝土,其配合比设计尚应符合国家现行有关标准的专门规定。

(2)首次使用的混凝土配合比应进行开盘鉴定,其工作性应满足设计配合比的要求。开始生产时应至少留置一组标准养护试件,作为验证配合比的依据。

(3)在混凝土拌制前,应测定砂、石含水率并根据测试结果调整材料用量,提出施工配合比。

2. 监理验收

(1)验收标准。

1)主控项目检测标准应符合表2.9的规定。

表2.9 主控项目检验

序号	项目	合格质量标准	检验方法	检查数量
1	水泥进场检验	水泥进场时应对其品种、级别、包装或散装仓号、出厂日期等进行检查,并应对其强度、安定性及其他必要的性能指标进行复验,其质量必须符合现行国家标准《通用硅酸盐水泥》(GB 175—2007)等的规定 当在使用中对水泥质量有怀疑或水泥出厂超过3个月(快硬硅酸盐水泥超过一个月)时,应进行复验,并按复验结果使用 钢筋混凝土结构、预应力混凝土结构中,严禁使用含氯化物的水泥	检查产品合格证、出厂检验报告和进场复验报告	按同一生产厂家、同一等级、同一品种、同一批号且连续进场的水泥,袋装不超过200 t为一批,散装不超过500 t为一批,每批抽样不少于一次

续表 2.9

序号	项目	合格质量标准	检验方法	检查数量
2	外加剂质量及应用	混凝土中掺用外加剂的质量及应用技术应符合现行国家标准《混凝土外加剂》(GB 8076—2008)、《混凝土外加剂应用技术规范》(GB 50119—2003)等和有关环境保护的规定		按进场的批次和产品的抽样检验方案确定
		预应力混凝土结构中,严禁使用含氯化物的外加剂。钢筋混凝土结构中,当使用含氯化物的外加剂时,混凝土中氯化物的总含量应符合现行国家标准《混凝土质量控制标准》(GB 50164—1992)的规定		按进场的批次和产品的抽样检验方案确定
3	混凝土中氯化物、碱的总含量控制	混凝土中氯化物和碱的总含量应符合现行国家标准《混凝土结构设计规范》(GB 50010—2002)和设计的要求	检查原材料试验报告和氯化物、碱的总含量计算书	全数检查
4	配合比设计	混凝土应按国家现行标准《普通混凝土配合比》(JGJ 55—2000)的相关规定,根据混凝土强度等级、耐久性和工作性等要求进行配合比设计。 对有特殊要求的混凝土,其配合比设计尚应符合国家现行有关标准的专门规定	检查配合比设计资料	

2)一般项目检验标准应符合表 2.10 的规定。

表 2.10　一般项目检验

序号	项目	合格质量标准	检验方法	检查数量
1	矿物掺和料质量及掺量	混凝土中掺用矿物掺和料的质量应符合现行国家标准《用于水泥和混凝土中的粉煤灰》(GB 1596—2005)等的规定。矿物掺和料的掺量应通过试验确定	检查出厂合格证和进场复验报告	按进场的批次和产品的抽样检验方案确定
2	粗细骨料的质量	普通混凝土所用的粗、细骨料的质量应符合国家现行标准《普通混凝土用砂、石质量及检验方法标准》(JGJ 52—2006)的规定 注:1. 混凝土用的粗骨料,其最大颗粒粒径不得超过构件截面最小尺寸的 1/4,且不得超过钢筋最小净间距的 3/4 2. 对混凝土实心板,骨料的最大粒径不宜超过板厚的 1/3,且不得超过 40 mm	检查进场复验报告	
3	拌制混凝土用水	拌制混凝土宜采用饮用水;当采用其他水源时,水质应符合国家现行标准《混凝土用水标准》(JGJ 63—2006)的规定	检查进场复验报告	同一水源检查应不少于一次
4	配合比开盘鉴定	首次使用的混凝土配合比应进行开盘鉴定,其工作性应满足设计配合比的要求。开始生产时应至少留置一组标准养护试件,作为验证配合比的依据	检查开盘鉴定资料和试件强度试验报告	按配合比设计要求确定
5	配合比调整	首次使用的混凝土配合比应进行开盘鉴定,其工作性应满足设计配合比的要求。开始生产时应至少留置一组标准养护试件,作为验证配合比的依据	检查含水率测试结果和施工配合比通知单	每工作班检查一次

(2)验收资料。

1)水泥产品合格证、出厂检验报告、进场复验报告。

2)外加剂产品合格证、出厂检验报告、进场复验报告。

3)混凝土中氯化物、碱的总含量计算书。

4)掺和料出厂合格证、进场复试报告。

5)粗、细骨料进场复验报告。

6)水质试验报告。

7)混凝土配合比设计资料。

8)砂、石含水率测试结果记录。

9)混凝土配合比通知单。

10)混凝土试件强度试验报告。

11)混凝土试件抗渗试验报告。

12)施工记录。

13)检验批质量验收记录。

14)混凝土分项工程质量验收记录。

◆混凝土施工

1.监理巡视与检查

(1)结构混凝土的强度等级必须符合设计要求。用于检查结构构件混凝土强度的试件,应在混凝土的浇筑地点随机抽取。取样与试件留置应符合下列规定:

1)每拌制100盘且不超过100 m^3 的同配合比的混凝土,取样不得少于一次。

2)每工作班拌制的同一配合比的混凝土不足100盘时,取样不得少于一次。

3)当一次连续浇筑超过1 000 m时,同一配合比的混凝土每200 m^3 取样不得少于一次。

4)每一楼层、同一配合比的混凝土,取样不得少于一次。

5)每次取样应至少留置一组标准养护试件,同条件养护试件的留置组数应根据实际需要确定。

(2)对于有抗渗要求的混凝土结构,其混凝土试件应在浇筑地点随机取样。同一工程、同一配合比的混凝土，取样不应少于一次，留置组数可根据实际需要确定。

(3)混凝土运输、浇筑及间歇的全部时间不应超过混凝土的初凝时间。同一施工段的混凝土应连续浇筑，并应在底层混凝土初凝之前将上一层混凝土浇筑完毕。

当底层混凝土初凝后浇筑上一层混凝土时，应按施工技术方案中对施工缝的要求进行处理。

(4)施工缝的位置应在混凝土浇筑前按设计要求和施工技术方案确定。施工缝的处理应按施工技术方案执行。

(5)后浇带的留置位置应按设计要求和施工技术方案确定。后浇带混凝土浇筑应按施工技术方案进行。

(6)混凝土浇筑完毕后，应按施工技术方案及时采取有效的养护措施，并应符合下列规定：

1)应在浇筑完毕后的 12 h 以内对混凝土加以覆盖并保湿养护。

2)混凝土浇水养护的时间：对于采用硅酸盐水泥、普通硅酸盐水泥或矿渣硅酸盐水泥拌制的混凝土，不得少于 7 d；对掺用缓凝型外加剂或有抗渗要求的混凝土，不得少于 14 d。

3)浇水次数应能保持混凝土处于湿润状态；混凝土养护用水应与拌制用水相同。

4)采用塑料布覆盖养护的混凝土，其敞露的全部表面应覆盖严密，并应保持塑料布内有凝结水。

5)混凝土强度达到 1.2 N/mm^2 前，不得在其上踩踏或安装模板及支架。

注：①当日平均气温低于 5 ℃时，不得浇水。

②当采用其他品种水泥时，混凝土的养护时间应根据所采用水泥的技术性能确定。

③混凝土表面不便浇水或使用塑料布时，宜涂刷养护剂。

④对大体积混凝土的养护，应根据气候条件按施工技术方案采取控温措施。

2. **监理验收**

(1)验收标准。

1)主控项目检验标准应符合表2.11的规定。

表2.11 主控项目检验

序号	项目	合格质量标准	检验方法	检查数量
1	混凝土强度等级、试件的取样和留置	结构混凝土的强度等级必须符合设计要求。用于检查结构构件混凝土强度的试件,应在混凝土的浇筑地点随机抽取。取样与试件留置应符合下列规定: 1)每拌制100盘且不超过100 m^3的同配合比的混凝土,取样不得少于一次 2)每工作班拌制的同一配合比的混凝土不足100盘时,取样不得少于一次 3)当一次连续浇筑超过1 000 m^3时,同一配合比的混凝土每200 m^3取样不得少于一次 4)每一楼层、同一配合比的混凝土,取样不得少于一次 5)每次取样应至少留置一组标准养护试件,同条件养护试件的留置组数应根据实际需要确定	检查施工记录及试件强度试验报告	全数检查
2	混凝土抗渗、试件取样和留置	对有抗渗要求的混凝土结构,其混凝土试件应在浇筑地点随机取样。同一工程、同一配合比的混凝土,取样应不少于一次,留置组数可根据实际需要确定	检查试件抗渗试验报告	

续表 2.11

序号	项目	合格质量标准	检验方法	检查数量
3	原材料每盘称量的允许偏差	混凝土原材料每盘称量的偏差应符合相关的规定	复称	每工作班抽查应不少于一次
4	混凝土初凝时间控制	混凝土运输、浇筑及间歇的全部时间不应超过混凝土的初凝时间。同一施工段的混凝土应连续浇筑,并应在底层混凝土初凝之前将上一层混凝土浇筑完毕 当底层混凝土初凝后浇筑上一层混凝土时,应按施工技术方案中对施工缝的要求进行处理	观察,检查施工记录	全数检查

2)一般项目检验标准应符合表2.12的规定。

表 2.12 一般项目检验

序号	项目	合格质量标准	检验方法	检查数量
1	施工缝的位置及处理	施工缝的位置应在混凝土浇筑前按设计要求和施工技术方案确定。施工缝的处理应按施工技术方案执行	观察,检查施工记录	全数检查
2	后浇带的位置及处理	后浇带的留置位置应按设计要求和施工技术方案确定。后浇带混凝土浇筑应按施工技术方案进行		

续表 2.12

序号	项目	合格质量标准	检验方法	检查数量
3	混凝土养护	混凝土浇筑完毕后,应按施工技术方案及时采取有效的养护措施,并应符合下列规定: 1)应在浇筑完毕后的 12 h 以内对混凝土加以覆盖并保湿养护 2)混凝土浇水养护的时间:对采用硅酸盐水泥、普通硅酸盐水泥或矿渣硅酸盐水泥拌制的混凝土,不得少于 7 d;对掺用缓凝型外加剂或有抗渗要求的混凝土,不得少于 14 d 3)浇水次数应能保持混凝土处于湿润状态;混凝土养护用水应与拌制用水相同 4)采用塑料布覆盖养护的混凝土,其敞露的全部表面应覆盖严密,并应保持塑料布内有凝结水 5)混凝土强度达到 1.2 N/mm^2 前,不得在其上踩踏或安装模板及支架 注:①当日平均气温低于 5 ℃时,不得浇水 ②当采用其他品种水泥时,混凝土的养护时间应根据所采用水泥的技术性能确定 ③混凝土表面不便浇水或使用塑料布时,宜涂刷养护剂 ④对大体积混凝土的养护,应根据气候条件按施工技术方案采取控温措施	观察,检查施工记录	全数检查

(2)验收资料参照本章“混凝土配合比设计”部分。

相关知识

◆混凝土分项工程基本规定

(1)结构构件的混凝土强度应按现行国家标准《混凝土强度检验评定标准》(GBJ 107—1987)的规定分批检验评定。

对采用蒸气法养护的混凝土结构构件,其混凝土试件应先随同结构构件同条件蒸气养护,再转入标准条件养护共28 d。

当混凝土中掺用矿物掺和料时,确定混凝土强度时的龄期可按现行国家标准《粉煤灰混凝土应用技术规范》(GBJ 146—1990)等的规定取值。

混凝土强度的评定应符合现行国家标准《混凝土强度检验评定标准》(GBJ 107—1987)的规定。但应指出,对掺用矿物掺和料的混凝土,由于其强度增长较慢,以28 d为验收龄期可能不合适,此时可按国家现行标准《粉煤灰混凝土应用技术规范》(GBJ 146—1990)、《粉煤灰在混凝土和砂浆中应用技术规程》(JGJ 28—1986)等的规定确定验收龄期。

(2)检验评定混凝土强度用的混凝土试件的尺寸及强度的尺寸换算系数应按表2.13取用。其标准成型方法、标准养护条件及强度试验方法应符合普通混凝土力学性能试验方法标准的规定。

表2.13　混凝土试件尺寸及强度的尺寸换算系数

骨料最大粒径/mm	试件尺寸	强度的尺寸换算系数
≤31.5	100 mm×100 mm×100 mm	0.95
≤40	150 mm×150 mm×150 mm	1.00
≤63	200 mm×200 mm×200 mm	1.05

注:对强度等级为C60及以上的混凝土试件,其强度的尺寸换算系数可通过试验确定。

混凝土试件强度的试验方法应符合普通混凝土力学性能试验方法标准的规定。混凝土试件的尺寸应根据骨料的最大粒径确定。当采用非标准尺寸的试件时,其抗压强度应乘以相应的尺寸换算系数。

(3)结构构件拆模、出池、出厂、吊装、张拉、放张及施工期间临时负荷时的混凝土强度,应根据同条件养护的标准尺寸试件的混凝土强度确定。

由于同条件养护试件具有与结构混凝土相同的原材料、配合比和养护条件,能有效代表结构混凝土的实际质量。在施工过程中,根据同条件养护试件的强度来确定结构构件拆模、出池、出厂、吊装、张拉、放张及施工期间临时负荷时的混凝土强度,是行之有效的方法。

(4)当混凝土试件强度评定不合格时,可采用非破损或局部破损的检测方法,按国家现行有关标准的规定对结构构件中的混凝土强度进行推定,并作为处理的依据。当混凝土试件强度评定不合格时,可根据国家现行有关标准采用回弹法、超声回弹综合法、钻芯法、后装拔出法等推定结构的混凝土强度。应指出,通过检测得到的推定强度可作为判断结构是否需要处理的依据。

(5)混凝土的冬期施工应符合国家现行标准《建筑工程冬期施工规程》(JGJ 104—1997)和施工技术方案的规定。

室外日平均气温连续 5 d 稳定低于 5 ℃时,混凝土分项工程应采取冬期施工措施,具体要求应符合国家现行标准《建筑工程冬期施工规程》(JGJ 104—1997)的有关规定。

第 4 节　预应力分项工程

要　点

预应力分项工程是预应力筋、锚具、夹具、连接器等材料的进场检验、后张法预留管道设置或预应力筋布置、预应力筋张拉、放张、灌浆直至封锚保护等一系列技术工作和完成实体的总称。

解　释

◆制作与安装

1. 监理巡视与检查

(1)进行预应力筋安装时，其品种、级别、规格及数量必须符合设计要求。

(2)先张法预应力施工时应选用非油质类模板隔离剂，并应避免沾污预应力筋。

(3)在施工过程中应避免电火花损伤预应力筋；受损伤的预应力筋应予以更换。

(4)预应力筋下料应符合下列要求：

1)预应力筋应采用砂轮锯或切断机切断，不得采用电弧切割。

2)当钢丝束两端采用镦头锚具时，同一束中各根钢丝长度的极差不应大于钢丝长度的1/5 000，且不应大于5 mm。当成组张拉长度不大于10 m的钢丝时，同组钢丝长度的极差不得大于2 mm。

(5)预应力筋端部锚具的制作质量应符合下列要求：

1)挤压锚具制作时压力表油压应符合操作说明书的规定，挤压后预应力筋外端应露出挤压套筒1~5 mm。

2)当钢绞线压花锚成形时，表面应清洁、无油污，梨形头尺寸和直线段长度应符合设计要求。

3)钢丝镦头的强度不得低于钢丝强度标准值的98%。

(6)后张法有黏结预应力筋预留孔道的规格、数量、位置及形状除应符合设计要求外，尚应符合下列规定：

1)预留孔道的定位应牢固，浇筑混凝土时不应出现移位和变形。

2)孔道应平顺，端部的预埋锚垫板应垂直于孔道中心线。

3)成孔用管道应密封良好，接头应严密且不得漏浆。

4)灌浆孔的间距：对预埋金属螺旋管不宜大于30 m；对抽芯成形孔道不应大于12 m。

5)在曲线孔道的曲线波峰部位应设置排气兼泌水管，必要时可在最低点设置排水孔。

6)灌浆孔及泌水管的孔径应能保证浆液畅通。

(7)浇筑混凝土前穿入孔道的后张法有黏结预应力筋,应采取防止锈蚀的措施。

2. **监理验收**

(1)验收标准。

1)主控项目检验标准应符合表2.14的规定。

表2.14　主控项目检验

序号	项目	合格质量标准	检验方法	检查数量
1	预应力筋品种、级别、规格和数量	预应力筋安装时,其品种、级别、规格、数量必须符合设计要求	观察,钢尺检查	全数检查
2	避免隔离剂玷污	先张法预应力施工时应选用非油质类模板隔离剂,并应避免玷污预应力筋	观察	
3	避免电火花损伤预应力筋	施工过程中应避免电火花损伤预应力筋;受损伤的预应力筋应予以更换		

2)一般项目检验标准应符合表2.15的规定。

表2.15　一般项目检验

序号	项目	合格质量标准	检验方法	检查数量
1	预应力下料	预应力筋下料应符合下列要求: 1)预应力筋应采用砂轮锯或切断机切断,不得采用电弧切割 2)当钢丝束两端采用镦头锚具时,同一束中各根钢丝长度的极差应不大于钢丝长度的1/5 000,且应不大于5 mm;当成组张拉长度不大于10 m的钢丝时,同组钢丝长度的极差不得大于2 mm	观察,钢尺检查	每工作班抽查预应力筋总数的3%,且不少于3束

续表 2.15

序号	项目	合格质量标准	检验方法	检查数量
2	锚具制作质量要求	预应力筋端部锚具的制作质量应符合下列要求： 1)挤压锚具制作时压力表油压应符合操作说明书的规定，挤压后预应力筋外端应露出挤压套筒1~5 mm 2)钢绞线压花锚成形时，表面应清洁、无油污，梨形头尺寸和直线段长度应符合设计要求 3)钢丝镦头的强度不得低于钢丝强度标准值的98%	观察，钢尺检查，检查镦头强度试验报告	对挤压锚，每工作班抽查5%，且应不少于5件；对压花锚，每工作班抽查3件；对钢丝镦头强度，每批钢丝检查6个镦头试件
3	预留孔道质量	后张法有黏结预应力筋预留孔道的规格、数量、位置和形状除应符合设计要求外，尚应符合下列规定： 1)预留孔道的定位应牢固，浇筑混凝土时不应出现移位和变形 2)孔道应平顺，端部的预埋锚垫板应垂直于孔道中心线 3)成孔用管道应密封良好，接头应严密且不得漏浆 4)灌浆孔的间距：对预埋金属螺旋管不宜大于30 m；对抽芯成形孔道不宜大于12 m 5)在曲线孔道的曲线波峰部位应设置排气兼泌水管，必要时可在最低点设置排水孔 6)灌浆孔及泌水管的孔径应能保证浆液畅通	观察，钢尺检查	全数检查

续表 2.15

序号	项目	合格质量标准	检验方法	检查数量
4	预应力筋束形控制	预应力筋束形控制点的竖向位置偏差应符合表的规定 注:束形控制点的竖向位置偏差合格点率应达到90%及以上,且不得有超过表中数值1.5倍的尺寸偏差	钢尺检查	在同一检验批内,抽查各类型构件中预应力筋总数的5%,且对各类型构件均不少于5束,每束应不少于5处
5	无黏结预应力筋铺设	无黏结预应力筋的铺设除应符合上条的规定外,尚应符合下列要求: 1)无黏结预应力筋的定位应牢固,浇筑混凝土时不应出现移位和变形 2)端部的预埋锚垫板应垂直于预应力筋 3)内埋式固定端垫板不应重叠,锚具与垫板应贴紧 4)无黏结预应力筋成束布置时应能保证混凝土密实并能裹住预应力筋 5)无黏结预应力筋的护套应完整,局部破损处应采用防水胶带缠绕紧密	观察	全数检查
6	预应力筋防锈措施	浇筑混凝土前穿入孔道的后张法有黏结预应力筋,宜采取防止锈蚀的措施		

(2)验收资料。

1)预应力筋产品合格证、出厂检验报告及进场复验报告。

2)预应力筋用锚具、夹具和连接器产品合格证、出厂检验报告及进场复验报告。

3)孔道灌浆用水泥、外加剂产品合格证、出厂检验报告及进场复验报告。

4)预应力混凝土用金属螺旋管产品合格证、出厂检验报告及进场复验报告。

5)镦头强度试验报告。

6)同条件养护混凝土试件试验报告。

7)预应力张拉记录。

8)预应力筋应力检测记录及见证张拉记录。

9)孔道灌浆记录。

10)孔道灌浆用水泥浆性能试验报告。

11)孔道灌浆用水泥浆试件强度试验报告。

12)预应力隐蔽工程验收记录。

13)张拉机具设备及仪表的配套标定报告单。

14)检验批质量验收记录。

15)预应力分项工程质量验收记录。

◆张拉、放张、灌浆及封锚

1.监理巡视与检查

(1)张拉及放张。

1)预应力筋张拉或放张时,混凝土强度应符合设计要求;当设计无具体要求时,不应低于设计的混凝土立方体抗压强度标准值的75%。

2)预应力筋的张拉力、张拉或放张顺序及张拉工艺应符合设计及施工技术方案的要求,并应符合下列规定:

①当施工需要超张拉时，最大张拉应力不应大于国家现行标准《混凝土结构设计规范》(GB 50010—2002)的规定。

②张拉工艺应能保证同一束中各根预应力筋的应力均匀一致。

③在后张法施工中，当预应力筋是逐根或逐束张拉时，应保证各阶段不出现对结构不利的应力状态；同时宜考虑后批张拉预应力筋所产生的结构构件的弹性压缩对先批张拉预应力筋的影响，确定张拉力。

④先张法预应力筋放张时，宜缓慢放松锚固装置，使各根预应力筋同时缓慢放松。

⑤当采用应力控制方法张拉时，应校核预应力筋的伸长值。实际伸长值与设计计算理论伸长值的相对允许偏差为±6%。

3)预应力筋张拉锚固后实际建立的预应力值与工程设计规定检验值的相对允许偏差为±5%。

4)张拉过程中应避免预应力筋断裂或滑脱；当发生断裂或滑脱时，应符合下列规定：

①对于后张法预应力结构构件，断裂或滑脱的数量严禁超过同一截面预应力筋总根数的3%，且每束钢丝不得超过一根；对多跨双向连续板，其同一截面应按每跨计算。

②对先张法预应力构件，在浇筑混凝土前发生断裂或滑脱的预应力筋必须予以更换。

5)锚固阶段张拉端预应力筋的内缩量应符合设计要求。

6)先张法预应力筋张拉后与设计位置的偏差不得大于5 mm，且不得大于构件截面短边边长的4%。

(2)灌浆及封锚。

1)后张法有黏结预应力筋张拉后应尽早进行孔道灌浆，孔道内水泥浆应饱满、密实。

2）锚具的封闭保护应符合设计要求；当设计无具体要求时，应符合下列规定：

①应采取防止锚具腐蚀和遭受机械损伤的有效措施。

②凸出式锚固端锚具的保护层厚度不应小于 50 mm。

③外露预应力筋的保护层厚度：当处于正常环境时，不应小于 20 mm；当处于易受腐蚀的环境时，不应小于 50 mm。

3）后张法预应力筋锚固后的外露部分宜采用机械方法切割，其外露长度不宜小于预应力筋直径的 1.5 倍，且不宜小于 30 mm。

4）灌浆用水泥浆的水灰比不应大于 0.45，搅拌后 3 h 泌水率不宜大于 2%，且不应大于 3%。泌水应能在 24 h 内全部重新被水泥浆吸收。

5）灌浆用水泥浆的抗压强度不应小于 30 N/mm^2。

注：①一组试件由 6 个试件组成，试件应标准养护 28 d。

②抗压强度为一组试件的平均值，当一组试件中抗压强度最大值或最小值与平均值相差超过 20% 时，应取中间 4 个试件强度的平均值。

（2）张拉、放张、灌浆及封锚。

1）验收标准。

①主控项目检验标准应符合表 2.16 的规定。

表 2.16　主控项目检验

序号	项目	合格质量标准	检验方法	检查数量
1	张拉和放张时混凝土强度	预应力筋张拉或放张时，混凝土强度应符合设计要求；当设计无具体要求时，不应低于设计的混凝土立方体抗压强度标准值的 75%	检查同条件养护试件试验报告	全数检查

续表 2.16

序号	项目	合格质量标准	检验方法	检查数量
2	张拉力、张拉或放张顺序及张拉工艺	预应力筋的张拉力、张拉或放张顺序及张拉工艺应符合设计及施工技术方案的要求,并应符合下列规定: 1)当施工需要超张拉时,最大张拉应力应不大于国家现行标准《混凝土结构设计规范》(GB 50010—2002)的规定 2)张拉工艺应能保证同一束中各根预应力筋的应力均匀一致 3)后张法施工中,当预应力筋是逐根或逐束张拉时,应保证各阶段不出现对结构不利的应力状态;同时宜考虑后批张拉预应力筋所产生的结构构件的弹性压缩对先批张拉预应力筋的影响,确定张拉力 4)先张法预应力筋放张时,宜缓慢放松锚固装置,使各根预应力筋同时缓慢放松 5)当采用应力控制方法张拉时,应校核预应力筋的伸长值。实际伸长值与设计计算理论伸长值的相对允许偏差为±6%	检查张拉记录	全数检查

续表 2.16

序号	项目	合格质量标准	检验方法	检查数量
3	实际预应力值控制	预应力筋张拉锚固后实际建立的预应力值与工程设计规定检验值的相对允许偏差为±5%	对先张法施工，检查预应力筋应力检测记录；对后张法施工，检查见证张拉	对先张法施工，每工作班抽查预应力筋总数的1%，且不少于3根；对后张法施工，在同一检验批内，抽查预应力筋总数的3%，且不少于5束
4	预应力筋断裂或滑脱	张拉过程中应避免预应力筋断裂或滑脱；当发生断裂或滑脱时，必须符合下列规定： 1)对后张法预应力结构构件，断裂或滑脱的数量严禁超过同一截面预应力筋总根数的3%，且每束钢丝不得超过一根；对多跨双向连续板，其同一截面应按每跨计算 2)对先张法预应力构件，在浇筑混凝土前发生断裂或滑脱的预应力筋必须予以更换	观察，检查张拉记录	全数检查
5	孔道灌浆	后张法有黏结预应力筋张拉后应尽早进行孔道灌浆，孔道内水泥浆应饱满、密实	观察，检查灌浆记录	

续表 2.16

序号	项目	合格质量标准	检验方法	检查数量
6	锚具的封闭保护	锚具的封闭保护应符合设计要求;当设计无具体要求时,应符合下列规定: 1)应采取防止锚具腐蚀和遭受机械损伤的有效措施 2)凸出式锚固端锚具的保护层厚度应不小于50 mm 3)外露预应力筋的保护层厚度:处于正常环境时,应不小于20 mm;处于易受腐蚀的环境时,应不小于50 mm	观察,钢尺检查	在同一检验批内,抽查预应力筋总数的5%,且不少于5处

②一般项目检验标准应符合表2.17的规定。

表 2.17 一般项目检验

序号	项目	合格质量标准	检验方法	检查数量
1	预应力筋内缩量	锚固阶段张拉端预应力筋的内缩量应符合设计要求;当设计无具体要求时,应符合《混凝土结构工程施工质量验收规范》(GB 50205—2002)表6.4.5的规定	钢尺检查	每工作班抽查预应力筋总数的3%,且不少于3束
2	先张法预应力筋张拉后位置	先张法预应力筋张拉后与设计位置的偏差不得大于5 mm,且不得大于构件截面短边边长的4%		

续表 2.17

序号	项目	合格质量标准	检验方法	检查数量
3	外露预应力筋切断	后张法预应力筋锚固后的外露部分宜采用机械方法切割，其外露长度不宜小于预应力筋直径的1.5倍，且不宜小于30 mm	观察，钢尺检查	在同一检验批内，抽查预应力筋总数的3%，且不少于5束
4	灌浆用水泥浆的水灰比和泌水率	灌浆用水泥浆的水灰比应不大于0.45，搅拌后3 h泌水率不宜大于2%，且应不大于3%。泌水应能在24 h内全部重新被水泥浆吸收	检查水泥浆性能试验报告	同一配合比检查一次
5	灌浆用水泥浆的抗压强度	灌浆用水泥浆的抗压强度应不小于30 N/mm^2 注：1)一组试件由6个试件组成，试件应标准养护28 d 2)抗压强度为一组试件的平均值，当一组试件中抗压强度最大值或最小值与平均值相差超过20%时，应取中间4个试件强度的平均值	检查水泥浆试件强度试验报告	每工作班留置一组边长为70.7 mm的立方体试件

2)验收资料参照本章“制作与安装”部分。

◆预应力分项工程基本规定

(1)后张法预应力工程的施工应由具有相应资质等级的预应力专业施工单位承担。

后张法预应力施工是一项专业性强、技术含量高、操作要求严的作业，故应由获得有关部门批准的预应力专项施工资质的施工单位承担。预应力混凝土结构施工前，专业施工单位应根据设计图纸，编制预应力施工方案。当设计图纸深度不具备施工条件时，预应力施工单位应予以完善，并经设计单位审核后实施。

(2)预应力筋张拉机具设备及仪表，应定期维护和校验。张拉设备应配套标定，并配套使用。张拉设备的标定期限不应超过半年。当在使用过程中出现反常现象时或在千斤顶检修后，应重新标定。

注：①张拉设备标定时，千斤顶活塞的运行方向应与实际张拉工作状态一致。

②压力表的精度不应低于1.5级，标定张拉设备用的试验机或测力计精度不应低于±2%。

张拉设备(千斤顶、油泵及压力表等)应配套标定，以确定压力表读数与千斤顶输出力之间的关系曲线。这种关系曲线对应于特定的一套张拉设备，故配套标定后应配套使用。由于千斤顶主动工作和被动工作时，压力表读数与千斤顶输出力之间的关系是不一致的，故要求标定时千斤顶活塞的运行方向应与实际张拉工作状态一致。

(3)在浇筑混凝土之前，应进行预应力隐蔽工程验收，其内容如下：

①预应力筋的品种、规格、数量、位置等。

②预应力筋锚具和连接器的品种、规格、数量、位置等。

③预留孔道的规格、数量、位置、形状及灌浆孔、排气兼泌水管等。

④锚固区局部加强构造等。

第5节　装配式结构分项工程

要　点

装配式结构分项工程以模板、钢筋、预应力、混凝土四个分项工程为依托,是预制构件产品质量检验、结构性能检验、预制构件的安装等一系列技术工作和完成结构实体的总称。

◆预制构件

1. 监理巡视与检查

(1)预制构件应在明显部位标明生产单位、构件型号、生产日期及质量验收标志。构件上的预埋件、插筋和预留孔洞的规格、位置和数量应符合标准图或设计的要求。

(2)预制构件的外观质量不应有严重缺陷。对于已经出现的严重缺陷,应按技术处理方案进行处理,并重新检查验收。

(3)预制构件不应有影响结构性能和安装、使用功能的尺寸偏差。对于超过尺寸允许偏差且影响结构性能和安装、使用功能的部位,应按技术处理方案进行处理,并重新检查验收。

2. 监理验收

(1)验收标准。

1)主控项目检验标准应符合表2.18的规定。

表2.18　主控项目检验

序号	项目	合格质量标准	检验方法	检查数量
1	构件标志及预埋件等	预制构件应在明显部位标明生产单位、构件型号、生产日期和质量验收标志。构件上的预埋件、插筋和预留孔洞的规格、位置和数量应符合标准图或设计的要求	观察	全数检查
2	外观质量严重缺陷处理	预制构件的外观质量不应有严重缺陷。对已经出现的严重缺陷,应按技术处理方案进行处理,并重新检查验收	观察,检查技术处理方案	

续表 2.18

序号	项目	合格质量标准	检验方法	检查数量
3	过大尺寸偏差处理	预制构件不应有影响结构性能和安装、使用功能的尺寸偏差。对超过尺寸允许偏差且影响结构性能和安装、使用功能的部位,应按技术处理方案进行处理,并重新检查验收	量测,检查技术处理方案	全数检查

2)一般项目检验标准应符合表 2.19 的规定。

表 2.19　一般项目检验

序号	项目	合格质量标准	检验方法	检查数量
1	外观质量一般缺陷	预制构件的外观质量不宜有一般缺陷。对已经出现的一般缺陷,应按技术处理方案进行处理,并重新检查验收	观察,检查技术处理方案	全数检查
2	预制构件的尺寸偏差	预制构件的尺寸偏差应符合《混凝土结构工程质量验收规范》(GB 50204—2002)表 9.2.5 的规定	见《混凝土结构工程质量验收规范》(GB 50204—2002)表 9.2.5 的规定	同一工作班生产的同类型构件,抽查 5% 且不少于 3 件

(2)验收资料。

1)构件合格证。

2)技术处理方案。

3)施工记录。

4)预制构件外观质量、尺寸偏差和结构性能验收合格记录。

5)装配式结构的外观质量和尺寸偏差验收合格记录。

6)接头和拼缝的混凝土或砂浆试件强度试验报告。

7)检验批质量验收记录。

8)装配式结构分项工程质量验收记录。

◆结构性检验

1.监理巡视与检查

(1)进入现场的预制构件,其外观质量、尺寸偏差及结构性能应符合标准图或设计的要求。

(2)预制构件与结构之间的连接应符合设计要求。连接处钢筋或埋件采用焊接或机械连接时,接头质量应符合国家现行标准《钢筋焊接及验收规程》(JGJ 18—2003)、《钢筋机械连接通用技术规程》(JGJ 107—2010)的要求。

(3)承受内力的接头和拼缝,当其混凝土强度未达到设计要求时,不得吊装上一层结构构件;当设计无具体要求时,应在混凝土强度不小于10 N/mm,或具有足够的支撑时方可吊装上一层结构构件。

已安装完毕的装配式结构,应在混凝土强度到达设计要求后,才可以承受全部设计荷载。

(4)预制构件码放和运输时的支撑位置和方法应符合标准图或设计的要求。

(5)在预制构件吊装前,应按设计要求在构件和相应的支撑结构上标志中心线、标高等控制尺寸,按标准图或设计文件校核预埋件及连接钢筋等,并作出标志。

(6)预制构件应按标准图或设计的要求吊装。起吊时绳索与构件水平面的夹角不宜小于45°,否则应采用吊架或经验计算确定。

(7)在预制构件安装就位后,应采取保证构件稳定的临时固定措施,并应根据水准点和轴线校正位置。

(8)装配式结构中的接头和拼缝应符合设计要求;当设计无具体要求时,应符合下列规定:

1)对于承受内力的接头和拼缝应采用混凝土浇筑,其强度等级应比构件混凝土强度等级提高一级。

2）对于不承受内力的接头和拼缝应采用混凝土或砂浆浇筑，其强度等级不应低于 C15 或 M15。

3）用于接头和拼缝的混凝土或砂浆，应采取微膨胀措施和快硬措施，在浇筑过程中应振捣密实，并应采取必要的养护措施。

2. **监理验收**

（1）验收标准。

1）构件的承载力检验系数允许值应符合表 2.20 的规定。

表 2.20　构件的承载力检验系数允许值

<table>
<tr><th>受力情况</th><th colspan="2">达到承载能力极限状态的检验标志</th><th>γ_u</th></tr>
<tr><td rowspan="5">轴心受拉、偏心受拉、受弯、大偏心受压</td><td rowspan="2">受拉主筋处的最大裂缝宽度达到 1.5 mm，或挠度达到跨度的 1/50</td><td>热轧钢筋</td><td>1.20</td></tr>
<tr><td>钢丝、钢绞线、热处理钢筋</td><td>1.35</td></tr>
<tr><td rowspan="2">受压区混凝土破坏</td><td>热轧钢筋</td><td>1.30</td></tr>
<tr><td>钢丝、钢绞线、热处理钢筋</td><td>1.45</td></tr>
<tr><td colspan="2">受拉主筋拉断</td><td>1.50</td></tr>
<tr><td rowspan="2">受弯构件的受剪</td><td colspan="2">腹部斜裂缝达到 1.5 mm，或斜裂缝末端受压混凝土剪压破坏</td><td>1.40</td></tr>
<tr><td colspan="2">沿斜截面混凝土斜压破坏，受拉主筋在端部滑脱或其他锚固破坏</td><td>1.55</td></tr>
<tr><td>轴心受压、小偏心受压</td><td colspan="2">混凝土受压破坏</td><td>1.50</td></tr>
</table>

注：热轧钢筋系指 HPB235 级、HRB335 级、HRB400 级和 RRB400 级钢筋。

2）构件检验的最大裂缝宽度允许值应符合表 2.21 的规定。

表 2.21　构件检验的最大裂缝宽度允许值

设计要求的最大裂缝宽度限值/mm	0.2	0.3	0.4
ω_{max}/mm	0.15	0.20	0.25

（2）验收资料参照本章“预制构件”部分。

◆装配式结构分项工程基本规定

(1)预制构件应进行结构性能检验。结构性能检验不合格的预制构件不得用于混凝土结构。

(2)叠合结构中预制构件的叠合面应符合设计要求。

预制底部构件与后浇混凝土层的连接质量对叠合结构的受力性能有重要影响,叠合面应按设计要求进行处理。

(3)装配式结构外观质量、尺寸偏差的检验按规定执行。收及对缺陷的处理应按“现浇结构分项工程”的相应规定执行。

第3章　砌体工程质量监理

第1节　砖砌体工程

要　点

用砖、砌块、石块及土坯等各种块体，以灰浆（砂浆、黏土浆等）砌筑而成的一种组合体称为砌体，由砌体所构成的各种结构称为砌体结构或砖石结构。

解　释

◆监理巡视与检查

1. 留槎、拉结筋

（1）砖砌体的转角处与交接处应同时砌筑，严禁无可靠措施的内外墙分砌施工。对于不能同时砌筑而又必须留置的临时间断处应砌成斜槎，斜槎水平投影长度不应小于高度的2/3。

在接槎时必须将接槎处的表面清理干净，浇水湿润，填实砂浆并保持灰缝平直。

（2）非抗震设防及抗震设防烈度为6度、7度地区的临时间断处，当不能留斜槎时，除了转角处之外，可留直槎，但是直槎必须做成凸槎。留直槎处应加设拉结钢筋，拉结钢筋的数量为每120 mm墙厚放置1Φ6拉结钢筋（120 mm厚墙放置2Φ6拉结钢筋），间距沿墙高不应超过500 mm；埋入长度从留槎处算起每边均不应小于500 mm，对抗震设防烈度6度、7度的地区，不应小于1 000 mm；末端应有90°弯钩。

（3）在多层砌体结构中，后砌的非承重砌体隔墙，应沿墙高每隔500 mm配置2Φ6的钢筋与承重墙或柱拉结，每边伸入墙内不应小于500 mm。抗震设防烈度为8度和9度区,长度大于5 m的后砌隔墙的墙顶,还应与楼板或梁拉结。隔墙砌至梁板底时,应留一定空隙,间隔一周后再补砌挤紧。

2. 灰缝

(1)砖砌体的灰缝应横平竖直,厚薄均匀。水平灰缝厚度及竖向灰缝宽度宜为10 mm,但不应小于8 mm,也不应大于12 mm。砌筑方法应采用“一铲灰、一块砖、一揉挤”的操作方法,即“三一”砌砖法。竖向灰缝宜采用挤浆法或加浆法,使其砂浆饱满,严禁用水冲浆灌缝。若采用铺浆法砌筑,铺浆长度不得超过750 mm。施工期间气温超过30 ℃时,铺浆长度不得超过500 mm。

水平灰缝的砂浆饱满度不得低于80%;竖向灰缝不得出现透明缝、瞎缝和假缝。

(2)清水墙面不应有上下两皮砖搭接长度小于25 mm的通缝,不得有三分头砖,不得在上部随意变活、乱缝。

(3)空斗墙的水平灰缝厚度和竖向灰缝宽度通常为10 mm,但是不应小于7 mm,也不应大于13 mm。

(4)筒拱拱体灰缝应全部用砂浆填满,拱底灰缝宽度宜为5~8 mm,筒拱的纵向缝应与拱的横断面垂直,筒拱的纵向两端不宜砌入墙内。

(5)为了保持清水墙面立缝垂直、不游丁走缝,当砌完一步架高时,水平间距每隔2 m,在丁砖竖缝位置弹两道垂直立线,以分段控制游丁走缝。

(6)清水墙勾缝应采用加浆勾缝,勾缝砂浆宜采用细砂拌制的1∶1.5水泥砂浆。勾凹缝时深度为4~5 mm,多雨地区或多孔砖可以采用稍浅的凹缝或平缝。

(7)砖砌平拱过梁的灰缝应砌成楔形缝。灰缝宽度,在过梁底面不应小于5 mm;在过梁的顶面不应大于15 mm。

拱脚下面应伸入墙内不小于20 mm,拱底应有1%起拱。

(8)砌体的伸缩缝、沉降缝及防震缝中,不得夹有砂浆、碎砖及杂物等。

◆监理验收

(1)验收标准。

1)主控项目检验标准应符合表3.1的规定。

表3.1　主控项目检验

序号	项目	合格质量标准	检验方法	检查数量
1	砖和砂浆强度等级	砖和砂浆的强度等级必须符合设计要求	查砖和砂浆试块试验报告	每一生产厂家的砖到现场后,按烧结砖15万块、多孔砖5万块、灰砂砖及粉煤灰砖10万块各为一验收批,抽检数量为1组砂浆试块:每一检验批且不超过250 m^3 砌体的各种类型及强度等级的砌筑砂浆,每台搅拌机应至少抽检一次
2	水平灰缝砂浆饱满度	砌体水平灰缝的砂浆饱满度不得小于80%	用百格网检查砖底面与砂浆的黏结痕迹面积。每处检测3块砖,取其平均值	每检验批抽查应不少于5处

续表 3.1

序号	项目	合格质量标准	检验方法	检查数量
3	斜槎留置	砖砌体的转角处与交接处应同时砌筑,严禁无可靠措施的内外墙分砌施工。对不能同时砌筑而又必须留置的临时间断处应砌成斜槎,斜槎水平投影长度应不小于高度的2/3	观察检查	每检验批抽20%接槎,且应不少于5处
4	直槎拉结筋及接槎处理	非抗震设防及抗震设防烈度为6度、7度地区的临时间断处,当不能留斜槎时,除转角处外,可留直槎,但直槎必须做成凸槎。留直槎处应加设拉结钢筋,拉结钢筋的数量为每120 mm墙厚放置1Φ6拉结钢筋(120 mm,厚墙放置2Φ拉结钢筋,间距沿墙高不应超过500 mm;埋入长度从留槎处算起每边均应不小于500 mm,对抗震设防烈度6度、7度的地区,应不小于1 000 mm末端应有900弯钩合格标准:留槎正确,拉结钢筋设置数量、直径正确,竖向间距偏差不超过100 mm,留置长度基本符合规定	观察和尺量检查	

续表 3.1

序号	项目	合格质量标准	检验方法	检查数量
5	砖砌体位置及垂直度允许偏差	砖砌体的位置及垂直度允许偏差应符合《砌体工程施工质量验收规范》(GB 50203—2002)表5.2.5的规定	参见《砌体工程施工质量验收规范》(GB 50203—2002)表5.2.5	轴线查全部承重墙柱;外墙垂直度全高查阳角,应不少于4处,每层每20 m查一处;内墙按有代表性的自然间抽10%,但应不少于3间,每间应不少于2处,柱不少于5根

2)一般项目检验标准应符合表3.2的规定。

表 3.2 一般项目检验

序号	项目	合格质量标准	检验方法	检查数量
1	组砌方法	砖砌体组砌方法应正确,上、下错缝,内外搭砌,砖柱不得采用包心砌法合格标准:除符合本条要求外,清水墙、窗间墙无通缝;混水墙中长度大于或等于300 mm的通缝每间不超过3处,且不得位于同一面墙体上	观察检查	外墙每20 m抽查一处,每处抽查一处,要少于3处;内墙按有代表性的自然间抽10%,且应不少于3间
2	灰缝质量要求	砖砌体的灰缝应横平竖直,厚薄均匀。水平灰缝厚度宜为10 mm,但应不小于8 mm,也应不大于12 mm	用尺量10皮砖砌体高度折算	每步脚手架施工的砌体,每20 m抽查1处

续表 3.2

序号	项目	合格质量标准	检验方法	检查数量
3	砖砌体一般尺寸允许偏差	砖砌体的一般尺寸允许偏差应符合《砌体工程施工质量验收规范》(GB 50203—2002)表5.3.3的规定	参见《砌体工程施工质量验收规范》(GB 50203—2002)表5.3.3	

(2)验收资料。

1)砂浆配合比设计检验报告单。

2)砂浆立方体试件抗压强度检验报告单。

3)水泥检验报告单。

4)各类型砖检验报告单。

5)砂检验报告单。

6)砖砌体工程检验批质量验收记录。

◆砖砌体基本规定

(1)用于清水墙、柱表面的砖,应边角整齐,色泽均匀。

(2)有冻胀环境和条件的地区,地面以下或防潮层以下的砌体,不宜采用多孔砖。

地面以下或防潮层以下的砌体,常处于潮湿的环境中,有的处于水位以下,在冻胀作用下,对多孔砖砌体的耐久性能影响较大,故在有受冻环境和条件的地区不宜在地面以下或防潮层以下采用多孔砖。

(3)砌筑砖砌体时,砖应提前1~2 d浇水湿润。砖砌筑前浇水是砖砌体施工工艺的一个部分,砖的湿润程序对砌体的施工质量影响较大。对比试验证明,适宜的含水率不仅可以提高砖与砂浆之间的黏结力,提高砌体的抗剪强度,也可以使砂浆强度保持正常增长,提高砌体的抗压强度。同时,适宜的含水率还可以使砂浆在操作面上保持一定的摊铺流动性能,便于施工操作,有利于保证砂浆的饱满度，这些对确保砌体施工质量和力学性能都是十分有利的。

对烧结普通砖、多孔砖含水率宜为10% ~15%；对灰砂砖、粉煤灰砖含水率宜为8% ~12%。现场检验砖含水率的简易方法采用断砖法，当砖截面四周融水深度为15 ~20 mm时，视为符合要求的适宜含水率。

(4) 砌砖工程当采用铺浆法砌筑时，铺浆长度不得超过750 mm；施工期间气温超过30 ℃时，铺浆长度不得超过500 mm。

砖砌体砌筑宜随砂浆随砌浆。采用铺浆法砌筑时，铺浆长度对砌体的抗剪强度影响明显，在气温15 ℃时，铺浆后立即砌砖和铺浆后3 min再砌砖，砌体的抗剪强度相差30%。施工气温高时，影响程度更大。

(5)240 mm厚承重墙的每层墙的最上一皮砖，砖砌体的阶台水平面上及挑出层应整砖丁砌。

(6)砖砌平拱过梁的灰缝应砌成楔形缝。灰缝的宽度，在过梁的底面不应小于5 mm；在过梁的顶面不应大于15 mm。

拱脚下面应伸入墙内不小于20 mm，拱底应有1%的起拱。

(7)砖过梁底部的模板，应在灰缝砂浆强度不低于设计强度的50%时，方可拆除。

过梁底部模板是砌筑过程中的承重结构，只有砂浆达到一定强度后，过梁部位砌体方能承受荷载作用，才能拆除底模，砂浆强度一般以实际强度为准。

(8)多孔砖的孔洞应垂直于受压面砌筑。多孔砖的孔洞垂直于受压面，能使砌体有较大的有效受压面积，有利于砂浆结合层进入上下砖块的孔洞产生“销键”作用，提高砌体的抗剪强度和砌体的整体性。

(9)施工时施砌的蒸压(养)砖的产品龄期不应小于28 d。

灰砂砖、粉煤灰砖出釜后早期收缩值大，如果这时用于墙体上，将很容易出现明显的收缩裂缝。因而要求出釜后停放时间不应小于28 d，使其早期收缩值在此期间内完成大部分，这是预防墙体早期开裂的一个重要技术措施。

(10)竖向灰缝不得出现透明缝、瞎缝和假缝。

(11)砖砌体施工临时间断处补砌时,必须将接槎处表面清理干净,浇水湿润,并填实砂浆,保持灰缝平直。

砖砌体的施工临时间断处的接槎部位本身就是受力的薄弱点,为保证砌体的整体性,必须强调补砌时的要求。

第2节　混凝土小型空心砌块砌体工程

要　点

本节适用于普通混凝土小型空心砌块和轻骨料混凝土小型空心砌块(以下简称小砌砖)工程的监理验收。

解　释

◆监理巡视与检查

(1)组砌与灰缝。

1)普通小砌块砌筑时,可为自然含水率;当天气干燥炎热时,可以提前洒水湿润。轻骨料小砌块,由于吸水率较大,宜提前一天浇水湿润。当小砌块表面有浮水时,不应进行砌筑。

2)小砌块砌筑前应预先绘制砌块排列图,并应确定皮数。不够主规格尺寸的部位应当采用辅助规格小砌块。

3)小砌块砌体的水平灰缝厚度和竖向灰缝宽度宜为10 mm,但不应小于8 mm,也不应大于12 mm,铺灰长度不宜超过两块主规格块体的长度。

4)需要移动砌体中的小砌块或砌体被撞动后,应重新铺砌。

5)厕浴间及有防水要求的楼面,墙底部应浇筑高度不小于120 mm的混凝土坎。

6)小砌块清水墙的勾缝应采用加浆勾缝,在设计无具体要求时宜采用平缝形式。

7)雨天砌筑应有防雨措施,砌筑完毕后应对砌体进行遮盖。

(2)留槎、拉结筋。

1)墙体转角处及纵横墙交接处应同时砌筑。临时间断处应砌成斜槎,斜槎水平投影长度不应小于高度的2/3。

2)砌块墙与后砌隔墙交接处,应沿墙高每400 mm在水平灰缝内设置不少于2Φ4、横筋间距不大于200 mm的焊接钢筋网片。

(3)预留洞、预埋件除了按砖砌体工程控制之外,当墙上设置脚手眼时,可用辅助规格砌块侧砌,利用其孔洞作脚手眼(注意脚手眼下部砌块的承载能力);补眼时可用不低于小砌块强度的混凝土填实。

(4)混凝土芯柱。

1)砌筑芯柱(构造柱)部位的墙体,应采用不封底的通孔小砌块,砌筑时要保证上下孔通畅且不错孔,从而确保混凝土浇筑时不侧向流窜。

2)在芯柱部位,每层楼的第一皮块体,应采用开口小砌块或U形小砌块砌出操作孔,操作孔侧面宜预留连通孔;砌筑开口小砌块或U形小砌块时,应随时刮去灰缝内凸出的砂浆,直到一个楼层高度。

3)浇灌芯柱的混凝土,应选用专用的小砌块灌孔混凝土,当采用普通混凝土时,其坍落度不应小于90 mm。

4)浇灌芯柱混凝土应遵守下列规定:

①清除孔洞内的砂浆等杂物,并用水冲洗。

②当砌筑砂浆强度大于1 MPa时,方可浇灌芯柱混凝土。

③在浇灌芯柱混凝土前应先注入适量与芯柱混凝土相同的去石水泥砂浆,再浇灌混凝土。

◆监理验收

(1)验收标准。

1)主控项目检验标准应符合表3.3的规定。

表 3.3　主控项目检验

序号	项目	合格质量标准	检验方法	检查数量
1	小砌块和砂浆的强度等级	小砌块和砂浆的强度等级必须符合设计要求	查小砌块和砂浆试块试验报告	每一生产厂家，每1万块小砌块至少应抽检一组。用于多层以上建筑基础和底层的小砌块抽检数量应不少于2组砂浆试块：每一检验批且不超过250 m^3 砌体的各种类型及强度等级的砌筑砂浆，每台搅拌机应至少抽检一次
2	砌体灰缝	砌体水平灰缝的砂浆饱满度，应按净面积计算不得低于90%；竖向灰缝饱满度不得小于80%，竖缝凹槽部位应用砌筑砂浆填实；不得出现瞎缝、透明缝	用专用百格网检测小砌块与砂浆黏结痕迹，每处检测3块小砌块，取其小砌块，观察检查	每检验批应不少于3处
3	砌筑留槎	墙体转角处和纵横墙交接处应同时砌筑。临时间断处应砌成斜槎，斜槎水平投影长度应不小于高度的2/3	观察检查	每检验批抽20%接槎，且应不少于5处

续表 3.3

序号	项目	合格质量标准	检验方法	检查数量
4	轴线与垂直度控制	砌体的轴线偏移和垂直度偏差应按《砌体工程施工质量验收规范》(GB 50203—2002)表5.2.5的规定执行	见《砌体工程施工质量验收规范》(GB 50203—2002)表5.2.5的规定	轴线查全部承重墙柱;外墙垂直度全高查阳角,应不少于4处,每层每20 m查一处;内墙按有代表性的自然间抽10%,但应不少于3间,每间应不少于2处,柱不少于5根

2)一般项目检验标准应符合表3.4的规定。

表 3.4　一般项目检验

序号	项目	合格质量标准	检验方法	检查数量
1	墙体灰缝尺寸	墙体的水平灰缝厚度和竖向灰缝宽度宜为10 mm,但应不大于12 mm,也应不小于8 mm	用尺量5皮小砌块的高度和2 m砌体长度折算	每层楼的检测点应不少于3处
2	墙体一般尺寸允许偏差	小砌块墙体的一般尺寸允许偏差应按表《砌体工程施工质量验收规范》(GB 50203—2002)表5.3.3中1~5项的规定执行	见《砌体工程施工质量验收规范》(GB 50203—2002)表5.3.3的规定	

(2)验收资料。

1)砂浆配合比设计检验报告单。

2)砂浆抗压强度检验报告单。

3)水泥检验报告单。

4)混凝土小型空心砌块检验报告单。

5)砂检验报告单。

6)混凝土小型空心砌块砌体工程检验批质量验收记录。

相关知识

◆基本规定

(1)施工时所用的小砌块的产品龄期不应小于28 d。

小砌块龄期达到28 d之前,自身收缩速度较快,其后收缩速度减慢,且强度趋于稳定。为有效控制砌体收缩裂缝和保证砌体强度,规定砌体施工时所用的小砌块龄期不应小于28 d。

(2)砌筑小砌块时,应清除表面污物和芯柱用小砌块孔洞底部的毛边,剔除外观质量不合格的小砌块。

(3)施工时所用的砂浆,宜选用专用的小砌块砌筑砂浆。专用的小砌块砌筑砂浆是指符合国家现行标准《混凝土小型空心砌块和混凝土砖砌筑砂浆》(JC 860—2008)的砌筑砂浆,该砂浆可提高小砌块与砂浆间的黏结力,且施工性能好。

(4)底层室内地面以下或防潮层以下的砌体,应采用强度等级不低于C20的混凝土灌实小砌块的孔洞。

填实室内地面以下或防潮层以下砌体小砌块的孔洞,属于构造措施。主要目的是提高砌体的耐久性,预防或延缓冻害,以及减轻地下水中有害物质对砌体的侵蚀。

(5)小砌块砌筑时,在天气干燥炎热的情况下,可提前洒水湿润小砌块,对轻骨料混凝土小砌块,可提前浇水湿润。小砌块表面有浮水时,不得施工。

普通混凝土小砌块具有饱和吸水率低和吸水速度迟缓的特点,一般情况下砌墙时可不浇水。轻骨料混凝土小砌块的吸水率较大,有些品种的轻骨料小砌块的饱和含水率可达15%左右,对这类小砌块宜提前浇水湿润。控制小砌块含水率的目的有两点:一是避免砌筑时产生砂浆流淌;二是保证砂浆不至失水过快。在此前提下,施工单位可自行控制小砌块的含水率,并应与砌筑砂浆稠度相适应。

(6)承重墙体严禁使用断裂小砌块。依据产品标准,断裂小砌块属于废品，对砌体抗压强度将产生不利影响，所以在承重墙体中严禁使用这类小砌块。

(7)小砌块墙体应对孔错缝搭砌，搭接长度不应小于 90 mm。墙体的个别部位不能满足上述要求时，应在灰缝中设置拉结钢筋或钢筋网片，但竖向通缝仍不得超过两皮小砌块。

(8)小砌块应底面朝上反砌于墙上。

(9)浇灌芯柱的混凝土，宜选用专用的小砌块灌孔混凝土，当采用普通混凝土时，其坍落度不应小于 90 mm。

小砌块孔洞的设计尺寸为 120 mm×120 mm，由于产品生产误差和施工误差，墙体上的孔洞截面还要小些，因此，芯柱用混凝土的坍落度应尽量大一点，避免出现“卡颈”和振捣不密实。本条要求的坍落度 90 mm 是最低控制指标。专用的小砌块灌孔混凝土坍落度不小于 180 mm，拌和物不离析、不泌水、施工性能好，故宜采用。专用的小砌块灌孔混凝土是指符合国家现行标准《混凝土砌块(砖)砌体用灌孔混凝土》(JC 861—2008)的混凝土。

(10)浇灌芯柱混凝土，应遵守下列规定：

1)清除孔洞内的砂浆等杂物，并用水冲洗。

2)砌筑砂浆强度大于 1 MPa 时，方可浇灌芯柱混凝土。

3)在浇灌芯柱混凝土前应先注入适量与芯柱混凝土相同的去石水泥砂浆，再浇灌混凝土。

(11)需要移动砌体中的砌块或小砌块被撞动时，应重新铺砌。

第 3 节　石砌体工程

石砌体采用的石材应质地坚实，无风化剥落和裂纹。用于清水墙、柱表面的石材，尚应色泽均匀。

解　释

◆监理巡视与检查

(1)接槎。

1)石砌体的转角处与交接处应同时砌筑。对于不能同时砌筑而必须留置的临时间断处,应砌成踏步槎。

2)在毛石和实心砖的组合墙中,毛石砌体和砖砌体应同时砌筑,并每隔4~6皮砖用2~3皮丁砖与毛石砌体拉结砌合,这两种砌体间的空隙应用砂浆填满。

3)毛石墙和砖墙相接的转角处与交接处应同时砌筑。转角处应自纵墙(或横墙)每隔4~6皮砖高度引出不小于120 mm与横墙(或纵墙)相接;交接处应自纵墙每隔4~6皮砖高度引出不小于120 mm与横墙相接。

4)在料石和毛石或砖的组合墙中,料石砌体与毛石砌体或砖砌体应同时砌筑,并每隔2~3皮料石层用丁砌层与毛石砌体或砖砌体拉结砌合。丁砌料石的长度宜与组合墙厚度相同。

(2)错缝。

1)毛石砌体宜分皮卧砌,各皮石块间应利用自然形状经敲打修整,从而使其与先砌石块基本吻合,搭砌紧密;并应上下错缝、内外搭砌,不得采用外面侧立石块中间填心的砌筑方法;中间不得有铲口石(尖石倾斜向外的石块)、斧刃石及过桥石(仅在两端搭砌的石块)。

2)料石砌体应上下错缝搭砌。砌体厚度等于或大于两块料石宽度时,若同皮内全部采用顺砌,每砌两皮后,应砌一皮丁砌层;若同皮内采用丁顺组砌,丁砌石应交错设置,其中心间距不应大于2 m。

(3)灰缝。

1)毛石砌体的灰缝厚度宜为20~30 mm,砂浆应饱满,石块间不得有相互接触现象。石块间较大的空隙应先填砂浆后用碎石块嵌实,不得采用先摆碎石块后塞砂浆或干填碎石块的方法。

2)料石砌体的灰缝厚度:细料石不应大于5 mm;粗、毛料石不应大于20 mm。砌筑时,砂浆铺设厚度应略高于规定灰缝厚度。

3)当设计未作规定时,石墙勾缝应采用凸缝或平缝,毛石墙还应保持砌合的自然缝。

(4)基础砌筑。

1)砌筑毛石基础的第一皮石块应座浆,并将大面向下。毛石基础若做成阶梯形,上级阶梯的石块应至少压砌下级阶梯的1/2,相邻阶梯的毛石应相互错缝搭砌。

2)砌筑料石基础的第一皮应用丁砌层座浆砌筑。阶梯形料石基础,上级阶梯的料石应至少压砌下级阶梯的1/3。

(5)拉结石设置。毛石墙应当设置拉结石。拉结石应均匀分布,相互错开,毛石基础同皮内每隔2 m左右设置一块;毛石墙一般每0.7 m^2 墙面至少应设置一块,且同皮内的中心间距不应大于2 m。

(6)每日砌筑高度。毛石砌体每日砌筑高度不应超过1.2 m。

◆监理验收

(1)验收标准。

1)主控项目检验标准应符合表3.5的规定。

表3.5　主控项目检验

序号	项目	合格质量标准	检验方法	检查数量
1	石材和砂浆强度等级	石材及砂浆强度等级必须符合设计要求	料石检查产品质量证明书,石材、砂浆检查试块试验报告	同一产地的石材至少应抽检一组 砂浆试块:每一检验批且不得超过250 m^3 砌体的各种类型及强度等级的砌筑砂浆,每台搅拌机应至少抽检一次
2	砂浆饱满度	砂浆饱满度应不小于80%	观察检查	每步架抽查应不少于1处

续表 3.5

序号	项目	合格质量标准	检验方法	检查数量
3	石砌体轴线位置及垂直度允许偏差	石砌体的轴线位置及垂直度允许偏差应符合《砌体工程施工质量验收规范》(GB 50203—2002)表5.2.5的规定	见《砌体工程施工质量验收规范》(GB 50203—2002)表5.2.5的规定	外墙,按楼层(或4 m高以内)每20 m抽查1处,每处3延长米,但应不少于3处;内墙,按有代表性的自然间抽查10%,但应不少于3间,每间应不少于2处,柱子应不少于5根

2)一般项目检验标准应符合表3.6的规定。

表 3.6　一般项目检验

序号	项目	合格质量标准	检验方法	检查数量
1	石砌体一般尺寸允许偏差	石砌体的一般尺寸允许偏差应符合《砌体工程施工质量验收规范》(GB 50203—2002)表5.3.3的规定	见《砌体工程施工质量验收规范》(GB 50203—2002)表5.3.3的规定	外墙,按楼层(或4 m高以内)每20 m抽查1处,每处3延长米,但应不少于3处;内墙,按有代表性的自然间抽查10%,但应不少于3间,每间应不少于2处,柱子应不少于5根
2	石砌体组砌	石砌体的组砌形式应符合下列规定: ①内外搭砌,上下错缝,拉结石、丁砌石交错设置 ②毛石墙拉结石每0.7 m^2 墙面应不少于1块	观察检查	外墙,按楼层(或4 m高以内)每20 m抽查1处,每处3延长米,但应不少于3处;内墙,按有代表性的自然间抽查10%,但应不少于3间

(2)验收资料。

1)砂浆配合比设计检验报告单。

2)砂浆立方体试件抗压强度检验报告单。

3)毛(料)石检验报告单。

4)水泥检验报告单。

5)砂检验报告单。

6)石砌体分项工程检验批质量验收记录表。

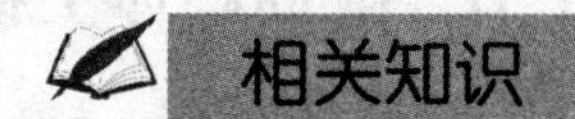

◆基本规定

(1)石砌体采用的石材应质地坚实,无风化剥落和裂纹。用于清水诣、柱表面的石材,尚应色泽均匀。

(2)石材表面的泥垢、水锈等杂质,砌筑前应清除干净。

(3)石砌体的灰缝厚度:毛料石和粗料石砌体不宜大于20 mm;细料石砌体不宜大于5 mm。

(4)砂浆初凝后,如移动已砌筑的石块,应将原砂浆清理干净,重新铺浆砌筑。

(5)砌筑毛石基础的第一皮石块应座浆,并将大面向下;砌筑料石甚础的第一皮石块应用丁砌层座浆砌筑。

(6)毛石砌体的第一皮及转角处、交接处和洞口处,应用较大的平毛石砌筑。每个楼层(包括基础)砌体的最上一皮,宜选用较大的毛石砌筑。

(7)砌筑毛石挡土墙应符合下列规定:

1)每砌3 ~4 皮为一个分层高度,每个分层高度应找平一次。

2)外露面的灰缝厚度不得大于40 mm,两个分层高度间分层处的错缝不得小于80 mm。

(8)料石挡土墙,当中间部分用毛石砌时,丁砌料石伸入毛石部分的长度不应小于200 mm。

(9)挡土墙的泄水孔当设计无规定时,施工应符合下列规定:

1)泄水孔应均匀设置,在每米高度上间隔2 m 左右设置一个泄水孔。

2)泄水孔与土体间铺设长宽各为300 mm、厚200 mm的卵石或碎石作疏水层。

(10)挡土墙内侧回填土必须分层夯填,分层松土厚度应为300 mm。墙顶土面应有适当坡度使流水流向挡土墙外侧面。

第4节　配筋砌体工程

监理员应掌握配筋砌体工程的监理验收。

解　释

◆监理巡视与检查

(1)组合砖砌体。

1)砌筑砖砌体,应同时按照箍筋或拉结钢筋的竖向间距,在水平灰缝中铺置箍筋或拉结钢筋。

2)绑扎钢筋:将纵向受力钢筋与箍筋绑牢,在组合砖墙中,将纵向受力钢筋与拉结钢筋绑牢,将水平分布钢筋与纵向受力钢筋绑牢。

3)在面层部分的外围分段支设模板,每段支模高度宜在500 mm以内,浇水润湿模板及砖砌体面,分层浇灌混凝土或砂浆,并用捣棒捣实。

4)当面层混凝土或砂浆的强度达到其设计强度的30%以上时,才可拆除模板,如有缺陷应及时修整。

(2)网状配筋砖砌体。

1)钢筋网应按设计规定制作成型。

2)砖砌体部分与常规方法砌筑。在配置钢筋网的水平灰缝中,应先铺一半厚的砂浆层,待放入钢筋网后再铺一半厚砂浆层,使钢筋网居于砂浆层厚度中间，钢筋网四周应有砂浆保护层。

3)配置钢筋网的水平灰缝厚度：当用方格网时，水平灰缝厚度为2倍钢筋直径加4 mm；当用连弯网时，水平灰缝厚度为钢筋直径加4 mm，确保钢筋上下各有2 mm厚的砂浆保护层。

4)网状配筋砖砌体外表面宜用1:1水泥砂浆勾缝或进行抹灰。

(3)配筋砌块砌体。

1)在配筋砌块砌体施工前，应按设计要求，将所配置钢筋加工成型，堆置于配筋部位的近旁。

2)砌块的砌筑应与钢筋设置互相配合。

3)砌块的砌筑应采用专用的小砌块砌筑砂浆和专用的小砌块灌孔混凝土。

◆监理验收

(1)验收标准。

1)主控项目检验标准应符合表3.7的规定。

表3.7 主控项目检验

序号	项目	合格质量标准	检验方法	检查数量
1	钢筋品种、规格和数量	钢筋的品种、规格和数量应符合设计要求	检查钢筋的合格证书、钢筋性能试验报告、隐蔽工程记录	全数检查
2	混凝土、砂浆强度	构造柱、芯柱、组合砌体构件、配筋砌体剪力墙构件的混凝土或砂浆的强度等级应符合设计要求	检查混凝土或砂浆试块试验报告	各类构件每一检验批砌体至少应做一组试块

续表 3.7

序号	项目	合格质量标准	检验方法	检查数量
3	马牙槎拉结筋	构造柱与墙体的连接处应砌成马牙槎,马牙槎应先退后进,预留的拉结钢筋应位置正确,施工中不得任意弯折 合格标准:钢筋竖向移位不应超过100 mm,每一马牙槎沿高度方向尺寸不应超过300 mm。钢筋竖向位移和马牙槎尺寸偏差每一构造柱不应超过2处	观察检查	每检验批抽20%构造柱,且不少于3处
4	构造柱位置及垂直度允许偏差	构造柱位置及垂直度的允许偏差应符合《砌体工程施工质量验收规范》(GB 50203—2002)表8.2.4的规定	见标准《砌体工程施工质量验收规范》(GB 50203—2002)中表8.2.4	每检验批抽10%,且应不少于5处
5	芯柱	对配筋混凝土小型空心砌块砌体,芯柱混凝土应在装配式楼盖处贯通,不得削弱芯柱截面尺寸	观察检查	

2)一般项目检验标准应符合表3.8的规定。

表3.8　一般项目检验

序号	项目	合格质量标准	检验方法	检查数量
1	水平灰缝钢筋	设置在砌体水平灰缝内的钢筋,应居中置于灰缝中。水平灰缝厚度应大于钢筋直径4 mm以上。砌体外露面砂浆保护层的厚度应不小于15 mm	观察检查,辅以钢尺检测	每检验批抽检3个构件,每个构件检查3处
2	钢筋防腐	设置在潮湿环境或有化学侵蚀的钢筋应采取防腐措施 合格标准:防腐涂料无漏刷(喷浸),无起皮脱落现象	观察检查	每检验批抽检10%的钢筋
3	网状配筋及放置间距	网状配筋砌体中,钢筋网及放置间距应符合设计规定 合格标准:钢筋网沿砌体高度位置超过设计规定一皮砖厚不得多于1处	钢筋规格:检查钢筋网成品,钢筋网放置间距局部剔缝观察,或用探针刺入灰缝内检查,或用钢筋位置测定仪测定	

续表 3.8

序号	项目	合格质量标准	检验方法	检查数量
4	组合砌体拉结筋	组合砖砌体构件，竖向受力钢筋保护层应符合设计要求，距砖砌体表面距离应不小于 5 mm；拉结筋两端应设弯钩，拉结筋及箍筋的位置应正确 合格标准：钢筋保护层符合设计要求；拉结筋位置及弯钩设置 80% 及以上符合要求，箍筋间距超过规定者，每件不得多于 2 处，且每处不得超过一皮砖	支模前观察与尺量检查	
5	砌块砌体钢筋搭接	配筋砌块砌体剪力墙中，采用搭接接头的受力钢筋搭接长度应不小于 35d，且应不少于 300 mm	尺量检查	每检验批每类构件抽 20%（墙、柱、连梁），且应不少于 3 件

注：d 为纵向受力钢筋的较大直径。

(2)验收资料。

1)砂浆配合比设计检验报告单。

2)砂浆立方体试件抗压强度检验报告单。

3)混凝土配合比设计检验报告单。

4)混凝土抗压强度检验报告单。

5)水泥检验报告单。

6)烧结普通砖检验报告单。

7)砂检验报告单。

8)碎石或卵石检验报告单。

9)钢筋力学性能检验报告单。

10)配筋砌体工程检验批质量验收记录。

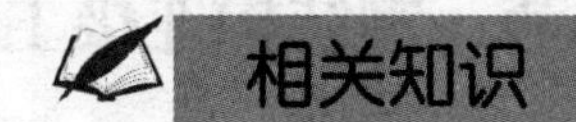

相关知识

◆基本规定

(1)构造柱浇灌混凝土前,必须将砌体留槎部位和模板浇水湿润,将模板内的落地灰、砖渣和其他杂物清理干净,并在结合面处注入适量与构造柱混凝土相同的去石水泥砂浆。振捣时,应避免触碰墙体,严禁通过墙体传震。

(2)设置在砌体水平灰缝中钢筋的锚固长度不宜小于 50 d,且其水平或垂直弯折段的长度不宜小于 20 d 和 150 mm;钢筋的搭接长度不应小于 55 d。

(3)配筋砌块砌体剪力墙,应采用专用的小砌块砌筑砂浆和专用的小砌块灌孔混凝土。

第4章　钢结构工程质量监理

第1节　钢结构连接工程

要　点

在钢结构工程中，常将两个或两个以上的零件，按一定形式和位置连接在一起。这些连接可分为两大类：一类是可拆卸的连接（紧固件连接），另一类是永久性不可拆卸的连接（焊接连接）。

解　释

◆钢构件焊接工程

1. 监理巡视与检查

（1）焊条、焊丝、焊剂及电渣焊熔嘴等焊接材料与母材的匹配应符合设计要求及国家现行行业标准《建筑钢结构焊接技术规程》（JGJ 81—2002）的规定。焊条、焊剂、药芯焊丝及熔嘴等在使用前，应按其产品说明书及焊接工艺文件的规定进行烘焙和存放。

（2）焊工应当经考试合格并取得合格证书。持证焊工必须在其考试合格项目及认可范围内施焊。

（3）施工单位对其首次采用的钢材、焊接材料、焊接方法及焊后热处理等，应进行焊接工艺评定，并应根据评定报告确定焊接工艺。

（4）设计要求全焊透的一、二级焊缝应采用超声波探伤进行内部缺陷的检验，超声波探伤不能对缺陷作出判断时，应采用射线探伤，其内部缺陷分级及探伤方法应符合现行国家标准《钢焊缝手工超声波探伤方法和探伤结果分级法》（GB/T 11345—1989）或《钢熔化焊对接接头射线照相和质量分级》（GB/T 3323—2005）的规定。

焊接球节点网架焊缝、螺栓球节点网架焊缝及圆管 T、K、Y 形节点相关线焊缝，其内部缺陷分级及探伤方法应当分别符合国家现行标准《钢结构超声波探伤及质量分级法》(JG/T 203—2007)、《建筑钢结构焊接技术规程》(JGJ 81—2002)的规定。

(5)焊缝表面不得有裂纹、焊瘤等缺陷。一级焊缝、二级焊缝不得有表面气孔、夹渣、弧坑裂纹、电弧擦伤等缺陷；并且一级焊缝不得有咬边、未焊满、根部收缩等缺陷。

(6)对于需要进行焊前预热或焊后热处理的焊缝，其预热温度或后热温度应符合国家现行相关标准的规定或通过工艺试验确定。预热区在焊道两侧，其每侧宽度均应大于焊件厚度的 1.5 倍以上，且不应小于 100 mm；后热处理应在焊后立即进行，保温时间应根据板厚按每 25 mm 板厚 1 h 确定。

(7)焊成凹形的角焊缝，焊缝金属与母材间应当平缓过渡；加工成凹形的角焊缝，不得在其表面留下切痕。

(8)焊缝感观应达到：外形均匀、成型较好，焊道与焊道、焊道与基本金属间过渡较平滑，焊渣和飞溅物基本清除干净。

2. 监理验收

(1)验收标准。

1)主控项目检验标准应符合表 4.1、表 4.2 的规定。

表 4.1　主控项目检验

序号	项目	合格质量标准	检验方法	检查数量
1	焊接材料品种、规格	焊接材料的品种、规格、性能等应符合现行国家产品标准和设计要求	检查焊接材料的质量合格证明文件、中文标志及检验报告等	
2	焊接材料复验	重要钢结构采用的焊接材料应进行抽样复验，复验结果应符合现行国家产品标准和设计要求	检查复验报告	

续表 4.1

序号	项目	合格质量标准	检验方法	检查数量
3	材料匹配	焊条、焊丝、焊剂、电渣焊熔嘴等焊接材料与母材的匹配应符合设计要求及国家现行行业标准《建筑钢结构焊接技术规程》(JGJ 81—2002)的规定。焊条、焊剂、药芯焊丝、熔嘴等在使用前,应按其产品说明书及焊接工艺文件的规定进行烘焙和存放	检查质量证明书和烘焙记录	全数检查
4	焊工证书	焊工必须经考试合格并取得合格证书。持证焊工必须在其考试合格项目及其认可范围内施焊	检查焊工合格证及其认可范围、有效期	
5	焊接工艺评定	施工单位对其首次采用的钢材、焊接材料、焊接方法、焊后热处理等,应进行焊接工艺评定,并应根据评定报告确定评定,并应根据评定报告确定	检查焊接工艺评定报告	

续表 4.1

序号	项目	合格质量标准	检验方法	检查数量
6	内部缺陷	设计要求全焊透的一、二级焊缝应采用超声波探伤进行内部缺陷的检验，超声波探伤不能对缺陷作出判断时，应采用射线探伤，其内部缺陷分级及探伤方法应符合现行国家标准《钢焊缝手工超声波探伤方法和探伤结果分级法》(GB/T 11345—1989)或《钢熔化焊对接接头射线照相和质量分级》(GB 3323—2005)的规定 焊接球节点网架焊缝、螺栓球节点网架焊缝及圆管T、K、Y形节点相关线焊缝，其内部缺陷分级及探伤方法应分别符合国家现行标准《钢结构超声波探伤及质量分级法》(JG/T 203—2007)、《建筑钢结构焊接技术规程》(JGJ 81—2002)的规定 一级、二级焊缝的质量等级及缺陷分级应符合表3.35的规定	检查超声波或射线探伤记录	全数检查

续表 4.1

序号	项目	合格质量标准	检验方法	检查数量
7	组合焊缝尺寸	T形接头、十字接头、角形接头等要求熔透的对接和角对接组合焊缝，其焊脚尺寸应不小于 $t/4$ [图 4.1(a)、(b)、(c)]；设计有疲劳验算要求的吊车梁或类似构件的腹板与上翼缘连接焊缝的焊脚尺寸为 $t/2$ [图 4.1(d)]，且应不大于 10 mm。焊脚尺寸的允许偏差为 0 ~ 4 mm	观察检查，用焊缝量规抽查测量	资料全数检查；同类焊缝抽查10%，且应不少于3条
8	焊缝表面缺陷	焊缝表面不得有裂纹、焊瘤等缺陷。一级、二级焊缝不得有表面气孔、夹渣、弧坑裂纹、电弧擦伤等缺陷，且一级焊缝电弧擦伤等缺陷，且一级焊缝等缺陷	观察检查或使用放大镜焊缝量规和钢尺检查，当存在疑义时，采用渗透或磁粉探伤检查	每批同类构件抽查10%，且应不少于 3 件；被抽查构件中，每一类型焊缝按条数抽查5%，且应不少于 1 条；每条检查1处，总抽查数应不少于10处

表 4.2　一、二级焊缝质量等级及缺陷分级

焊缝质量等级		一级	二级
内部缺陷超声波探伤	评定等级	Ⅱ	Ⅲ
	检验等级	B 级	B 级
	探伤比例	100%	20%
内部缺陷射线探伤	评定等级	Ⅱ	Ⅲ
	检验等级	AB 级	AB 级
	探伤比例	100%	20%

注:探伤比例的计数方法应按以下原则确定:

1)对工厂制作焊缝,应按每条焊缝计算百分比,且探伤长度应不小于 200 mm,当焊缝长度不足 200 mm 时,应对整条焊缝进行探伤。

2)对现场安装焊缝,应按同一类型、同一施焊条件的焊缝条数计算百分比,探伤长度应不小于 200 mm,并应不少于 1 条焊缝。

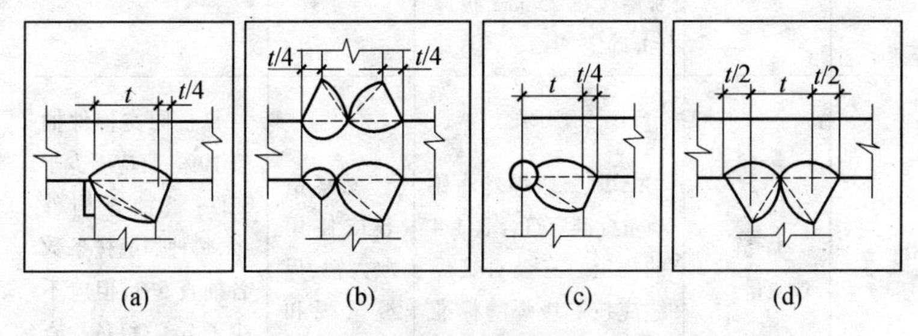

图 4.1　焊脚尺寸

2)一般项目检验标准应符合表 4.3 的规定。

表 4.3　一般项目检验

序号	项目	合格质量标准	检验方法	检查数量
1	焊接材料外观质量	焊条外观不应有药皮脱落、焊芯生锈等缺陷;焊剂不应受潮结块	观察检查	按量抽查 1%,且不少于 10 包

续表 4.3

序号	项目	合格质量标准	检验方法	检查数量
2	预热和后热处理	对于需要进行焊前预热或焊后热处理的焊缝，其预热温度或后热温度应符合国家现行有关标准的规定或通过工艺试验确定。预热区在焊道两侧，每侧宽度均应大于焊件厚度的1.5倍以上，且应不小于100 mm；后热处理应在焊后立即进行，保温时间应根据板厚按每25 mm板厚1 h确定	检查预、后热施工记录和工艺试验报告	全数检查
3	焊缝外观质量	二级、三级焊缝外观质量标准应符合表4.4的规定。三级对接焊缝应按二级焊缝标准进行外观质量检验	观察检查或使用放大镜、焊缝量规和钢尺检查	每批同类构件抽查10%，且应不少于3件；被抽查构件中，每种焊缝按条数各抽查5%，但应不少于1条；每条检查1处，总抽查数应不少于10处
4	焊缝尺寸偏差	焊缝尺寸允许偏差应符合表4.5的规定	用焊缝量规检查	每批同类构件抽查10%，且应不少于3件；被抽查构件中，每种焊缝按条数各抽查5%，但应不少于1条；每条检查1处，总抽查数应不少于10处

续表 4.3

序号	项目	合格质量标准	检验方法	检查数量
5	凹形角焊缝	焊成凹形的角焊缝，焊缝金属与母材间应平缓过渡；加工成凹形的角焊缝，不得在其表面留下切痕	观察检查	每批同类构件抽查10%，且应不少于3件
6	焊缝感观	焊缝感观应达到：外形均匀、成型较好，焊道与焊道、焊道与基本金属间过渡较平滑，焊渣和飞溅物基本清除干净	观察检查	每批同类构件抽查10%，且应不少于3件；被抽查构件中，每种焊缝按数量各抽查5%，总抽查处应不少于5处

3)焊缝外观质量标准及尺寸允许偏差应符合表4.4~4.6的规定。

表4.4　二、三级焊缝外观质量标准

项目	允许偏差/mm	
缺陷类型	二级	三级
未焊满（指不满足设计要求）	≤(0.2+0.02)t，且≤1.0	≤0.2+0.04 t，且≤2.0
	每100.0焊缝内缺陷总长≤25.0	
根部收缩	≤(0.2+0.02)t，且≤1.0	≤0.2+0.04 t，且≤2.0
	长度不限	
咬边	≤0.05t，且≤0.5；连续长度≤100.0，且焊缝两侧咬边总长≤10%焊缝全长	≤0.1t，且≤1.0，长度不限
弧坑裂纹	—	允许存在个别长度≤5.0的弧坑裂纹
电弧擦伤	—	允许存在个别电弧擦伤
接头不良	缺口深度0.05t，且≤0.5	缺口深度0.1t，且≤1.0
	每1 000.0焊缝不应超过1处	

续表 4.4

项目	允许偏差/mm	
缺陷类型	二级	三级
表面夹渣	—	深≤0.2t,长≤0.5t,且≤20.0
表面气孔	—	每50.0焊缝长度内允许直径≤0.4t,且≤3.0的气孔2个,孔距≥6倍孔径

注:表内 t 为连接处较薄的板厚。

表 4.5 对接焊缝及完全熔透组合焊缝尺寸允许偏差

序号	项目	图例	允许偏差/mm	
			一、二级	三级
1	对接焊缝余高 C	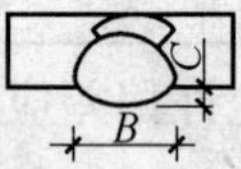 C B	B<20;0~3.0 B≥20;0~4.0	B<20;0~4.0 B≥20;0~5.0
2	对接焊缝错边 d	 d	d<0.15t,且≤2.0	d<0.15t,且≤3.0

表 4.6 部分焊透组合焊缝和角焊缝外形尺寸允许偏差

序号	项目	图例	允许偏差/mm
			三级
1	焊脚尺寸 h_f	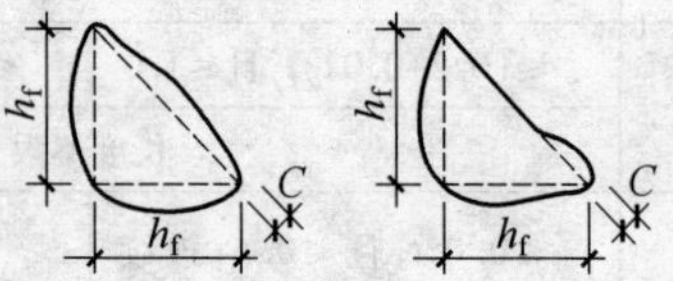 h_f C h_f h_f C h_f	B<20;0~4.0 B≥20;0~5.0
2	角焊缝余高 C	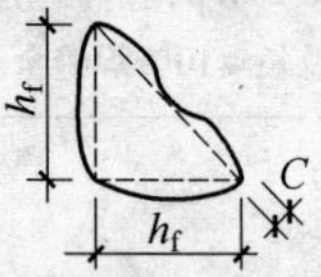 h_f C h_f	d<0.15t,且≤3.0

注:①h_f>8.0 mm 的角焊缝其局部焊脚尺寸允许低于设计要求值 1.0 mm,但总长度不得超过焊缝长度 10%。

②焊接 H 形梁腹板与翼缘板的焊缝两端在其两倍翼缘板宽度范围内,焊缝的焊脚尺寸不得低于设计值。

(2)验收资料。

1)焊条、焊丝、焊剂及电渣熔嘴等焊接材料出厂合格证明文件及检验报告。

2)焊条、焊剂等烘焙记录。

3)重要钢结构采用的焊接材料复验报告。

4)焊工合格证书及其认可范围、有效期。

5)施工单位首次采用的钢材和焊接材料的焊接工艺评定报告。

6)无损检测报告和X射线底片。

7)焊接工程有关竣工图及相关设计文件。

8)技术复核记录。

9)隐蔽工程检查验收记录。

10)焊接分项工程检验批质量验收记录。

11)不合格项的处理记录及验收记录。

12)其他有关文件的记录。

◆焊钉(栓钉)焊接工程

1. 监理巡视与检查

(1)施工单位对其采用的焊钉与钢材焊接应进行焊接工艺评定,其结果应符合设计要求和国家现行有关标准的规定,瓷环应按其产品说明书进行烘焙。

(2)焊钉焊接后应进行弯曲试验检查,其焊缝和热影响区不应有肉眼可见的裂纹。

(3)焊钉根部焊脚应均匀,焊脚立面的局部未熔合或不足360°的焊脚应进行修补。

2. 监理验收

(1)验收标准。

1)主控项目检验标准应符合表4.7的规定。

表4.7 主控项目检验

序号	项目	合格质量标准	检验方法	检查数量
1	焊接材料品种、规格	焊接材料的品种、规格、性能等应符合现行国家产品标准和设计要求	检查焊接材料的质量合格证明文件、中文标志及检验报告等	全数检查
2	焊接材料复验	重要钢结构采用的焊接材料应进行抽样复验，复验结果应符合现行国家产品标准和设计要求	检查复验报告	
3	焊接工艺评定	施工单位对其采用的焊钉和钢材焊接应进行焊接工艺评定，其结果应符合设计要求和国家现行有关标准的规定。瓷环应按其产品说明书进行烘焙	检查焊接工艺评定报告和烘焙记录	
4	焊后弯曲试验	焊钉焊接后应进行弯曲试验检查，其焊缝和热影响区不应有肉眼可见的裂纹	焊钉弯曲30°后用角尺检查和观察检查	每批同类构件抽查10%，且应不少于10件；被抽查构件中，每件检查焊钉数量的1%，但应不少于1个

2）一般项目检验标准应符合表4.8的规定。

表4.8 一般项目检验

序号	项目	合格质量标准	检验方法	检查数量
1	焊钉和瓷环尺寸	焊钉及焊接瓷环的规格、尺寸及偏差应符合现行国家标准《电弧螺柱焊用圆柱头焊钉》(GB 10433—2002)中的规定	用钢尺和游标深度尺量测	按量抽查1%,且应不少于10套
2	焊缝外观质量	焊钉根部焊脚应均匀,焊脚立面的局部未熔合或不足360°的焊脚应进行修补	焊脚应进行修补	按总焊钉数量抽查1%,且应不少于10个

(2)验收资料。

1)焊钉、焊接瓷环等焊接材料出厂合格证明文件及检验报告。

2)瓷环等烘焙记录。

3)重要钢结构采用的焊钉复验报告。

4)焊钉焊工合格证及其认可范围、有效期。

5)施工单位首次采用的钢材和焊钉的焊接工艺评定报告。

6)技术复核记录。

7)隐蔽验收记录。

8)钢结构焊钉焊接分项工程检验批质量验收记录。

9)其他有关文件的记录。

◆基本规定

(1)钢结构焊接工程。

1)本部分适用于钢结构制作和安装中的钢构件焊接和焊钉焊接的工程质量验收。

2)钢结构焊接工程可按相应的钢结构制作或安装工程检验批的划分为一个或若干个检验批。

3)碳素结构应在焊缝冷却到环境温度、低合金结构钢应在完成焊接 24 h 以后,进行焊缝探伤检验。

4)焊缝施焊后应在工艺规定的焊缝及部位打上焊工钢印。

(2)紧固件连接工程。

1)本部分适用于钢结构制作和安装中的普通螺栓、扭剪型高强度螺栓、高强度大六角头螺栓、钢网架螺栓球节点用高强度螺栓及射钉、自攻钉、拉铆钉等连接工程的质量验收。

2)紧固件连接工程可按相应的钢结构制作或安装工程检验批的划分原划分为一个或若干个检验批。

第2节　钢零件及钢部件加工工程

要　点

制作过程是钢结构产品质量形成的过程,为了确保钢结构工程的制作质量,操作和质控人员应严格遵守制作工艺,执行“三检”制。监理人员对制作过程要有所了解,必要时对其进行抽查。

解　释

◆监理巡视与检查

(1)切割。钢材切割面或剪切面应无裂纹、夹渣、分层及大于 1 mm 的缺棱。

(2)矫正和成型。

1)碳素结构钢在环境温度低于-16 ℃、低合金结构钢在环境温度低于-12 ℃时,不应进行冷矫正与冷弯曲。碳素结构钢与低合金结构钢在加热矫正时,加热温度不应超过 900 ℃,低合金结构钢在加热矫正后应自然冷却。

2)当零件采用热加工成型时,加热温度应控制在 900 ~ 1 000 ℃;碳素结构钢与低合金结构钢在温度分别下降到 700 ℃和800 ℃之前,应结束加工;低合金结构钢应自然冷却。

3)矫正后的钢材表面不应有明显的凹面或损伤,划痕深度不得大于0.5 mm,且不应大于该钢材厚度负允许偏差的1/2。

(3)边缘加工。气割或机械剪切的零件进行边缘加工时,其刨削量不应小于2.0 mm。

(4)管、球加工。

1)在螺栓球成型后,不应有裂纹、褶皱、过烧。

2)在钢板压成半圆球后,表面不应有裂纹、褶皱;焊接球其对接坡口应采用机械加工,对接焊缝表面应打磨平整。

◆监理验收

(1)验收标准。

1)主控项目检验标准应符合表4.9的规定。

表4.9　主控项目检验

序号	项目	合格质量标准	检验方法	检查数量
1	材料品种、规格	钢材、钢铸件的品种、规格、性能等应符合现行国家产品标准和设计要求。进口钢材产品的质量应符合设计和合同规定标准的要求	检查质量合格证明文件、中文标志及检验报告	
2	钢材复验	对属于下列情况之一的钢材,应进行抽样复验,其复验结果应符合现行国家产品标准和设计要求 ①国外进口钢材 ②钢材混批 ③板厚等于或大于40 mm,且设计有Z向性能要求的厚板 ④建筑结构安全等级为一级,大跨度钢结构中主要受力构件所采用的钢材 ⑤设计有复验要求的钢材 ⑥对质量有疑义的钢材	检查复验报告	

续表 4.9

序号	项目	合格质量标准	检验方法	检查数量
3	切面质量	钢材切割面或剪切面应无裂纹、夹渣、分层和大于1 mm的缺棱	观察或用放大镜及百分尺检查,有疑义时作渗透、磁粉或超声波探伤检查	全数检查
4	矫正	碳素结构钢在环境温度低于-16 ℃、低合金结构钢在环境温度低于-12 ℃时,不应进行冷矫正和冷弯曲。碳素结构钢和低合金结构钢在加热矫正时,加热温度不应超过900 ℃。低合金结构钢在加热矫正后应自然冷却	检查制作工艺报告和施工记录	
5	边缘加工	气割或机械剪切的零件,需要进行边缘加工时,其刨削量应不小于2.0 mm	检查制作工艺报告和施工记录	全数检查
6	制孔	A、B级螺栓孔(Ⅰ类孔)应具有H12的精度,孔壁表面粗糙度 Ra 应不大于12.5 μm。其孔径的允许偏差应符合《钢结构工程施工质量验收规范》(GB 50205—2001)中表7.6.1-1的规定 C级螺栓孔(Ⅱ类孔),孔壁表面粗糙度 Ra 应不大于25 μm,其允许偏差应符合《钢结构工程施工质量验收规范》(GB 50205—2001)表7.6.1-2的规定	检查制作工艺报告和施工记录	

2)一般项目检验标准应符合表4.10的规定。

表4.10　一般项目检验

序号	项目	合格质量标准	检验方法	检查数量
1	材料规格尺寸	钢板厚度及允许偏差应符合其产品标准的要求	用游标卡尺量测	每一品种、规格的钢板抽查5处
		型钢的规格尺寸及允许偏差符合其产品标准的要求	用钢尺和游标卡尺量测	
2	钢材表面质量	钢材的表面外观质量除应符合国家现行有关标准的规定外,尚应符合下列规定: ①当钢材的表面有锈蚀、麻点或划痕等缺陷时,其深度不得大于该钢材厚度负允许偏差值的1/2 ②钢材表面的锈蚀等级应符合现行国家标准《涂装前钢材表面锈蚀等级和除锈等级》(GB 8923—1988)规定的C级及C级以上 ③钢材端边或断口处不应有分层、夹渣等缺陷	观察检查	全数检查
3	气割精度	气割的允许偏差应符合表4.13的规定	观察检查或用钢尺、塞尺检查	按切割面数抽查10%,且应不少于3个
	机械剪切精度	机械剪切的允许偏差应符合表4.14的规定	观察检查或用钢尺、塞尺检查	按切割面数抽查10%,且应不少于3个

续表 4.10

序号	项目	合格质量标准	检验方法	检查数量
4	矫正质量	矫正后的钢材表面，不应有明显的凹面或损伤，划痕深度不得大于0.5 mm，且应不大于该钢材厚度负允许偏差的1/2 冷矫正和冷弯曲的最小曲率半径和最大弯曲矢高应符合表4.15的规定 钢材矫正后的允许偏差，应符合表4.16的规定	观察检查和实测检查	按冷矫正和冷弯曲的件数抽查10%，且应不少于3个 按矫正件数抽查10%，且应不少于3件
5	边缘加工精度	边缘加工允许偏差应符合表4.17的规定	观察检查和实测检查	按加工面数抽查10%，且应不少于3件
6	制孔精度	螺栓孔孔距的允许偏差应符合表4.18的规定	尺量检查	全数检查

3）允许偏差应符合表4.11～4.18的规定。

表 4.11　A、B级螺栓孔径的允许偏差

序号	螺栓公称直径、螺栓孔直径/mm	螺栓公称直径允许偏差/mm	螺栓孔直径允许偏差/mm
1	10～18	0.00 -0.21	+0.18 0.00
2	18～30	0.00 -0.21	+0.21 0.00
3	30～50	0.00 -0.25	+0.25 0.00

表 4.12　C 级螺栓孔的允许偏差

项目	允许偏差/mm
直径	+0.1 0.0
圆度	2.0
垂直度	0.03t,且应不大于 2.0

注:t 为切割面厚度。

表 4.13　气割的允许偏差

项目	允许偏差/mm
零件宽度、长度	±3.0
切割面平面度	0.05t,且应不大于 2.0
割纹深度	0.3
局部缺口深度	1.0

注:t 为切割面厚度。

表 4.14　机械剪切的允许偏差

项目	允许偏差/mm
零件宽度、长度	±3.0
边缘缺棱	1.0
型钢端部垂直度	2.0

表 4.15　冷矫正和冷弯曲的最小曲率半径和最大弯曲矢高

钢材类别	图例	对应轴	矫正		弯曲	
			r	f	r	f
钢板扁钢	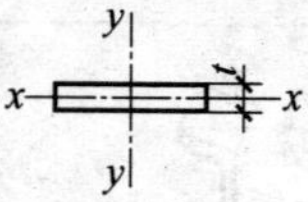	x—x	$50t$	$l^2/400t$	$25t$	$l^2/200t$
		y—y(仅对扁钢轴线)	$100b$	$l^2/800b$	$50b$	$l^2/400b$
角钢	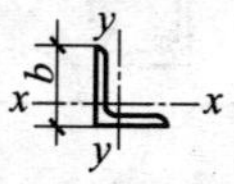	x—x	$90b$	$l^2/720b$	$45b$	$l^2/360b$

续表 4.15

钢材类别	图例	对应轴	矫正		弯曲	
			r	f	r	f
槽钢		$x—x$	$50h$	$l^2/400h$	$25h$	$l^2/200h$
		$y—y$	$90b$	$l^2/720b$	$45b$	$l^2/360b$
工字钢		$x—x$	$50h$	$l^2/400h$	$25h$	$l^2/200h$
		$y—y$	$50b$	$l^2/400h$	$25b$	$l^2/200h$

注：r 为曲率半径；f 为弯曲矢高；l 为弯曲弦长；t 为钢板厚度。

表 4.16　钢材矫正后的允许偏差

项目		允许偏差/mm	图例
钢板的局部平面度	$t \leq 14$	1.5	
	$t>14$	1.0	
型钢弯曲矢高		$l/1\ 000$ 且应不大于5.0	—
角钢肢的垂直度		$b/100$ 双肢栓接角钢的角度不得大于90°	
槽钢翼缘对腹板的垂直度		$b/80$	

续表 4.16

项目	允许偏差/mm	图例
工字钢、H 型钢翼缘对腹板的垂直度	$b/100$ 且不大于 2.0	

表 4.17　边缘加工的允许偏差

项目	允许偏差/mm
零件宽度、长度	±1.0
加工边直线度	$l/3000$，且不应大于 2.0
相邻两边夹角	±6′
加工面垂直度	$0.025t$，且不应大于 0.5
加工面表面粗糙度	50/▽

表 4.18　螺栓孔孔距允许偏差

螺栓孔孔距范围/mm	≤500	501～1 200	1 201～3 000	>3 000
同一组内任意两孔间距离/mm	±1.0	±1.5	—	—
相邻两组的端孔间距离/mm	±1.5	±2.0	±2.5	±3.0

注：①在节点中连接板与一根杆件相连的所有螺栓孔为一组。

②对接接头在拼接板一侧的螺栓孔为一组。

③在两相邻节点或接头间的螺栓孔为一组，但不包括上述两款所规定的螺栓孔。

④受弯构件翼缘上的连接螺栓孔，每米长度范围内的螺栓孔为一组。

(2)验收资料。

1)材料出厂合格证或复验报告。

2)无损检测报告。

3)技术复核记录。

4)隐蔽工程验收记录。

5)钢结构(零件及部件加工)分项工程检验批质量验收记录。

相关知识

◆**基本规定**

(1)本部分适用于钢结构制作及安装中钢零件及钢部件加工的质量验收。

(2)钢零件及钢部件加工工程,可按相应的钢结构制作工程或钢结构安装工程检验批的划分原则划分为一个或若干个检验批。

第3节　钢结构安装工程

要　点

钢结构安装是将各个单体(或组合体)构件组成成一个整体,其所提供的整体建筑物将直接投入生产使用,安装上出现的质量问题有可能成为永久性缺陷,因此,更显示监理验收的重要性。

解　释

◆**单层钢结构安装工程**

1.监理巡视与检查

(1)建筑物的定位轴线、基础轴线和标高、地脚螺栓的规格及其紧固应符合设计要求。

(2)钢构件应符合设计要求和规范的规定。运输、堆放及吊装等造成的钢构件变形及涂层脱落,应进行矫正和修补。

(3)设计要求顶紧的节点,接触面紧贴不应少于70%,且边缘最大间隙不应大于0.8 mm。

(4)钢柱等主要构件的中心线及标高基准点等标记应齐全。

(5)当钢桁架(或梁)安装在混凝土柱上时,其支座中心对定位轴线的偏差不应大于 10 mm;当采用大型混凝土屋面板时,钢桁架(或梁)间距的偏差不应大于 10 mm。

(6)钢平台、钢梯及栏杆安装应符合现行国家标准《固定式钢直梯安全技术条件》(GB4053.1—1993)、《固定式钢斜梯安全技术条件》(GB 4053.2—1993)、《固定式防护栏杆安全技术条件》(GB 4053.3—1993)与《固定式钢平台安全技术条件》(GB 4053.4—1993)的规定。

(7)钢结构表面应干净,结构主要表面不应有疤痕、泥沙等污垢。

2. 监理验收

(1)验收标准。

1)主控项目检验标准应符合表 4.19 的规定。

表 4.19 主控项目检验

序号	项目	合格质量标准	检验方法	检查数量
1	基础验收	建筑物的定位轴线、基础轴线和标高、地脚螺栓的规格及其紧固应符合设计要求 基础顶面直接作为柱的支撑面和基础顶面预埋钢板或支座作为柱的支撑面时,其支撑面、地脚螺栓(锚栓)位置的允许偏差应符合表 4.21 的规定 采用座浆垫板时,座浆垫板的允许偏差应符合表 4.22 的规定 采用杯口基础时,杯口尺寸的允许偏差应符合表 4.23 的规定	用经纬仪、水准仪、全站仪和钢尺现场实测 用经纬仪、水准仪、全站仪、水平尺和钢尺实测 用水准仪、全站仪、水平尺和钢尺现场实测 观察及尺测量检查	按柱基数抽查 10%,且应不少于 3 个 资料全数检查。按柱基数抽查 10%,且应不少于 3 个 按基础数抽查 10%,且应不少于 4 处

续表 4.19

序号	项目	合格质量标准	检验方法	检查数量
2	构件验收	钢构件应符合设计要求和《钢结构工程施工质量验收规范》(GB 50205—2001)的规定。运输、堆放和吊装等造成的钢构件变形及涂层脱落,应进行矫正和修补	用拉线、钢尺现场实测或观察	按构件数抽查10%,且应不少于3个
3	顶紧接触面	设计要求顶紧的节点,接触面应不少于70%紧贴,且边缘最大间隙应不大于0.8 mm	用钢尺及0.3 mm和0.8 mm厚的塞尺现场实测	按节点数抽查10%,且应不少于3个
4	钢构件垂直度和侧弯矢高	钢屋(托)架、桁架、梁及受压杆件的垂直度和侧向弯曲矢高的允许偏差应符表4.25的规定	用吊线、拉线、经纬仪和钢尺现场实测	按同类构件数抽查10%,且应不少于3个
5	主体结构尺寸	单层钢结构主体结构的整体垂直度和整体平面弯曲的允许偏差应符合表4.26的规定	采用经纬仪、全站仪等测量	对主要立面全部检查。对每个所检查的立面,除两列角柱外,尚应至少选取一列中间柱

2)一般项目检验标准应符合表4.20的规定。

表 4.20　一般项目检验

序号	项目	合格质量标准	检验方法	检查数量
1	地脚螺栓精度	地脚螺栓(锚栓)尺寸的偏差应符合表 4.24 的规定。地脚螺栓(锚栓)的螺纹应受到保护	用钢尺现场实测	按栓基数抽查10%,且应不少于 3 个
2	标记	钢柱等主要构件的中心线及标高基准点等标记应齐全	观察检查	按同类构件数抽查 10%,且应不少于 3 个
3	桁架(梁)安装精度	当钢桁架(或梁)安装在混凝土柱上时,其支座中心对定位轴线的偏差应不大于 10 mm;当采用大型混凝土屋面板时,钢桁架(或梁)间距的偏差应不大于 10 mm	用拉线和钢尺现场实测	按同类构件数抽查 10%,且应不少于 3 榀
4	钢柱安装精度	钢杠安装的允许偏差应符合表 4.27 的规定	见表4.27	按钢柱数抽查10%,且应不少于 3 个
5	吊车梁安装精度	钢吊车梁或直接承受动力荷载的类似构件,其安装的允许偏差应符合表 4.28 的规定	见表4.28	按钢吊车梁数抽查 10%,且应不少于 3 榀
6	檩条、墙架等构件安装精度	檩条、墙架等次要构件安装的允许偏差应符合表 4.29 的规定	见表4.29	按同类构件数抽查 10%,且应不少于 3 个

续表 4.20

序号	项目	合格质量标准	检验方法	检查数量
7	平台、钢梯等安装精度	钢平台、钢梯、栏杆安装应符合现行国家标准《固定式钢梯及平台安全要求 第1部分:钢直梯》(GB 4053.1—2009)、《固定式钢梯及平台安全要求 第2部分:钢斜梯》(GB 4053.2—2009)、《固定式钢梯及平台安全要求 第3部分:工业防护栏杆及钢平台》(GB 4053.3—2009)的规定。钢平台、钢梯和防护栏杆安装的允许偏差应符合表4.30的规定	见表4.30	按钢平台总数抽查10%,栏杆、钢梯按总长度各抽查10%,但钢平台应不少于1个,栏杆应不少于5m,钢梯应不少于1跑
8	现场组对精度	现场焊缝组对间隙的允许偏差应符合表4.31的规定	尺量检查	按同类节点数抽查10%,且应不少于3个
9	结构表面	钢结构表面应干净,结构主要表面不应有疤痕、泥砂等污垢	观察	按同类构件数抽查10%,且应不少于3个

3)允许偏差应符合表4.21~4.26的规定。

表 4.21　支撑面、地脚螺栓(锚栓)位置的允许偏差

项目		允许偏差/mm
支撑面	标高	±3.0
	水平度	l/1 000
地脚螺栓(锚栓)	螺栓中心偏移	5.0
预留孔中心偏移		10.0

表 4.22 座浆垫板的允许偏差

项目	允许偏差/mm
顶面标高	0.0 -3.0
水平度	l/1000
位置	20.0

表 4.23 杯口尺寸的允许偏差

项目	允许偏差/mm
底面标高	0.0 -5.0
杯口深度 H	±5.0
杯口垂直度	H/100 且不应大于 10.0
位置	10.0

表 4.24 地脚螺栓(锚栓)尺寸的允许偏差

项目	允许偏差/mm
螺栓(锚栓)露出长度	+30.0 0.0
螺纹长度	+30.0 0.0

表 4.25 钢屋(托)架、桁架、梁及受压杆件垂直度和侧向弯曲矢高的允许偏差

项目	允许偏差/mm	图例
跨中的垂直度	h/250,且不应大于 15.0	Ⅰ Ⅰ Δ h Ⅰ—Ⅰ

续表 4.25

项目	允许偏差/mm		图例
侧向弯曲矢高 f	$l \leqslant 30$ m	$l/1\ 000$，且不应大于 10.0	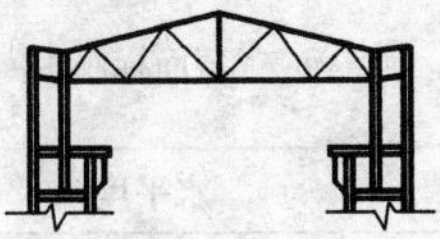
	$30\ \text{m} < l \leqslant 60$ m	$l/1\ 000$，且不应大于 30.0	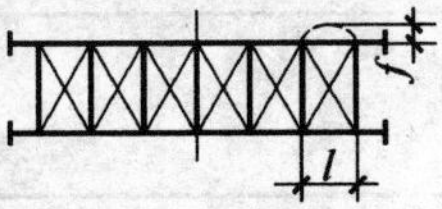
	$l > 60$ m	$l/1\ 000$，且不应大于 50.0	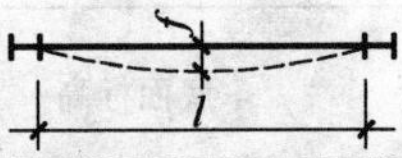

表 4.26　整体垂直度和整体平面弯曲的允许偏差

项目	允许偏差/mm	图例
主体结构的整体垂直度	$h/1\ 000$，且不应大于 25.0	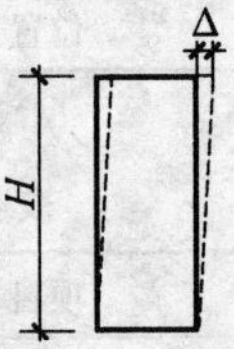
主体结构的整体平面弯曲	$L/1\ 500$，且不应大于 25.0	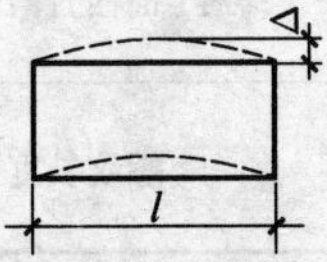

表 4.27　单层钢结构中柱子安装的允许偏差

项目	允许偏差/mm	图例	检验方法
柱脚底座中心线对定位轴线的偏移	5.0	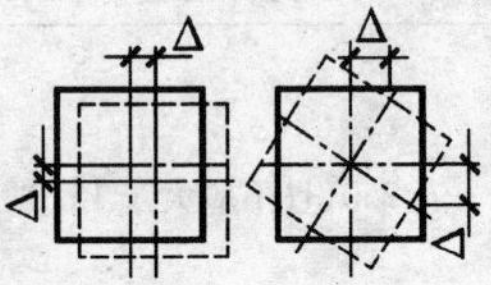	用吊线和钢尺检查

续表 4.27

<table>
<tr><th colspan="3">项目</th><th>允许偏差/mm</th><th>图例</th><th>检验方法</th></tr>
<tr><td rowspan="2">柱基准点标高</td><td colspan="2">有吊车梁的柱</td><td>+3.0
-5.0</td><td rowspan="2"> 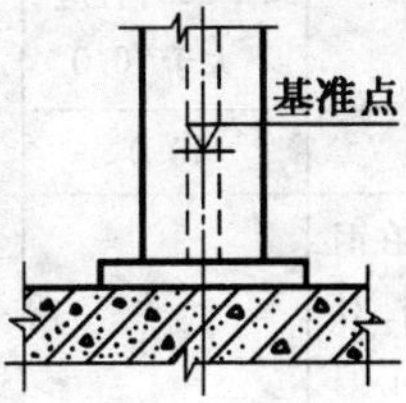</td><td rowspan="2">用水准仪检查</td></tr>
<tr><td colspan="2">无吊车梁的柱</td><td>+5.0
-8.0</td></tr>
<tr><td colspan="3">弯曲矢高</td><td>H/1 200，且应不大于15.0</td><td>—</td><td>用经纬仪或拉线和钢尺检查</td></tr>
<tr><td rowspan="4">柱轴线垂直度</td><td rowspan="2">单层柱</td><td>H≤10 m</td><td>H/1 000</td><td rowspan="4"> 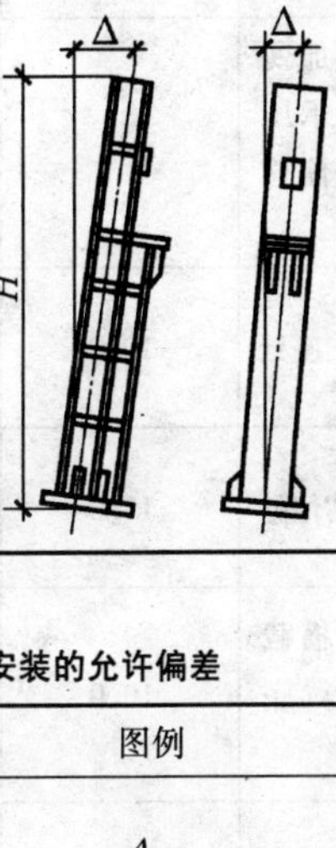</td><td rowspan="4">用经纬仪或吊线和钢尺检查</td></tr>
<tr><td>H>10 m</td><td>h/1 000，且应不大于25.0</td></tr>
<tr><td rowspan="2">多节柱</td><td>单节柱</td><td>h/1 000，且应不大于10.0</td></tr>
<tr><td>柱全高</td><td>35.0</td></tr>
</table>

表 4.28　钢吊车梁安装的允许偏差

项目	允许偏差/mm	图例	检验方法
梁的跨中垂直度 Δ	h/500	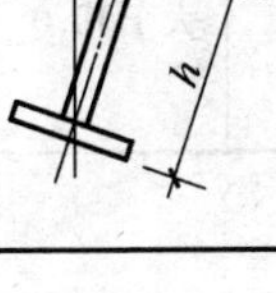	用吊线和钢尺检查

续表 4.28

项目		允许偏差/mm	图例	检验方法
侧向弯曲矢高		l/1 500，且应不大于 10.0	—	用拉线和钢尺检查
垂直上拱矢高		10.0		
两端支座中心位移 Δ	安装在钢柱上时，对牛腿中心偏移	5.0	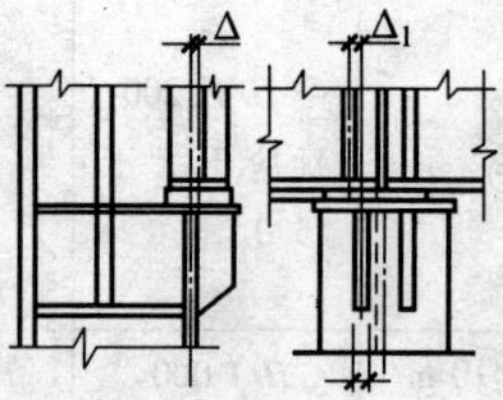	
	安装在混凝土柱上时，对定位轴线的偏移	5.0		
吊车梁支座加劲板中心与柱子承压加劲板中心的偏移 Δl		t/2		用吊线和钢尺检查
同跨间同一横截面吊车梁顶面高差 Δ	支座处	10.0	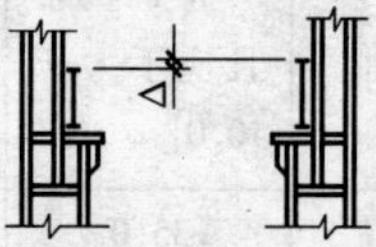	用经纬仪、水准仪和钢尺检查
	其他处	15.0		
同跨间同一横截面下挂式吊车梁底面高差 Δ		10.0		
同列相邻两柱间吊车梁顶面高差 Δ		l/1 500，且不大于 10.0	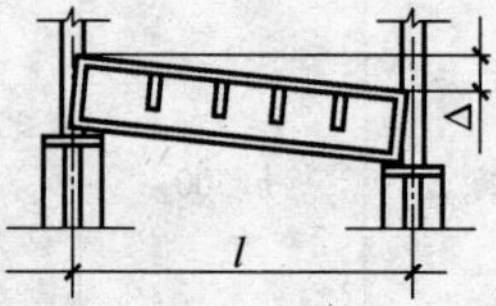	用水准仪和钢尺检查

续表 4.28

<table>
<tr><th colspan="2">项目</th><th>允许偏差/mm</th><th>图例</th><th>检验方法</th></tr>
<tr><td rowspan="3">相邻两吊车梁接头部位Δ</td><td>中心错位</td><td>3.0</td><td rowspan="3"> 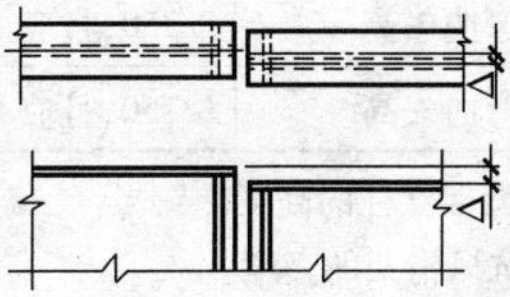</td><td rowspan="3">用钢尺检查</td></tr>
<tr><td>上承式顶面高差</td><td>1.0</td></tr>
<tr><td>下承式顶面高差</td><td>1.0</td></tr>
<tr><td colspan="2">同跨间任一截面的吊车梁中心跨距Δ</td><td>±10.0</td><td> 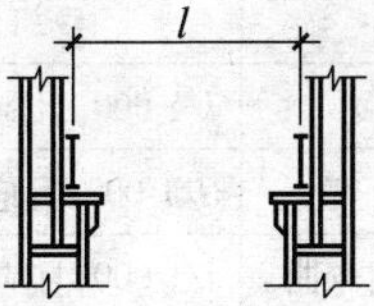l</td><td>用经纬仪和光电测距仪检查;跨度小时,可用钢尺检查</td></tr>
<tr><td colspan="2">轨道中心对吊车梁腹板轴线的偏移Δ</td><td>t/2</td><td> Δ</td><td>用吊线和钢尺检查</td></tr>
</table>

表 4.29 墙架、檩条等次要构件安装的允许偏差

<table>
<tr><th colspan="2">项目</th><th>允许偏差/mm</th><th>检验方法</th></tr>
<tr><td rowspan="3">墙架立柱</td><td>中心线对定位轴线的偏移</td><td>10.0</td><td>用钢尺检查</td></tr>
<tr><td>垂直度</td><td>H/1 000,且应不大于10.0</td><td rowspan="2">用经纬仪或吊线和钢尺检查</td></tr>
<tr><td>弯曲矢高</td><td>H/1 000,且应不大于15.0</td></tr>
</table>

续表 4.29

项目	允许偏差/mm	检验方法
抗风桁架的垂直度	$h/250$,且应不大于 15.0	用吊线和钢尺检查
檩条、墙梁的间距	±5.0	用钢尺检查
檩条的弯曲矢高	$L/750$,且应不大于 12.0	
墙梁的弯曲矢高	$L/750$,且应不大于 10.0	

注:1) H 为墙架立柱的高度。
2) h 为抗风桁架的高度。
3) L 为檩条或墙梁的长度。

表 4.30　钢平台、钢梯和防护栏杆安装的允许偏差

项目	允许偏差/mm	检验方法
平台高度	±15.0	用水准仪检查
平台梁水平度	$l/1\,000$,且应不大于 20.0	
平台支柱垂直度	$H/1\,000$,且应不大于 15.0	用经纬仪或吊线和钢尺检查
承重平台梁侧向弯曲	$l/1\,000$,且应不大于 10.0	用拉线和钢尺检查
承重平台梁垂直度	$h/250$,且应不大于 15.0	用吊线和钢尺检查
直梯垂直度	$l/1\,000$,且应不大于 15.0	
栏杆高度	±15.0	用钢尺检查
栏杆立柱间距	±15.0	

表 4.31　现场焊缝组对间隙的允许偏差

项目	允许偏差/mm
无垫板间隙	+3.0 0.0
有垫板间隙	+3.0 -2.0

(2)验收资料。

1)构件出厂合格证。

2)钢结构工程竣工图及相关文件。

3)砂浆试块强度试验报告。

4)有关安全功能的检验和见证检测项目检查记录。

5)有关观感质量检验项目检查记录。

6)隐蔽验收记录。

7)钢结构单项结构安装分项工程检验批质量验收记录。

8)不合格项的处理记录及验收记录。

9)重大质量、技术问题实施方案及验收记录。

10)其他有关文件和记录。

◆多层及高层钢结构安装工程

1.监理巡视与检查

(1)基础和支撑面。

1)建筑物的定位轴线、基础上柱的定位轴线和标高、地脚螺栓(锚栓)的规格和位置、地脚螺栓(锚栓)紧固应符合设计要求。

2)设计要求顶紧的节点,接触面不应少于70%紧贴,且边缘最大间隙不应大于0.8 mm。

(2)安装和校正。

1)钢构件应符合设计要求和规范的规定。运输、堆放及吊装等造成的钢构件变形及涂层脱落,应进行矫正和修补。

2)钢结构表面应干净,结构主要表面不应有疤痕、泥沙等污垢。

3)钢柱等主要构件的中心线及标高基准点等标记应齐全。

4)当钢构件安装在混凝土柱上时,其支座中心对定位轴线的偏差不应大于10 mm;当采用大型混凝土屋面板时,钢梁(或桁架)间距的偏差不应大于10 mm。

5)多层及高层钢结构中檩条、墙架等次要构件安装的允许偏差应符合表4.29的规定。

6)多层及高层钢结构中钢平台、钢梯及栏杆安装应符合现行国家标准《固定式钢直梯安全技术条件》(GB 4053.1—1993)、《固定式钢斜梯安全技术条件》(GB 4053.2—1993)、《固定式防护栏杆安全技术条件》(GB 4053.3—1993)与《固定式钢平台安全技术条件》(GB 4053.4—1993)的规定。

2. **监理验收**

(1)验收标准。

1)主控项目检验标准应符合表4.32的规定。

表4.32 主控项目检验

序号	项目	合格质量标准	检验方法	检查数量
1	基础验收	建筑物的定位轴线、基础上柱的定位轴线和标高、地脚螺栓(锚栓)的规格和位置、地脚螺栓(锚栓)紧固应符合设计要求 多层建筑以基础顶面直接作为柱的支撑面,或以基础顶面预埋钢板或支座作为柱的支撑面时,其支撑面、地脚螺栓(锚栓)位置的允许偏差应符合表4.21的规定 多层建筑采用座浆垫板时,座浆垫板的允许偏差应符合表4.22的规定 当采用杯口基础时,杯口尺寸的允许偏差应符合表4.23的规定	采用经纬仪、水准仪、全站仪和钢尺实测 用经纬仪、水准仪、全站仪、水平尺和钢尺实测 用水准仪、全站仪、水平尺和钢尺实测 用水准仪、全站仪、水平尺和钢尺实测	按柱基数抽查10%,且应不少于3个 资料全数检查 按柱基数抽查10%,且应不少于3个 按基础数抽查10%,且应不少于4处
2	构件验收	钢构件应符合设计要求和《钢结构工程施工质量验收规范》(GB 5.205—2001)的规定。运输、堆放和吊装等造成的钢构件变形及涂层脱落,应进行矫正和修补	用拉线、钢尺现场实测或观察	按构件数抽查10%,且应不少于3个
3	钢柱安装精度	柱子安装的允许偏差应符合表4.27的规定	用全站仪或激光经纬仪和钢尺实测	标准柱全部检查;非标准柱抽查10%,且应不少于3根

续表 4.32

序号	项目	合格质量标准	检验方法	检查数量
4	顶紧柱触面	设计要求顶紧的节点，接触面应不小于70%紧贴，且边缘最大间隙应不大于0.8 mm	用钢尺及0.3 mm和0.8 mm厚的塞尺现场实测	按节点数抽查10%，且应不少于3个
5	垂直度和侧弯矢高	钢主梁、次梁及受压杆件的垂直度和侧向弯曲矢高的允许偏差应符合表4.25中有关钢屋（托）架允许偏差的规定	用吊线、拉线、经纬仪和钢尺现场实测	按同类构件数抽查10%，且应不少于3个
6	主体结构尺寸	多层及高层钢结构主体结构的整体垂直度和整体平面弯曲的允许偏差应符合表4.26的规定	对主要立面全部检查。对每个所检查的立面，除两列角柱外，尚应至少选取一列中间柱	对于整体垂直度，可采用激光度，可采用激光测量，也可根据各节柱的垂直度允许偏差累计（代数和）计算。对于整体平面弯曲，可按产生的允许偏差累计（代数和）计算

2）一般项目检验标准应符合表4.33的规定。

表 4.33　一般项目检验

序号	项目	合格质量标准	检验方法	检查数量
1	地脚螺栓精度	地脚螺栓（锚栓）尺寸的允许偏差应符合表4.24的规定。地脚螺栓（锚栓）的螺纹应受到保护	用钢尺现场实测	按柱基数抽查10%，且应不少于3个

续表 4.33

序号	项目	合格质量标准	检验方法	检查数量
2	标记	钢柱等主要构件的中心线及标高基准点等标记应齐全	观察检查	按同类构件数抽查10%,且应不少于3件
3	构件安装精度	当钢构件安装在混凝土柱上时,其支座中心对定位轴线的偏差应不大于10 mm;当采用大型混凝土屋面板时,钢梁(或桁架)间距的偏差应不大于10 mm	见表4.37	按同类构件或节点数抽查10%。其中柱和梁各应不少于3件,主梁与次梁连接节点应不少于3个,支撑压型金属板的钢梁长度应不少于5 m 按同类构件数抽查10%,且应不少于3榀
4	主体结构高度	主体结构总高度的允许偏差应符合表4.38的规定	采用全站仪、水准仪和钢尺实测	按标准柱列数抽查10%,且应不少于4列
5	吊车梁安装精度	多层及高层钢结构中钢吊车梁或直接承受动力荷载的类似构件,其安装的允许偏差应符合表4.28的规定	见表4.28	按钢吊车梁数抽查10%,且应抽查10%,且应
6	檩条、墙架安装精度	多层及高层钢结构中檩条、墙架等次要构件安装的允许偏差应符合表4.29的规定	见表4.29	按同类构件数抽查10%,且应不少于3件

续表 4.33

序号	项目	合格质量标准	检验方法	检查数量
7	平台、钢梯安装精度	多层及高层钢结构中钢平台、钢梯、栏杆安装应符合现行国家标准《固定式钢直梯》(GB 4053.1)、《固定式钢斜梯》(GB 4053.2)、《固定式防护栏杆》(GB 4053.3)和《固定式钢平台》(GB 4053.4)的规定。钢平台、钢梯和防护栏杆安装的允许偏差应符合表4.30的规定	见表4.30	按钢平台总数抽查10%,栏杆、钢梯按总长度各抽查10%,但钢平台应不少于1个,栏杆不应少于5 m,钢梯不应少于1跑
8	现场组对精度	多层及高层钢结构中现场焊缝组对间隙的允许偏差应符合表4.31的规定	尺量检查	按同类节点数抽查10%,且应不少于3个
9	结构表面	钢结构表面应干净,结构主要表面不应有疤痕、泥沙等污垢	观察检查	按同类构件数抽查10%,且应不少于3件

3)允许偏差应符合表4.34~4.38的规定。

表4.34 建筑物定位轴线、基础上柱的定位轴线和标高、地脚螺栓(锚栓)的允许偏差

项目	允许偏差/mm	图例
建筑物定位轴线	$L/20\ 000$,且应不大于3.0	l l

续表 4.34

项目	允许偏差/mm	图例
基础上柱的定位轴线	1.0	
基础上柱底标高	±2.0	基准点
地脚螺栓（锚栓）位移	2.0	

表 4.35　柱子安装的允许偏差

项目	允许偏差/mm	图例
底层柱柱底轴线对定位轴线偏移	3.0	
柱子定位轴线	1.0	
柱子定位轴线	h/1 000，且应不大于10.0	

表 4.36　整体垂直度和整体平面弯曲的允许偏差

项目	允许偏差/mm	图例
主体结构的整体垂直度	(H/2 500 + 10.0),且应不大于 50.0	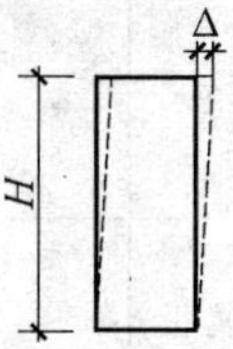
主体结构的整体平面弯曲	L/1 500,且应不大于 25.0	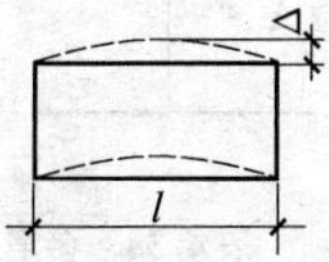

表 4.37　多层及高层钢结构中构件安装的允许偏差

项目	允许偏差/mm	图例	检验方法
上、下柱连接处的错口 Δ	3.0	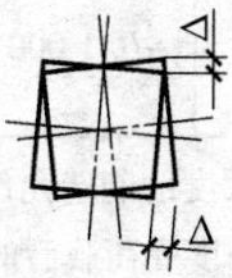	用钢尺检查
同一层柱的各柱顶高度差 Δ	5.0	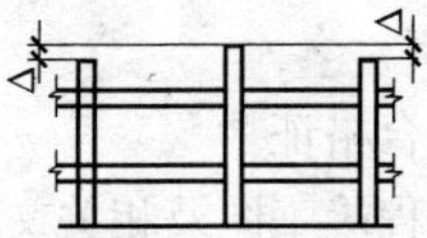	用水准仪检查
同一根梁两端顶面的高差 Δ	l/1 000,且应不大于 10.0	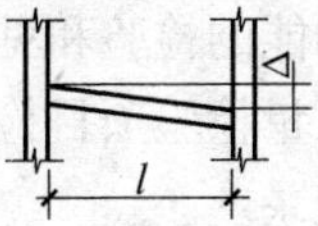	

续表 4.37

项目	允许偏差/mm	图例	检验方法
主梁与次梁表面的高差 Δ	±2.0		用直尺和钢尺检查
压型金属板在钢梁上相邻列的错位 Δ	15.0		

表 4.38 多层及高层钢结构主体结构总高度的允许偏差

项目	允许偏差/mm	图例
用相对标高控制安装	$\pm\Sigma(\Delta_h+\Delta_z+\Delta_w)$	H
用设计标高控制安装	$H/1\ 000$，且应不大于 30.0 $-H/1\ 000$，且应不小于 -30.0	

注：① Δ_h 为每节柱子长度的制造允许偏差。

② Δ_z 为每节柱子长度受荷载后的压缩值。

③ Δ_w 为每节柱子接头焊缝的收缩值。

(2)验收资料。

1)构件出厂合格证。

2)钢结构工程竣工图及相关文件。

3)砂浆试块强度试验报告。

4)有关安全功能的检验和见证检测项目检查记录。

5)有关观感质量检验项目检查记录。

6)隐蔽验收记录。

7)钢结构多层及高层结构安装分项工程检验批质量验收记录。

8)不合格项的处理记录及验收记录。

9)重大质量、技术问题实施方案及验收记录。

10)其他有关文件和记录。

◆钢网架结构安装工程

1. 监理巡视与检查

(1)支撑面顶板和支撑垫块。

1)钢网架结构支座定位轴线的位置、支座锚栓的规格应符合设计要求。

2)支撑垫块的种类、规格、摆放位置与朝向,应当符合设计要求和国家现行有关标准的规定。橡胶垫块与刚性垫块之间或不同类型刚性垫块之间不得互换使用。

3)网架支座锚栓的紧固应符合设计要求。

(2)总拼与安装。

1)对于建筑结构安全等级为一级,跨度40 m及以上的公共建筑钢网架结构,且设计有要求时,应按下列项目进行节点承载力试验,其结果应符合以下规定:

①焊接球节点应按设计指定规格的球及其匹配的钢管焊接成试件,进行轴心拉、压承载力试验,其试验破坏荷载值大于或等于1.6倍设计承载力为合格。

②螺栓球节点应按设计指定规格的球最大螺栓孔螺纹进行抗拉强度保证荷载试验,当达到螺栓的设计承载力时,螺孔、螺纹及封板仍完好无损为合格。

2)钢网架结构总拼完成后及屋面工程完成后应分别测量其挠度值,且所测的挠度值不应超过相应设计值的1.15倍。

3)在钢网架结构安装完成后,其节点及杆件表面应干净,不应有明显的疤痕、泥沙和污垢。螺栓球节点应将所有接缝用油腻子填嵌严密,并应将多余螺孔封口。

2. 监理验收

(1)验收标准。

1)主控项目检验标准应符合表4.39的规定。

表 4.39　主控项目检验

序号	项目	合格质量标准	检验方法	检查数量
1	基础验收	钢网架结构支座定位轴线的位置、支座锚栓的规格应符合设计要求	用经纬仪和钢尺实测	按支座数抽查 10%，且应不少于 4 处
		支撑面顶板的位置、标高、水平度以及支座锚栓位置的允许偏差应符合表 4.41 的规定	用经纬仪、水准仪、水平尺和钢尺实测	
2	支座	支撑垫块的种类、规格、摆放位置和朝向，必须符合设计要求和国家现行有关标准的规定。橡胶垫块与刚性垫块之间或不同类型刚性垫块之间不得互换使用	观察和用钢尺实测	
		网架支座锚栓的紧固应符合设计要求	观察检查	
3	橡胶垫	钢结构用橡胶垫的品种、规格、性能等应符合现行国家产品标准和设计要求	检查产品的文件、中文标志及检验报告等	全数检查
4	拼装精度	小拼单元的允许偏差应符合表 4.42 的规定	用钢尺和拉线等辅助量具实测	按单元数抽查 5%，且应不少于 5 个
		中拼单元的允许偏差应符合表 4.43 的规定	用钢尺和辅助量具实测	全数检查

续表 4.39

序号	项目	合格质量标准	检验方法	检查数量
5	节点承载力试验	对建筑结构安全等级为一级、跨度 40 m 及以上的公共建筑钢网架结构,且设计有要求时,应按下列项目进行节点承载力试验,其结果应符合以下规定: 1)焊接球节点应按设计指定规格的球及其匹配的钢管焊接成试件,进行轴心拉、压承载力试验,其试验破坏荷载值大于或等于 1.6 倍设计承载力为合格 2)螺栓球节点应按设计指定规格的球最大螺栓孔螺纹进行抗拉强度保证荷载试验,当达到螺栓的设计承载力时,螺孔、螺纹及封板仍完好无损为合格	在万能试验机上进行检验,检查试验报告	每项试验做 3 个试件
6	结构挠度	钢网架结构总拼完成后及屋面工程完成后应分别测量其挠度值,且所测的挠度值不应超过相应设计值的 1.15 倍	用钢尺和水准仪实测	跨度 24 m 及以下钢网架结构测量下弦中央一点;跨度 24 m 以上钢网架结构测量下弦中央一点及各向下弦跨度的四等分点

2)一般项目检验标准应符合表4.40的规定。

表4.40　一般项目检验

序号	项目	合格质量标准	检验方法	检查数量
1	锚栓精度	支座锚栓尺寸的允许偏差应符合表4.24的规定。支座锚栓的螺纹应受到保护	用钢尺实测	按支座数抽查10%,且应不少于4处
2	结构表面	钢网架结构安装完成后,其节点及杆件表面应干净,不应有明显的疤痕、泥沙和污垢。螺栓球节点应将所有接缝用油腻子填嵌严密,并应将多余螺孔封口	观察检查	按节点及杆件数抽查5%,且应不少于10个节点
3	安装精度	钢网架结构安装完成后,其安装的允许偏差应符合表4.44的规定	见表4.44	除杆件弯曲矢高按杆件数抽查5%外,其余全数检查
4	高强度螺栓紧固	螺栓球节点网架总拼完成后,高强度螺栓与球节点应紧固连接,高强度螺栓拧入螺栓球内的螺纹长度应不小于1.0d(d为螺栓直径),连接处不应出现有间隙、松动等未拧紧情况	普通扳手及尺量检查	按节点数抽查5%,且应不少于10个

3)允许偏差标准应符合表4.41的规定。

表4.41　支撑面顶板、支座锚栓位置的允许偏差

项目		允许偏差/mm
支撑面顶板	位置	15.0
	顶面标高	-3.0
	顶面水平度	l/1000
支座锚栓	中心偏移	±5.0

表 4.42　小拼单元的允许偏差

项目			允许偏差/mm
节点中心偏移			2.0
焊接球节点与钢管中心的偏移			1.0
杆件轴线的弯曲矢高			L_1/1 000,且应不大于 5.0
锥体型小拼单元	弦杆长度		±2.0
	锥体高度		±2.0
	上弦杆对角线长度		±3.0
平面桁架型小拼单元	跨长	≤24 m	+3.0 -7.0
		>24 m	+5.0 -10.0
	跨中高度		±3.0
	跨中拱度	设计要求起拱	±*L*/5 000
		设计未要求起拱	+10.0

注:①L_1 为杆件长度。

②*L* 为跨长。

表 4.43　中拼单元的允许偏差

项目		允许偏差/mm
单元长度≤20 m,拼接长度	单跨	±10.0
	多跨连续	±5.0
单元长度>20 m,拼接长度	单跨	±20.0
	多跨连续	±10.0

表 4.44　钢网架结构安装的允许偏差

项目	允许偏差/mm	检验方法
纵向、横向长度	*L*/2 000,且应不大于 30.0 -*L*/2000,且应不大于-30.0	用钢尺实测
支座中心偏移	*L*/3 000,且应不大于 30.0	用钢尺和经纬仪实测

续表 4.44

项目	允许偏差/mm	检验方法
周边支撑网架相邻支座高差	$L/400$，且应不大于 15.0	用钢尺和水准仪实测
支座最大高差	30.0	
多点支撑网架相邻支座高差	$L_1/800$，且应不大于 30.0	

注：①L 为纵向、横向长度。

②L_1 为相邻支座间距。

(2)验收资料。

1)构件出厂合格证。

2)钢结构工程竣工图及相关文件。

3)砂浆试块强度试验报告。

4)有关安全功能的检验和见证检测项目检查记录。

5)有关观感质量检验项目检查记录。

6)隐蔽验收记录。

7)钢结构单项结构安装分项工程检验批质量验收记录。

8)不合格项的处理记录及验收记录。

9)重大质量、技术问题实施方案及验收记录。

10)其他有关文件和记录。

相关知识

◆钢网架结构的材料要求

钢网架结构的钢材品种、型号、规格及质量应符合设计要求，无出厂合格证或有疑义时，必须按国家现行标准进行力学性能试验和化学分析，符合标准和设计要求才能使用。

焊接球、螺栓球、节点板、高强度螺栓、封板、套筒、杆件等的规格、品格、质量均应检查，核对材质规格、出厂证明文件、各部尺寸测量、构件外观检查等。对杆件的检查，应特别注意对下弦部结入构的验收，杆件不应有初弯曲。

第4节　钢结构涂装工程

要　点

钢结构普通涂料涂装工程应在钢结构构件组装、预拼装或钢结构安装工程检验批的施工质量验收合格后进行。钢结构防火涂料涂装工程应在钢结构安装工程检验批和钢结构普通涂料涂装检验批的施工质量验收合格后进行。

解　释

◆钢构件防腐涂料涂装

1.监理巡视与检查

(1)涂装前钢材表面除锈应符合设计要求与国家现行有关标准的规定。处理后的钢材表面不应有焊渣、焊疤、灰尘、油污、水和毛刺等。

(2)涂料、涂装遍数及涂层厚度均应符合设计要求。当设计对涂层厚度没有要求时,涂层干漆膜总厚度:室外应为150 μm,室内应为125 μm,其允许偏差为-25 μm,每遍涂层干漆膜厚度的允许偏差为-5 μm。

(3)构件表面不应误涂、漏涂,涂层不应脱皮和返锈等。涂层应均匀、无明显皱皮、流坠、针眼和气泡等。

(4)当钢结构处于有腐蚀介质环境或外露且设计有要求时,应进行涂层附着力测试,在检测处范围内,当涂层完整程度达到70%以上时,涂层附着力达到合格质量标准的要求。

(5)涂装完成后,构件的标志、标记及编号应清晰完整。

2.监理验收

(1)验收标准。

1)主控项目检验标准应符合表4.45～4.46的规定。

表 4.45　主控项目检验

序号	项目	合格质量标准	检验方法	检查数量
1	涂料性能	钢结构防腐涂料、稀释剂和固化剂等材料的品种、规格、性能等应符合现行国家产品标准和设计要求	检查产品的质量合格证明文件、中文标志及检验报告等	全数检查
2	涂装基层验收	涂装前钢材表面除锈应符合设计要求和国家现行有关标准的规定。处理后的钢材表面不应有焊渣、焊疤、灰尘、油污、水和毛刺等。当设计无要求时，钢材表面除锈等级应符合表4.46的规定	用铲刀检查和用现行国家标准《涂装前钢材表面锈蚀等级和除锈等级》(GB 8923—1988)规定的图片对照观察检查	按构件数抽查10%，且同类构件应不少于3件
3	涂层厚度	涂料、涂装遍数、涂层厚度均应符涂料、涂装遍数、涂层厚度均应符要求时，涂层干漆膜总厚度：室外应为150 μm，室内应为125 μm，其允许偏差为-25 μm。每遍涂层干漆膜厚度的允许偏差为-5 μm	用干漆膜测厚仪检查。每个构件检测5处，每处的数值为3个相距50 mm测点涂层干漆膜厚度的平均值	按构件数抽查10%，且同类构件应不少于3件

表 4.46　各种底漆或防锈漆要求最低的除锈等级

涂料品种	除锈等级
油性酚醛、醇酸等底漆或防锈漆	St2
高氯化聚乙烯、氯化橡胶、氯磺化聚乙烯、环氧树脂、聚氨酯等底漆或防锈漆	Sa2
无机富锌、有机硅、过氯乙烯等底漆	Sa2 $\frac{1}{2}$

2）一般项目检验标准应符合表4.47的规定。

表 4.47　一般项目检验

序号	项目	合格质量标准	检验方法	检查数量
1	涂料质量	防腐涂料和防火涂料的型号、名称、颜色及有效期应与其质量证明文件相符。开启后,不应存在结皮、结块、凝胶等现象	观察检查	按桶数抽查5%,且应不少于3桶
2	表面质量	构件表面不应误涂、漏涂,涂层不应脱皮和返锈等。涂层应均匀、无明显皱皮、流坠、针眼和气泡等	观察检查	全数检查
3	附着力测试	当钢结构处在有腐蚀介质环境或外露且设计有要求时,应进行涂层附着力测试,在检测处范围内,当涂层完整程度达到70%以上时,涂层附着力达到合格质量标准的要求	按构件数抽查1%,且应不少于3件,每件测3处	—
4	标志	涂装完成后,构件的标志、标记和编号应清晰、完整	观察检查	全数检查

(2)验收资料。

1)防腐涂料出厂合格证或复验报告。

2)涂装施工检查记录。

3)有关观感质量检验项目检查记录。

4)钢结构防腐涂装分项工程检验批质量验收记录。

◆钢结构防火涂料涂装

1. 监理巡视与检查

(1)防火涂料涂装前钢材表面除锈及防锈底漆涂装应符合设计要求和国家现行有关标准的规定。

(2)钢结构防火涂料的黏结强度、抗压强度应符合国家现行标准《钢结构防火涂料应用技术规程》(CECS 24—1990)的规定。钢结构防火涂料的检验方法应符合现行国家标准《建筑构件耐火试验方法》(GB/T 9978.1—2008)的规定。

(3)薄涂型防火涂料的涂层厚度应符合有关耐火极限的设计要求。厚涂型防火涂料涂层的厚度,80%及以上面积应符合有关耐火极限的设计要求,且最薄处厚度不应低于设计要求的85%。

(4)薄涂型防火涂料涂层表面裂纹宽度不应大于0.5 mm;厚涂型防火涂料涂层表面裂纹宽度不应大于1 mm。

(5)防火涂料涂装基层不应有油污、灰尘及泥砂等污垢。

(6)防火涂料不应有误涂、漏涂,涂层应闭合无脱层、空鼓、明显凹陷、粉化松散和浮浆等外观缺陷,乳突已剔除。

2. 监理验收

(1)验收标准。

1)主控项目检验标准应符合表4.48的规定。

表4.48 主控项目检验

序号	项目	合格质量标准	检验方法	检查数量
1	涂料性能	钢结构防火涂料的品种和技术性能应符合设计要求,并应经过具有资质的检测机构检测、符合国家现行有关标准的规定	检查产品的质量合格证明文件、中文标志及检验报告等	全数检查
2	涂装基层验收	防火涂料涂装前钢材表面除锈及防锈底漆涂装应符合设计要求和国家现行有关标准的规定	表面除锈用铲刀检查和用现行国家标准《涂装前钢材表面锈蚀等级和除锈等级》(GB 8923—1988)规定的图片对照观察检查。底漆涂装用干漆膜测厚仪检查,每个构件检测5处,每处的数值为3个相距50 mm测点涂层干漆膜厚度的平均值	按构件数抽查10%,且同类构件应不少于3件

表 4.48　主控项目检验

序号	项目	合格质量标准	检验方法	检查数量
3	强度试验	钢结构防火涂料的黏结强度、抗压强度应符合国家现行标准《钢结构防火涂料应用技术规程》(CECS 24—1990)的规定。检验方法应符合现行国家标准《建筑构件耐火试验方法》(GB/T 9978.1—2008)的规定	检查复检报告	每使用100 t或不足100 t薄涂型防火涂料应抽检一次黏结强度;每使用500 t或不足500 t厚涂型防火涂料应抽检一次黏结强度和抗压强度
4	涂层厚度	薄涂型防火涂料的涂层厚度应符合有关耐火极限的设计要求。厚涂型防火涂料涂层的厚度,80%及以上面积应符合有关耐火极限的设计要求,且最薄处厚度不应低于设计要求的85%	用涂层厚度测量仪、测针和钢尺检查。测量方法应符合国家现行标准《钢结构防火涂料应用技术规程》(CECS 24—1990)的规定	按同类构件数抽查10%,且均应不少于3件
5	表面裂纹	薄涂型防火涂料涂层表面裂纹宽度应不大于0.5 mm;厚涂型防火涂料涂层表面裂纹宽度应不大于1 mm	观察和用尺量检查	按同类构件数抽查10%,且均应不少于3件

2)一般项目检验标准应符合表4.49的规定。

表4.49　一般项目检验

序号	项目	合格质量标准	检验方法	检查数量
1	产品质量	防腐涂料和防火涂料的型号、名称、颜色及有效期应与其质量证明文件相符。开启后，不应存在结皮、结块、凝胶等现象	观察检查	按桶数抽查5%，且应不少于3桶
2	基层表面	防火涂料涂装基层不应有油污、灰尘和泥砂等污垢	观察检查	全数检查
3	涂层表面质量	防火涂料不应有误涂、漏涂，涂层应闭合无脱层、空鼓、明显凹陷、粉化松散和浮浆等外观缺陷，乳突已剔除	观察检查	全数检查

（2）验收资料。

1）材料出厂合格证或复验报告。

2）防火涂料产品生产许可证。

3）防火涂料施工检查记录。

4）观感检验项目检查记录。

5）钢结构防火涂料涂装分项工程检验批质量验收记录。

◆基本规定

（1）本节适用于钢结构的防腐涂料（油漆类）涂装和防火涂料涂装工程的施工质量验收。

（2）钢结构涂装工程可按钢结构制作或钢结构安装工程检验批的划分原则划分成一个或若干个检验批。

（3）钢结构普通涂料涂装工程应在钢结构构件组装、预拼装或钢结构安装工程检验的施工质量验收合格后进行。钢结构防火涂料涂装工程应在钢结构安装工程检验批和钢结构普通涂料涂装检验批的施工质量验收合格后进行。

(4)涂装时的环境温度和相对湿度应符合涂料产品说明书的要求,当产品说明书无要求时,环境温度宜在5～38 ℃之间,相对湿度不应大于85%。涂装时构件表面不应有结露,涂装后4h内应保护免受雨淋。

本条规定涂装时的温度以5～38 ℃为宜,但这个规定只适合在室内无阳光直接照射的情况。一般来说钢材表面温度要比气温高2～3 ℃,如果在阳光直接照射下,钢材表面温度能比气温高8～12 ℃,涂装时漆膜的耐热性只能在40 ℃以下,当超过43 ℃时,钢材表面上涂装的漆膜就容易产生气泡而局部鼓起,使附着力降低。

低于0 ℃时,在室外钢材表面涂装容易使漆膜冻结而不易固化;湿度超过85%时,钢材表面有露点凝结,漆膜附着力差。最佳涂装时间是当日出3 h之后,这时附在钢材表面的露点基本干燥,日落后3 h之内停止(室内作业不限),此时空气中的相对湿度尚未回升,钢材表面尚存的温度不会导致露点形成。

涂层在4 h之内,漆膜表面尚未固化,容易被雨水冲坏,故规定在4 h之内不得淋雨。

第5章　地下防水工程质量监理

第1节　地下建筑防水工程质量监理

要　点

搞好建筑物的防水施工质量，对提高建筑物使用功能，改善人居环境有着极其重要的作用。

解　释

◆防水混凝土

1. 监理巡视与检查

（1）防水混凝土的配合比应符合下列规定：

1）试配要求的抗渗水压值应比设计值提高0.2 MPa。

2）水泥用量不得少于300 kg/m³；掺有活性掺和料时，水泥用量不得少于280 kg/m³。

3）砂率宜为35%～45%，灰砂比宜为1∶2～1∶2.5。

4）水灰比不得大于0.55。

5）普通防水混凝土坍落度不宜大于50 mm，泵送时入泵坍落度宜为100～140 mm。

（2）混凝土拌制和浇筑过程控制应符合下列规定：

1）拌制混凝土所用材料的品种、规格和用量，每工作班检查不应少于两次。每盘混凝土各组成材料计量结果的偏差应符合相关规定。

2）混凝土在浇筑地点的坍落度，每工作班至少检查两次。混凝土的坍落度试验应符合现行《普通混凝土拌和物性能试验方法标准》（GB/T 50080—2002）的相关规定。

(3)防水混凝土的振捣。防水混凝土必须采用机械振捣，振捣时间宜为10～30 s，以开始泛浆、不冒泡为准，应避免漏振、欠振和超振。

(4)防水混凝土的养护。

1)防水混凝土终凝后应立即进行养护，养护时间不少于14 d，始终保持混凝土表面湿润，顶板、底板尽可能蓄水养护，侧墙应淋水养护，并应遮盖湿土工布，夏冬谨防太阳直晒。

2)冬期施工时混凝土入模温度应不低于5 ℃；若达不到要求应采用外加剂或用蓄热法、暖棚法等保温。

3)大体积混凝土应采取措施，防止干缩、温差等产生裂缝。

(5)防水混凝土的施工质量检验数量，应按混凝土外露面积每100 m^2 抽查1处，每处10 m^2，且不得少于3处；细部构造应按全数检查。

2. 监理验收

(1)验收标准。

1)主控项目检验标准应符合表5.1的规定。

表5.1 主控项目检验

序号	项目	合格质量标准	检验方法	检验数量
1	原材料配合比坍落度	防水混凝土的原材料、配合比及坍落度必须符合设计要求	检查出厂合格证、质量检验报告、计量措施和现场抽样试验报告	按混凝土外露面积每100 m^2 抽查1处，每处10 m^2，且不得少于3处
2	抗压强度、抗渗压力	防水混凝土的抗压强度和抗渗压力必须符合设计要求	检查混凝土抗压、抗渗试验报告	按混凝土外露面积每100 m^2 抽查1处，每处10 m^2，且不得少于3处

续表 5.1

序号	项目	合格质量标准	检验方法	检验数量
3	细部做法	防水混凝土的变形缝、施工缝、后浇带、穿墙管道、埋设件等设置和构造，均须符合设计要求，严禁有渗漏	观察检查和检查隐蔽工程验收记录	全数检查

2）一般项目检验标准应符合表 5.2 的规定。

表 5.2　一般项目检验

序号	项目	合格质量标准	检验方法	检验数量
1	表面质量	防水混凝土结构表面应坚实、平整，不得有露筋、蜂窝等缺陷；埋设件位置应正确	观察和尺量检查	按混凝土外露面积每 100 m^2 抽查 1 处，每处 10 m^2，且不得少于 3 处
2	裂缝宽度	防水混凝土结构表面的裂缝宽度应不大于 0.2 mm，并不得贯通	用刻度放大镜检查	全数检查
3	防水混凝土结构厚度及迎水面钢筋保护层厚度	防水混凝土结构厚度应不小于 250 mm，其允许偏差为 +15 mm、-10 mm；迎水面钢筋保护层厚度应不小于 50 mm，其允许偏差为±10 mm	尺量检查和检查隐蔽工程验收记录	按混凝土外露面积每 100 m^2 抽查 1 处，每处 10 m^2，且不得少于 3 处

（2）验收资料。

（1）水泥、砂、石、外加剂及掺和料合格证及抽样试验报告。

（2）预拌混凝土的出厂合格证。

（3）防水混凝土的配合比单及因原材料情况变化的调整配合

比单。

(4)材料计量检验记录及计量器具合格检定证明。

(5)坍落度检验记录。

(6)隐蔽工程验收记录。

(7)技术复核记录。

(8)抗压强度和抗渗压力试验报告。

(9)施工记录(包括技术交底记录及“三检”记录)。

◆水泥砂浆防水层

1.监理巡视与检查

(1)水泥砂浆防水层的基层质量应符合下列要求:

1)在水泥砂浆铺抹前,基层的混凝土和砌筑砂浆强度应不低于设计值的80%。

2)基层表面应坚实、平整、粗糙、洁净,并充分湿润,无积水。

3)基层表面的孔洞、缝隙应用与防水层相同的砂浆填塞抹平。

(2)水泥砂浆防水层施工应符合下列要求:

1)分层铺抹或喷涂,在铺抹时应压实、抹平及表面压光。

2)防水层各层应紧密贴合,每层宜连续施工,必须留施工缝时应采用阶梯坡形槎,但离开阴阳角处不得小于200 mm。

3)防水层的阴阳角处应做成圆弧形。

4)水泥砂浆终凝后应及时进行养护,其养护温度不应低于5 ℃并保持湿润,养护时间不得少于14 d。

(3)水泥砂浆防水层的接槎应符合下列要求:

1)水泥砂浆防水层应连续施工,若必须留槎时,应采用阶梯坡形槎,依照层次顺序层层搭接紧密,留槎位置需离开阴阳角处200 mm以上。

2)水泥砂浆防水层的阴阳角均应做成弧形或钝角,圆弧半径通常为阳角10 mm;阴角50 mm。

(4)水泥砂浆防水层的养护应符合下列要求:

1)水泥砂浆防水层施工时气温不应低于5 ℃,终凝后应及时养护,其养护温度也不宜低于5 ℃,并保持温润,养护时间不得少于14 d。

2)聚合物水泥砂浆在未达硬化状态时,不得浇水养护或直接受雨水冲刷,硬化后应采用干湿交替的养护方法。在潮湿环境中,可自然养护。

3)使用特种水泥、外加剂及掺和料的防水砂浆,养护应按产品相关规定执行。

2. 监理验收

(1)验收标准。

1)主控项目检验标准应符合表5.3的规定。

表5.3 主控项目检验

序号	项目	合格质量标准	检验方法	检验数量
1	原材料及配合比	水泥砂浆防水层的原材料及配合比必须符合设计要求	检查出厂合格证、质量检验报告、计量措施和现场抽样试验报告	按施工面积每 $100\ m^2$ 抽查1处,每处 $10\ m^2$,且不得少于3处
2	结合牢固	水泥砂浆防水层各层之间必须结合牢固,无空鼓现象	观察和用小锤轻击检查	

2)一般项目检验标准应符合表5.4的规定。

表5.4 一般项目检验

序号	项目	合格质量标准	检验方法	检验数量
1	表面质量	水泥砂浆防水层表面应密实、平整,不得有裂纹、起砂、麻面等缺陷;阴阳角处应做成圆弧形	观察检查	按施工面积每 $100\ m^2$ 抽查1处,每处 $10\ m^2$,且不得少于3处
2	留槎和接槎	水泥砂浆防水层施工缝留槎位置应正确,接槎应按层次顺序操作,层层搭接紧密	观察检查和检查隐蔽工程验收记录	

续表 5.4

序号	项目	合格质量标准	检验方法	检验数量
3	厚度	水泥砂浆防水层的平均厚度应符合设计要求，最小厚度不得小于设计值的85%	观察和尺量检查	按施工面积每100 m^2 抽查1处,每处10 m^2，且不得少于3处

(2)验收资料。

1)水泥、砂、外加剂(包括聚合物)及掺加料的合格证及现场抽样试验报告。

2)水泥砂浆的配合比单。

3)材料的计量检验记录及计量器具合格检定证明。

4)隐蔽工程验收记录。

5)施工记录(包括技术交底及“三检”记录)。

◆卷材防水层

1. 监理巡视与检查

(1)在铺贴防水卷材前,应将找平层清扫干净,在基面上涂刷基层处理剂;当基面较潮湿时,应涂刷湿固化型胶黏剂或潮湿界面隔离剂。

(2)冷黏法铺贴卷材应符合下列规定:

1)胶黏剂涂刷应均匀、不露底、不堆积。

2)在铺贴卷材时,应控制胶黏剂涂刷与卷材铺贴的间隔时间,排除卷材下面的空气,并辊压黏结牢固,不得有空鼓。

3)铺贴卷材应平整、顺直,搭接尺寸正确,不得有扭曲、皱折。

4)接缝口应用密封材料封严,其宽度不应小于10 mm。

(3)热熔法铺贴卷材应符合下列规定:

1)火焰加热器加热卷材应均匀,不得过分加热或烧穿卷材;厚度小于3 mm的高聚物改性沥青防水卷材,严禁采用热熔法施工。

2)卷材表面热熔后应立即滚铺卷材,应排除卷材下面的空气,并辊压黏结牢固,不得有空鼓。

3）滚铺卷材时接缝部位应溢出沥青热熔胶，并应随即刮封接口使接缝黏结严密。

4）铺贴后的卷材应平整、顺直，搭接尺寸正确，不得有扭曲、皱折。

（4）两幅卷材短边和长边的搭接宽度均不应小于 100 mm。在采用多层卷材时，上下两层和相邻两幅卷材的接缝应错开 1/3 幅宽，且两层卷材不得相互垂直铺贴。

（5）卷材防水层完工并经验收合格后应及时做保护层。保护层应符合下列规定：

1）顶板的细石混凝土保护层与防水层之间应设置隔离层；

2）底板的细石混凝土保护层厚度应大于 50 mm；

3）侧墙宜采用聚苯乙烯泡沫塑料保护层，或砌砖保护墙（边砌边填实）和铺抹 30 mm 厚水泥砂浆。

（6）卷材防水层的施工质量检验数量应按铺贴面积每 100 m^2 抽查 1 处，每处 10 m^2，且不得少于 3 处。

2. 监理验收

（1）验收标准。

1）主控项目验收标准应符合表 5.5 的规定。

表 5.5　主控项目检验

序号	项目	合格质量标准	检验方法	检验数量
1	材料要求	卷材防水层所用卷材及主要配套材料必须符合设计要求	检查出厂合格证、质量检验报告和现场抽样试验报告	按铺贴面积每 100 m^2 抽查 1 处，每处 10 m^2，且不得少于 3 处
2	细部做法	卷材防水层及其转角处、变形缝、穿墙管道等细部做法均需符合设计要求	观察检查和检查隐蔽工程验收记录	

2）一般项目检验标准应符合表 5.6 的规定。

表5.6　一般项目检验

序号	项目	合格质量标准	检验方法	检验数量
1	基层	卷材防水层的基层应牢固,基面应洁净、平整,不得有空鼓、松动、起砂和脱皮现象;基层阴阳角处应做成圆弧形	观察检查和检查隐蔽工程验收记录	按铺设面积,每 $100\ m^2$ 抽查1处,每处 $10\ m^2$,且不得少于3处
2	搭接缝	卷材防水层的搭接缝应黏(焊)结牢固,密封严密,不得有皱折、翘边和鼓泡等缺陷	观察检查	
3	保护层	侧墙卷材防水层的保护层与防水层应黏结牢固,结合紧密、厚度均匀一致	观察检查	
4	卷材搭接宽度的允许偏差	卷材搭接宽度的允许偏差为±10 mm	观察和尺量检查	

(2)验收资料。

1)防水涂料及密封、胎体材料的合格证、产品的质量检验报告及现场抽样试验报告。

2)专业防水施工资质证明及防水工的上岗证明。

3)隐蔽工程验收记录。

4)施工记录、技术交底及“三检”记录。

◆涂料防水层

1.监理巡视与检查

(1)在涂料涂刷前应先在基面上涂一层与涂料相容的基层处理剂。

(2)涂膜应多遍完成,涂刷应在前遍涂层干燥成膜后进行。

(3)每遍涂刷时应交替改变涂层的涂刷方向，同层涂膜的先后搭压宽度宜为30～50 mm。

(4)涂料防水层的施工缝(甩槎)应注意保护，搭接缝宽度应大于100 mm，接涂前应将其甩槎表面处理干净。

(5)涂刷程序应首先做转角处、穿墙管道及变形缝等部位的涂料加强层，然后进行大面积涂刷。

(6)涂料防水层中铺贴的胎体增强材料，同层相邻的搭接宽度应大于100 mm，上下层接缝应错开1/3幅宽。

(7)防水涂料的保护层应符合下列规定：

1)顶板的细石混凝土保护层与防水层之间宜设置隔离层。

2)底板的细石混凝土保护层厚度应大于50 mm。

3)侧墙宜采用聚苯乙烯泡沫塑料保护层，或砌砖保护墙(边砌边填实)和铺抹30 mm厚水泥砂浆。

(8)涂料防水层的施工质量检验数量应按涂层面积每100 m^2抽查1处，每处10 m^2，且不得少于3处。

2. 监理验收

(1)验收标准。

1)主控项目检验标准应符合表5.7的规定。

表5.7 主控项目检验

序号	项目	合格质量标准	检验方法	检验数量
1	材料及配合比	涂料防水层所用材料及配合比必须符合设计要求	检查出厂合格证、质量检验报告、计量措施和现场抽样试验报告	按所刷涂料面积的1/10进行抽查，每处检查10 m^2，且不得少于3处
2	细部做法	涂料防水层及其转角处、变形缝、穿墙管道等细部做法均需符合设计要求	观察检查和检查隐蔽工程验收记录	

2)一般项目检验应符合表5.8的规定。

表 5.8　一般项目检验

序号	项目	合格质量标准	检验方法	检验数量
1	基层质量	涂料防水层的基层应牢固，基面应洁净、平整，不得有空鼓、松动、起砂和脱皮现象；基层阴阳角处应做成圆弧形	观察检查和检查隐蔽工程验收记录	同主控项目
2	表面质量	涂料防水层应与基层黏结牢固，表面平整、涂刷均匀，不得有流淌、褶皱、鼓泡、露胎体和翘边等缺陷	观察检查	
3	涂料防水层厚度	涂料防水层的平均厚度应符合设计要求，最小厚度不得小于设计厚度的 80%	针测法或割取 20 mm×20 mm 实样，用卡尺测量	
4	保护层与防水层黏结	侧墙涂料防水层的保护层与防水层黏结牢固，结合紧密，厚度均匀一致	观察检查	

(2)验收资料。

1)防水涂料及密封、胎体材料的合格证、产品的质量检验报告及现场抽样试验报告。

2)专业防水施工资质证明及防水工的上岗证明。

3)隐蔽工程验收记录。

4)施工记录、技术交底及“三检”记录。

◆塑料板防水层

1. 监理巡视与检查

(1)塑料板防水层的铺设应符合下列规定：

1)塑料板的缓冲衬垫应用暗钉圈固定在基层上，塑料板边铺边将其与暗钉圈焊接牢固。

2)两幅塑料板的搭接宽度应为 100 mm，下部塑料板应压住上部塑料板。

3）搭接缝宜采用双条焊缝焊接，单条焊缝的有效焊接宽度不应小于10 mm。

4）复合式衬砌的塑料板铺设与内衬混凝土的施工距离不应小于5 m。

（2）铺设质量检查及处理。在铺设后，应采用放大镜观察，当两层经焊接在一起的防水板呈透明状，无气泡，即熔为一体，表明焊接严密。应确保无纺布和防水板的搭接宽度，并着重检测焊缝质量。

（3）塑料板防水层的施工质量检验数量，应按铺设面积每100 m^2抽查1处，每处10 m^2，但不得少于3处。焊缝的检验应按焊缝数量抽查5%，每条焊缝为1处，但不得少于3处。

2. 监理验收

（1）验收标准。

1）主控项目的检验标准应符合表5.9的规定。

表5.9 主控项目检验

序号	项目	合格质量标准	检验方法	检验数量
1	材料要求	防水层所用塑料板及配套材料必须符合设计要求	检查出厂合格证、质量检验报告和现场抽样试验报告	按铺设面积每100 m^2抽查1处，每处10 m^2，但不少于3处
2	搭接缝焊接	塑料板的搭接缝必须采用热风焊接，不得有渗漏	双焊缝间空腔内充气检查	按焊缝数量抽查5%，每条焊缝为1处，但不少于3处

2）一般项目检验应符合表5.10的规定。

表 5.10 一般项目检验

序号	项目	合格质量标准	检验方法	检验数量
1	基层质量	塑料板防水层的基面应坚实、平整、圆顺，无漏水现象；阴阳角处应做成圆弧形	观察和尺量检查	按铺设面积每 100 m^2 抽查 1 处，每处 10 m^2，但不少于 3 处
2	塑料板铺设	塑料板的铺设应平顺并与基层固定牢固，不得有下垂、绷紧和破损现象	观察检查	
3	搭接宽度允许偏差	塑料板搭接宽度的允许偏差为-10 mm	尺量检查	

(2)验收资料。

1)材料出厂合格证、质量检验报告与现场抽样试验报告。

2)隐蔽工程验收记录。

◆金属板防水层

1. 监理巡视与检查

(1)先装法施工应符合下列规定：

1)先焊成整体箱套，厚 4 mm 以下钢板接缝可用拼接焊，4 mm 及以上钢板用对接焊，垂直接缝应互相错开。箱套内侧用临时支撑加固，从而防止吊装及浇筑混凝土时变形。

2)在结构底板钢筋及四壁外模板安装完后，将箱套整体吊入基坑内预设的混凝土墩或型钢支架上准确就位，箱套作为内模板使用。

3)在安装前，箱套应用超声波、X 射线或气泡法、煤油渗漏法及真空法等检查焊缝的严密性，若发现渗漏，应立即予以修整或补焊。

4)为了便于浇筑混凝土，在箱套底板上可开适当孔洞，待混凝土达到 70% 强度后，用比孔稍大钢板将孔洞补焊严密。

(2)后装法施工应符合下列规定:

1)根据钢板尺寸及结构造型,在防水结构内壁和底板上预埋带锚爪的钢板或型钢埋件,与结构钢筋或安装的钢固定架焊牢,并保证位置正确。

2)浇筑结构混凝土,并在混凝土强度达到设计强度要求,紧贴内壁在埋设件上焊接钢板,作为防水层,要求焊缝饱满,无气孔、夹渣、咬肉及变形等疵病。

(3)金属板的拼接及金属板与建筑结构的锚固件连接应焊接。金属板的拼接焊缝应进行外观检查与无损检验。

(4)当金属板表面有锈蚀、麻点或划痕等缺陷时,其深度不得大于该板材厚度的负偏差值。

(5)金属板防水层的施工质量检验数量,应按铺设面积每10 m^2抽查1处,每处1 m^2,且不得少于3处。焊缝检验应按不同长度的焊缝各抽查5%,但均不得少于1条。长度小于500 mm的焊缝,每条检查1处;长度500~2 000 mm的焊缝,每条检查2处;长度大于2 000 mm的焊缝,每条检查3处。

2. 监理验收

(1)验收标准。

1)主控项目检验标准应符合表5.11的规定。

表5.11 主控项目检验

序号	项目	合格质量标准	检验方法	检验数量
1	金属板及焊条质量	金属防水层所采用的金属板材和焊条(剂)必须符合设计要求	检查出厂合格证或质量检验报告和现场抽样试验报告	按铺设面积每10 m^2抽查1处,每处1群,且不得少于3处
2	焊工合格证	焊工必须经考试合格并取得相应的执业资格证书	检查焊工执业资格证书和考核日期	全数检查

2)一般项目检验标准应符合表5.12规定。

表 5.12　一般项目检验

序号	项目	合格质量标准	检验方法	检验数量
1	表面质量	金属板表面不得有明显凹面和损伤	观察检查	按铺设面积每10 m^2 抽查 1 处,每处 1 m^2,且不得少于 3 处
2	焊缝质量	焊缝不得有裂纹、未熔合、夹渣、焊瘤、咬边、烧穿、弧坑、针状气孔等缺陷	观察检查和无损检验	按不同长度的焊缝各抽查 5%,但均不得少于 1 条。长度小于 500 mm 的焊缝,每条检查 1 处;长度 500 ~ 2 000 mm的焊缝,每条检查 2 处;长度大于 2 000 mm的焊缝,每条检查 3 处
3	焊缝外观及保护涂层	焊缝的焊波应均匀,焊渣和飞溅物应清除干净;保护涂层不得有漏涂、脱皮和返锈现象	观察检查	

(2)验收资料。

1)材料出厂合格证、质量检验报告与现场抽样试验报告。

2)焊工执业资格证书。

3)隐蔽工程验收记录。

4)金属板防水层施工完后的渗漏检验记录。

5)金属板防雷节点的安装测试记录。

6)金属板防水层验收记录。

◆细部构造

1. 监理巡视与检查

(1)变形缝。变形缝的防水施工应符合下列规定:

1)止水带宽度和材质的物理性能均应符合设计要求,且无裂缝和气泡;接头应采用热接,不得叠接,接缝平整、牢固,不得有裂口和脱胶现象。

2)中埋式止水带中心线应与变形缝中心线重合,止水带不得穿孔或用铁钉固定。

3)变形缝设置中埋式止水带时,在混凝土浇筑前应校正止水带位置,表面清理干净,止水带损坏处应修补;顶、底板止水带的下侧混凝土应振捣密实,边墙止水带内外侧混凝土应均匀,保持止水带位置正确、平直,无卷曲现象。

4)变形缝处增设的卷材或涂料防水层,应按设计要求施工。

(2)施工缝。施工缝的防水施工应符合下列规定:

1)水平施工缝在浇筑混凝土前,应将其表面浮浆和杂物清除,铺水泥砂浆或涂刷混凝土界面处理剂并及时浇筑混凝土。

2)垂直施工缝在浇筑混凝土前,应将其表面清理干净,涂刷混凝土界面处理剂并及时浇筑混凝土。

3)施工缝采用遇水膨胀橡胶腻子止水条时,应将止水条牢固地安装在缝表面预留槽内。

4)施工缝采用中埋止水带时,应确保止水带位置准确、固定牢靠。

(3)后浇带。后浇带的防水施工应符合下列规定:

1)后浇带应在其两侧混凝土龄期达到42 d后再施工。

2)后浇带的接缝处理应符合上述2)的规定。

3)后浇带应采用补偿收缩混凝土,其强度等级不得低于两侧混凝土。

4)后浇带混凝土养护时间不得少于28 d。

(4)穿墙管道。穿墙管道的防水施工应符合下列规定:

1)穿墙管止水环与主管或翼环与套管应连续满焊,并做好防腐处理。

2)穿墙管处防水层施工前,应将套管内表面清理干净。

3)套管内的管道安装完毕后,应在两管间嵌入内衬填料,端部用密封材料填缝。柔性穿墙时,穿墙内侧应用法兰压紧。

4)穿墙管外侧防水层应铺设严密,不留接槎;增铺附加层时,应按设计要求施工。

2. 监理验收

(1)验收标准。

1)主控制项目检验标准应符合表5.13的规定。

表5.13　主控项目检验

序号	项目	合格质量标准	检验方法	检验数量
1	材料质量	细部构造所用止水带、遇水膨胀橡胶腻子止水条和接缝密封材料必须符合设计要求	检查出厂合格证、质量检验报告和进场抽样试验报告	全数检查
2	细部构造做法	变形缝、施工缝、后浇带、穿墙管道、埋设件等细部构造做法，均需符合设计要求，严禁有渗漏	观察检查和检查隐蔽工程验收记录	

2)一般项目检验标准应符合表5.14的规定。

表5.14　一般项目检验

序号	项目	合格质量标准	检验方法	检验数量
1	止水带埋设	中埋式止水带中心线应与变形缝中心线重合，止水带应固定牢靠、平直，不得有扭曲现象	观察检查和检查隐蔽工程验收记录	全数检查
2	穿墙管止水环加工	穿墙管止水环与主管或翼环与套管应连续满焊，并做防腐处理		
3	接缝密封材料	接缝处混凝土表面应密实、洁净、干燥；密封材料应嵌填严密、黏结牢固，不得有开裂、鼓泡和下塌现象	观察检查	

(2)验收资料。

1)材料出厂合格证、进场抽样复验报告。

2)隐蔽工程验收记录。

相关知识

◆地下室的防水

当设计最高地下水位高于地下室地面时，地下室的底板及部分外墙将浸在水中。在水的作用下，地下室的外墙受到地下水的侧压力,底板会受到浮力作用,而且地下水位高出地下室地面越高,侧压力和浮力就越大,渗水也越严重。所以,地下室外墙与底板应做好防水处理。

(1)卷材防水。按防水卷材的铺贴位置不同,卷材防水分为外包防水与内包防水两类。外包防水是将防水材料贴在迎水面,即外墙的外侧和底板的下面。外包防水的优点是防水效果好,采用较多,但缺点是维修困难,缺陷处难于查找。内包防水是将防水材料贴于背水一面,其优点是施工简便,便于维修,便于维护,但缺点是防水效果较差,多用于修缮工程。

沥青油毡外包防水构造对地下室地坪的防水处理如下:首先在混凝土垫层上将油毡铺满整个地下室,在其上浇筑细石混凝土或水泥砂浆保护层以便浇筑钢筋混凝土底板。地坪防水油毡应留出足够的长度,以便与墙面垂直防水卷材搭接。对墙体的防水处理:先在外墙外面抹 20 mm 厚的 1∶2.5 水泥砂浆找平层,涂刷冷底子油一道,再按一层油毡一层沥青胶顺序粘贴好防水层。油毡应从底板上包上来,沿墙身由下而上连接密封粘贴。在设计水位以上 500 ~ 1 000 mm处接头。然后在防水层外侧砌 120 mm 厚的保护墙,保护墙与防水层之间缝隙中采用水泥砂浆灌注。保护墙下干铺油毡一层,并沿其长度方向每隔 3 ~5 m 设一通高竖向断缝。从而保证保护墙能在水的压力下紧压防水层,使防水层均匀受压。

(2)混凝土自防水。由于目前地下室的外墙很少采用砖墙承重,为了满足结构和防水的需要,地下室的地坪与墙体材料通常多采用钢筋混凝土。这时以采用防水混凝土材料为佳,防水混凝土的配制和施工与普通混凝土相似,但应采用不同的集料级配,从而提高混凝土的密实性;或在混凝土内掺入一定量的外加剂,从而提高混凝土自身的防水性能,达到防水的目的。集料级配防水混凝土的抗渗等级可达 35 MPa;外加剂防水混凝土的抗渗等级可达 32 MPa,防水混凝土的厚度应大于 200 mm,否则会影响抗渗效果。为了防止地下水对混凝土的侵蚀,在墙外侧应抹水泥砂浆,然后涂刷沥青。

第2节　特殊施工法防水工程质量监理

要　点

本节主要介绍四种特殊施工法防水工程。

◆锚喷支护

1.监理巡视与检查

(1)喷射混凝土拌制喷射混凝土混合料应搅拌均匀并符合下列规定:

1)配合比:水泥与砂石质量比宜为1∶(4～4.5),砂率宜为45%～55%,水灰比不得大于0.45,速凝剂掺量应通过试验确定。

2)原材料称量允许偏差:水泥和速凝剂为±2%,砂石为±3%。

3)运输和存放中严防受潮,混合料应随拌随用,存放时间不应超过20 min。

(2)喷射混凝土施工。在有水的岩面上喷射混凝土时应采取下列措施:

1)潮湿岩面增加速凝剂掺量。

2)表面渗、滴水采用导水盲管或盲沟排水。

3)集中漏水采用注浆堵水。喷射表面有涌水时,不仅会使喷射混凝土的黏着性变坏,还会在混凝土的背后产生水压给混凝土带来不利影响。所以,表面有涌水时事先应尽可能做好排水处理或采取有效措施。

(3)喷射混凝土的养护。

1)喷射混凝土应注意养护,养护时间不得少于14 d

2)由于喷射混凝土的含砂率高,水泥用量也相对较多并且掺有速凝剂,其收缩变形必然要比灌注混凝土大。为了保证质量应在喷射混凝土终凝2 h后即进行喷水养护，并保持较长时间的养护，通常不应少于14 d。当气温低于+5 ℃时，不得喷水养护。

(4)试件制作和检验。喷射混凝土试件制作组数应符合下列规定：

1)抗压强度试件：区间或小于区间断面的结构，每20延米拱和墙各取一组；车站各取两组。

2)抗渗试件：区间结构每40延米取一组；车站每20延米取一组。

(5)抗拔试验。

1)锚杆应进行抗拔试验。同一批锚杆每100根应取一组试件，每组3根，不足100根也取3根。

2)同一批试件抗拔力的平均值不得小于设计锚固力，且同一批试件抗拔力的最低值不应小于设计锚固力的90%。

(6)质量检验。锚喷支护的施工质量检验数量，应按区间或小于区间断面的结构，每20延米检查1处，车站每10延米检查1处，每处10 m^2，且不得少于3处。

2. 监理验收

(1)验收标准。

1)主控项目检验标准应符合表5.15的规定。

表5.15 主控项目检验

序号	项目	合格质量标准	检验方法	检验数量
1	原材料质量	喷射混凝土所用原材料及钢筋网、锚杆必须符合设计要求	检查出厂合格证、质量检验报告和现场抽样试验报告	按区间或小于区间断面的结构，每20延米检查1处，车站每10延米检查1处，每处10 m^2，且不得少于3处
2	混凝土抗压、抗渗、抗拔	喷射混凝土抗压强度、抗渗压力及锚杆抗拔力必须符合设计要求	检查混凝土抗压、抗渗试验报告和锚抗渗试验报告和锚	

2)一般项目检验标准应符合表 5.16 的规定。

表 5.16 一般项目检验

序号	项目	合格质量标准	检验方法	检验数量
1	喷层与围岩黏结	喷层与围岩及喷层之间应黏结紧密，不得有空鼓现象	用锤击法检查	同主控项目
2	喷层厚度	喷层厚度有 60% 不小于设计厚度，平均厚小于设计厚度，平均厚最小厚度不得小于设计厚度的 50%	用针探或钻孔检查	每个独立工程的检查数量不得少于 1 个断面，每个断面的检查点应从拱部中线起，每 2 ~ 3 m 设 1 个，但 1 个断面上拱部应不少于 3 个点，总计应不少于 5 个点
3	表面质量	喷射混凝土应密实、平整，无裂缝、脱落、漏喷、露筋、空鼓和渗漏水	观察检查	按区间或小于区间断面的结构，每 20 延米检查 1 处，车站每 10 延米检查 1 处，每处 10 m^2，且不得少于 3 处
4	表面平整度允许偏差及矢偏差及矢	喷射混凝土表面平整度的允许偏差为 30 mm，且矢弦比不得大于 1/6	尺量检查	按区间或小于区间断面的结构，每 20 延米检查 1 处，车站每 10 延米检查 1 处，每处 10 m^2，且不得少于 3 处

(2)验收资料。

1)原材料出厂合格证、材料试验报告及代用材料试用报告。

2)按质量记录第一作业段施工记录。

3)喷射混凝土强度、厚度、外观尺寸及锚杆抗拔力等检查和试验报告。

4)设计变更报告。

5)工程重大问题处理文件。

6)竣工图。

◆地下连续墙

1. 监理巡视与检查

(1)地下连续墙在施工时,混凝土应按每一个单元槽段留置一组抗压强度试件,每五个单元槽段留置一组抗渗试件。

(2)单元槽段接头不应设在拐角处;采用复合式衬砌时,墙体与内衬接缝应相互错开。

(3)地下连续墙与内衬结构连接处,应凿毛并清理干净,必要时应做特殊防水处理。

(4)当地下连续墙用作结构主体墙体时,应符合下列规定:

1)不应用作防水等级为一级的地下工程墙体。

2)墙的厚度宜大于600 mm。

3)选择合适的泥浆配合比或降低地下水位等措施,从而防止塌方。在挖槽期间,泥浆面必须高于地下水位500 mm以上,遇有地下水含盐或受化学污染时应采取措施不得影响泥浆性能指标。

4)墙面垂直度的允许偏差应小于墙深的1/250;墙面局部突出不应大于100 mm。

5)在浇筑混凝土前必须清槽、置换泥浆和清除沉渣,沉渣厚度不应大于100 mm。

6)钢筋笼浸泡泥浆时间不应超过10 h。钢筋保护层厚度不应小于70 mm。

7)混凝土浇筑导管埋入混凝土深度宜为1.5~6 m,在槽段端部的浇筑导管与端部的距离宜为1~1.5 m,混凝土浇筑应当连续进行。冬季施工时应采用保温措施,墙顶混凝土未达到设计强度50%时,不得受冻。

8)支撑的预埋件应设置止水片或遇水膨胀腻子条,支撑部位及墙体的裂缝、孔洞等缺陷应采用防水砂浆及时修补,墙体幅间接缝若有渗漏,应采用注浆、嵌填弹性密封材料等进行防水处理,并做引排措施。

9)自基坑开挖直至底板混凝土达到设计强度后才可停止降水,并应将降水井封堵密实。

10)墙体与工程顶板、底板、中楼板的连接处均应凿毛,清洗干净,并应设置1~2道遇水膨胀止水条,其接驳器处宜喷涂水泥基渗透结晶型防水涂料或涂抹聚合物水泥防水砂浆。

(5)地下连续墙的施工质量检验数量,应按连续墙每10个槽段抽查1处,每处为1个槽段,且不得少于3处。

2. 监理验收

(1)验收标准。

1)主控项目检验标准,应符合表5.17的规定。

表5.17 主控项目检验

序号	项目	合格质量标准	检验方法	检验数量
1	原材料质量及配合比要求	防水混凝土所用原材料、配合比以及其他防水材料必须符合设计要求	检查出厂合格证、质量检验报告、计量措施和现场抽样试验报告	按连续墙每10个槽段抽查1处,每处为1个槽段,且不得少于3处
2	混凝土抗压、防渗试件	地下连续墙混凝土抗压强度和抗渗压力必须符合设计要求	检查混凝土抗压、抗渗试验报告	

2)一般项目检验标准应符合表5.18的规定。

表5.18 一般项目检验

序号	项目	合格质量标准	检验方法	检验数量
1	接缝处理	地下连续墙的槽段接缝以及墙体与内衬结构接缝应符合设计要求	观察检查和检查隐蔽工程验收记录	同主控项目
2	墙面露筋	地下连续墙墙面的露筋部分应小于1%墙面面积,且不得有露石和夹泥现象	观察检查	
3	表面平整度允许偏差	地下连续墙墙体表面平整度的允许偏差:临时支护墙体为50 mm,单一或复合墙体为30 mm	尺量检查	

(2)验收资料。

1)防水设计。设计图及会审记录、设计变更通知单与材料代用核定单。

2)施工方案。施工方法、技术措施及质量保证措施。

3)技术交底。施工操作要求及注意事项。

4)材料质量证明文件。出厂合格证、产品质量检验报告及试验报告。

5)中间检查文件。分项工程质量验收记录、隐蔽工程检查验收记录及施工检验记录。

6)施工日志。逐日施工情况。

7)混凝土、砂浆。试配及施工配合比,混凝土抗压试验报告、抗渗试验报告。

8)施工单位资质证明,资质复印证件。

9)工程检验记录,抽样质量检验及观察检查。

10)其他技术资料。事故处理报告、技术报告。

◆复合式衬砌

1. 监理巡视与检查

(1)初期支护的线流漏水或大面积渗水,应在防水层与缓冲排水层铺设之前进行封堵或引排。

(2)防水层与缓冲排水层铺设与内衬混凝土的施工距离均不应小于 5 m。

(3)二次衬砌采用防水混凝土浇筑时,应符合下列规定:

1)混凝土泵送时,入泵坍落度要求如下:墙体宜为 100 ~ 150 mm,拱部宜为 160 ~ 210 mm。

2)振捣不得直接触及防水层。

3)混凝土浇筑至墙拱交界处,应间隙 1 ~ 1.5 h 后方可继续浇筑。

4)混凝土强度达到 2.5 MPa 后方可拆模。

(4)当地下连续墙与内衬间夹有塑料防水板的复合式衬砌时,应根据排水情况选用相应的缓冲层与塑料防水板,并按有关塑料防水板及地下工程排水的设计与施工技术要求执行。

(5)复合式衬砌的施工质量检验数量应按区间或小于区间断面的结构，每 20 延米检查 1 处，车站每 10 延米检查 1 处，每处 10 m^2，且不得少于 3 处。

2. 监理验收

(1)验收标准。

1)主控项目检验标准应符合表 5.19 的规定。

表 5.19　主控项目检验

序号	项目	合格质量标准	检验方法	检验数量
1	材料质量	塑料防水板、土工复合材料内衬混凝土原材料必须符合设计要求	检查出厂合格证、质量检验报告和现场抽样试验报告	按区间或小于区间断面的结构，每20延米检查1处，车站每10延米检查1处，每处10 m^2，且不得少于3处
2	混凝土抗压、抗渗试件	防水混凝土的抗压强度和抗渗压力必须符合设计要求	检查混凝土抗压、抗渗试验报告	
3	细部构造做法	施工缝、变形缝、穿墙管道、埋设件等设置和构造均需符合设计要求，严禁有渗漏	观察检查和检查隐蔽工程验收记录	

(2)一般项目检验标准应符合表 5.20 的规定。

表 5.20　一般项目检验

序号	项目	合格质量标准	检验方法	检验数量
1	二次衬砌渗水量	二次衬砌混凝土渗漏水量应控制在设计防水等级要求范围内	观察检查和渗漏水量测	同主控项目
2	二次衬砌质量	二次衬砌混凝土表面应坚实、平整，不得有露筋、蜂窝等缺陷	观察检查	

(3)验收资料。

1)材料出厂合格证、产品质量检验报告及试验报告。

2)隐蔽工程检查验收记录。

3)施工记录。

4)混凝土、砂浆试配及施工配合比,混凝土抗压试验报告、抗渗试验报告。

5)设计图及会审记录,设计变更通知单和材料代用核定单。

◆盾构法隧道

1. 监理巡视与检查

(1)钢筋混凝土管片拼装应符合下列规定:

1)管片验收合格后才可运至工地,拼装前应编号并进行防水处理。

2)管片拼装顺序应先就位底部管片,然后自下而上左右交叉安装,每环相邻管片应均布摆匀并控制环面平整度和封口尺寸,最后插入封顶管片成环。

3)管片拼装后螺栓应拧紧,环向及纵向螺栓应全部穿进。

(2)钢筋混凝土管片接缝防水应符合下列规定:

1)管片至少应设置一道密封垫沟槽,粘贴密封垫前应将槽内清理干净。

2)密封垫应粘贴牢固;平整、严密,位置正确,不得有起鼓、超长和缺口现象。

3)管片在拼装前应逐块对粘贴的密封垫进行检查,拼装时不得损坏密封垫。有嵌缝防水要求的,应在隧道基本稳定后进行。

4)管片拼装接缝连接螺栓孔之间应按设计加设螺孔密封圈。必要时,螺栓孔与螺栓间应采取封堵措施。

(3)盾构法隧道的施工质量检验数量,应按每连续20环抽查1处,每处为一环,且不得少于3处。

2. 监理验收

(1)验收标准。

1)主控项目检验标准应符合表5.21的规定。

表5.21 主控项目检验

序号	项目	合格质量标准	检验方法	检验数量
1	防水材料质量	盾构法隧道采用防水材料的品种、规格、性能必须符合设计要求	检查出厂合格证、质量检验报告和现场抽样试验报告	按每连续20环检查1处，每处1环，且不得少于3处
2	管片抗压、抗渗	钢筋混凝土管片的抗压强度和抗渗压力必须符合设计要求	检查混凝土抗压、抗渗试验报告和单块管片检漏测试报告	

2)一般项目检验标准应符合表5.22的规定。

表5.22 一般项目检验

序号	项目	合格质量标准	检验方法	检验数量
1	隧道渗漏水量控制	隧道的渗漏水量应控制在设计的防水等级要求范围内。衬砌接缝不得有线流和漏泥砂现象	观察检查和渗漏水量测	同主控项目
2	管片拼装接缝	管片拼装接缝防水应符合设计要求	检查隐蔽工程验收记录	
3	螺栓安装及防腐	环向及纵向螺栓应全部穿进并拧紧，衬砌内表面的外露铁件防腐处理应符合设计要求	观察检查	

(2)验收资料。

1)地表沉降及隆起量记录。

2)隧道轴线平面高层偏差允许值记录。

3)隧道管片内径水平与垂直度直径差记录。

4)管片相邻环高差记录。

5)质量保证体系及管理制度。

6)原材料、半成品出厂报告和复试报告(包括钢筋、水泥、外加剂)。

7)混凝土配合比报告单。

8)钢筋混凝土管片单片抗渗试验报告。

9)施工每推进100 m作一次质量认定表。

◆建筑设防要求

建筑防水的设防要求见表5.23。

表5.23 建筑防水的设防要求

项目	屋面防水等级			
	一	二	三	四
建筑物类别	特别重要的民用建筑和对防水有特殊要求的工业建筑	重要的工业与民用建筑、高层建筑	一般的工业与民用建筑	非永久性的建筑
防水层选用材料	宜选用合成高分子防水卷材、高聚物改性沥青防水卷材、合成高分子防水涂料、细石防水混凝土等材料	宜选用高聚物改性沥青防水卷材、合成高分子防水卷材、合成高分子防水涂料、高聚物改性沥青防水涂料、细石防水混凝土、平瓦等材料	应选用三毡四油沥青防水卷材、高聚物改性沥青防水卷材、合成高分子防水卷材、高聚物改性沥青防水涂料、合成高分子防水涂料、沥青基防水涂料、刚性防水层、平瓦、油毡瓦等材料	可选用二毡三油沥青防水卷材、高聚物改性沥青防水涂料、沥青基防水涂料、波形瓦等材料

续表 5.23

项目	屋面防水等级			
	一	二	三	四
设防要求	三道或三道以上防水设防，其中应有一道合成高分子防水卷材，且只能有一道厚度不小于2 mm的合成高分子防水涂膜	二道防水设防，其中应有一道卷材，也可采用压型钢板进行一道设防	一道防水设防，或两种防水材料复合使用	一道防水设防
防水层耐用年限	25年	15年	10年	5年

第6章　建筑装饰装修工程质量监理

第1节　抹灰工程质量监理

要　点

监理员应掌握一般抹灰、装饰抹灰和清水砌体勾缝的质量监理。

解　释

◆一般抹灰

1. 监理巡视与检查

(1)在抹灰前，砖石、混凝土等基体表面的灰尘、污垢和油渍等应清除干净，砌块的空壳层要凿掉，光滑的混凝土表面要进行斩毛处理，并应洒水湿润。

(2)不同材料基体交接处表面的抹灰，应先铺钉加强网，加强网与各基体的搭接宽度不应小于100 mm。

(3)抹灰工程应当分层进行，当抹灰总厚度≥35 mm时，应采取加强措施。

(4)各种砂浆抹灰层，在凝结前应防止快干、水冲、撞击振动和受冻，在凝结后应采取措施防止玷污和损坏，水泥砂浆抹灰层应在湿润条件下养护。

(5)当要求抹灰层具有防水、防潮功能时，应采用防水砂浆。当混凝土(包括预制和现浇)顶棚基体表而需要抹灰时，应当按设计要求对基体表面进行技术处理。

(6)水泥砂浆不得抹在石灰砂浆层上。

(7)抹灰的面层应在踢脚板、门窗贴脸板和挂镜线等木制品安装前进行涂抹。

(8)外墙棚顶棚的抹灰层与基层之间及各抹灰层之间应当黏结牢固。

(9)板条、金属网顶棚和墙面的抹灰,应符合下列规定:

1)底层和中层应用麻刀石灰砂浆或纸筋石灰砂浆,各层应分遍成活,每遍厚度为3~6 mm。

2)底层砂浆应压入板条缝或网眼内,形成转脚结合牢固。

3)顶棚的高级抹灰,应加钉长350~450 mm的麻束,间距为400 mm,交错布置,分遍按放射状梳理抹进中层砂浆内,待前一层7~8成干后,才可涂抹后一层。

(10)冬期施工时,抹灰砂浆应采取保温措施。抹灰时,砂浆的温度不宜低于5 ℃。各抹灰层硬化初期不得受冻,用做油漆墙面的抹灰砂浆不得掺入食盐和氯化钙。

2. 监理验收

(1)验收标准。

1)主控项目检验标准应符合表6.1的规定。

表6.1 主控项目检验

序号	项目	合格质量标准	检验方法	检查数量
1	基层表面	抹灰前基层表面的尘土、污垢、油渍等应清除干净,并应洒水润湿	检查施工记录	(1)室内每个检验批应至少抽查10%,并不得少于3间;不足3间时应全数检查
2	材料品种和性能	一般抹灰所用材料的品种和性能应符合设计要求。水泥的凝结时间和安定性复验应合格。砂浆的配合比应符合设计要求	检查产品合格证书、进场验收记录、复验报告和施工记录	

续表 6.1

序号	项目	合格质量标准	检验方法	检查数量
3	操作要求	抹灰工程应分层进行。当抹灰总厚度大于或等于35 mm时,应采取加强措施。不同材料基体交接处表面的抹灰,应采取防止开裂的加强措施,当采用加强网时,加强网与各基体的搭接宽度应不小于100 mm	检查隐蔽工程验收记录和施工记录	(2)室外每个检验批每100 m^2应至少抽查一处,每处不得小于10 m^2
4	层黏结及面层质量	抹灰层与基层之间及各抹灰层之间必须黏结牢固,抹灰层应无脱层、空鼓,面层应无爆灰和裂缝	观察;用小锤轻击检查;检查施工记录	

2)一般项目检验标准应符合表6.2的规定。

表 6.2　一般项目检验

序号	项目	合格质量标准	检验方法	检查数量
1	表面质量	一般抹灰工程的表面质量应符合下列规定: ①普通抹灰表面应光滑、洁净、接槎平整,分格缝应清晰 ②高级抹灰表面应光滑、洁净、颜色均匀、无抹纹,分格缝和灰线应清晰美观	观察;手摸检查	同主控项目
2	细部质量	护角、孔洞、槽、盒周围的抹灰表面应整齐、光滑;管道后面的抹灰表面应平整	观察	

续表 6.2

序号	项目	合格质量标准	检验方法	检查数量
3	层总厚度及层间材料	抹灰层的总厚度应符合设计要求;水泥砂浆不得抹在石灰砂浆层上;罩面石膏灰不得抹在水泥砂浆层上	检查施工记录	同主控项目
4	分格缝	抹灰分格缝的设置应符合设计要求,宽度和深度应均匀,表面应光滑,棱角应整齐	观察;尺量检查	
5	滴水线(槽)	有排水要求的部位应做滴水线(槽)。滴水线(槽)应整齐顺直,滴水线应内高外低,滴水槽的宽度和深度均应不小于10 mm	观察;尺量检查	
6	允许偏差	一般抹灰工程质量的允许偏差和检验方法应符合表6.3的规定	见表6.3	

3)允许偏差应符合表6.3的规定。

表 6.3 一般抹灰的允许偏差和检验方法

项次	项目	允许偏差/mm		检验方法
		普通抹灰	高级抹灰	
1	立面垂直度	4	3	用2 m垂直检测尺检查
2	表面平整度	4	3	用2 m靠尺和塞尺检查
3	阴阳角方正	4	3	用直角检测尺检查
4	分格条(缝)直线度	4	3	拉5 m线,不足5 m拉通线,用钢直尺检查
5	墙裙、勒脚上口直线度	4	3	拉5 m线,不足5 m拉通线,用钢直尺检查

注:①普通抹灰,本表第3项阴角方正可不检查。

②顶棚抹灰,本表第2项表面平整度可不检查,但应平顺。

(2)验收资料。

1)抹灰工程的施工图、设计说明及其他设计文件。

2)材料的产品合格证书、性能检测报告、进场验收记录和复验报告。

3)隐蔽工程验收记录。

4)施工记录。

◆装饰抹灰

1. 监理巡视与检查

(1)当用采普通水泥做水刷石、斩假石和干黏石时,在同一操作面上,应采用同厂家、同品种、同强度等级及同批量的水泥。所用的彩色石粒也应是同产地、同品种、同规格、同批量的,并应筛洗干净,要统一配料、干拌均匀。

(2)水刷石、斩假石面层在涂抹前,应在已浇水湿润的中层砂浆面上刮水泥浆(水灰比为0.37~0.40)一遍,以使面层与中层结合牢固。水刷石面层必须分遍拍平压实,石子应分布均匀、紧密。在凝结前应用清水自上而下洗刷,并采取措施防止玷污墙面。

(3)干黏石面层的施工,应符合下列规定:

1)中层砂浆表面应先用水湿润,并刷水泥浆(水灰比为0.40~0.50)一遍,随即涂抹水泥砂浆(可掺入外加剂及少量石灰膏或少量纸筋石灰膏)黏结层。

2)石粒粒径为4~6 mm。

3)水泥砂浆黏结层的厚度一般为4~6 mm,砂浆稠度不应大于8 cm,将石粒黏在黏结层上,随即用滚子或抹子压平压实,石粒嵌入砂浆的深度不小于粒径的1/2。

4)水泥砂浆黏结层在硬化期间,应保持湿润。

5)房屋底层不应采用干黏石。

(4)斩假石面层的施工,应符合下列规定:

1)斩假石面层应赶平压实,斩剁前应经试剁,以石子不脱落为准。斩剁的方向应当一致,剁纹要均匀。

2)在墙角、柱子等边棱处,应横剁出边条或留出窄小边条不剁。

2. 监理验收

(1)验收标准。

1）主控项目检验标准应符合表6.4的规定。

表6.4　主控项目检验

序号	项目	合格质量标准	检验方法	检查数量
1	基层表面	抹灰前基层表面的尘土、污垢、油渍等应清除干净，并应洒水润湿	检查施工记录	（1）室内每个检验批应至少抽查10%，并不得少于3间；不足3间时应全数检查 （2）室外每个检验批每100 m^2 应至少抽查1处，每处不得小于10 m^2
2	材料品种和性能	装饰抹灰工程所用材料的品种和性能应符合设计要求。水泥的凝结时间和安定性复验应合格。砂浆的配合比应符合设计要求	检查产品合格证书、进场验收记录、复验报告和施工记录	
3	操作要求	抹灰工程应分层进行。当抹灰总厚度大于或等于35 mm时，应采取加强措施。不同材料基体交接处表面的抹灰，应采取防止开裂的加强措施，当采用加强网时，加强网与各基体的搭接宽度应不小于100 mm	检查隐蔽工程验收记录和施工记录	
4	层黏结及面层质量	各抹灰层之间及抹灰层与基体之间必须黏结牢固，抹灰层应无脱层、空鼓和裂缝	观察；用小锤轻击检查；检查施工记录	

2）一般项目检验标准应符合表6.5的规定。

表 6.5　一般项目检验

序号	项目	合格质量标准	检验方法	检查数量
1	表面质量	装饰抹灰工程的表面质量应符合下列规定： (1)水刷石表面应石粒清晰、分布均匀、紧密平整、色泽一致,应无掉粒和接槎痕迹 (2)斩假石表面剁纹应均匀顺直、深浅一致,应无漏剁处;阳角处应横剁并留出宽窄一致的不剁边条,棱角应无损坏 (3)干黏石表面应色泽一致、不露浆、不漏黏,石粒应黏结牢固、分布均匀,阳角处应无明显黑边 (4)假面砖表面应平整、沟纹清晰、留缝整齐、色泽一致,应无掉角、脱皮、起砂等缺陷	观察;手摸检查	(1)室内每个检验批应至少抽查10%,并不得少于3间;不足3间时应全数检查 (2)室外每个检验批每100 m^2 应至少抽查1处,每处不得小于10 m^2
2	分格条(缝)	装饰抹灰分格条(缝)的设置应符合设计要求,宽度和深度应均匀,表面应平整光滑,棱角应整齐	观察	
3	滴水线	有排水要求的部位应做滴水线(槽)。滴水线(槽)应整齐顺直,滴水线应内高外低,滴水槽的宽度和深度均应不小于10 mm	观察尺量检查	
4	允许偏差	装饰抹灰工程质量的允许偏差和检验方法应符合表6.6的规定	见表6.6	

3)允许偏差应符合表6.6的规定。

表6.6　装饰抹灰工程质量的允许偏差和检验方法

项次	项目	允许偏差/mm				检验方法
		水刷石	斩假石	斩假石	假面砖	
1	立面垂直度	5	4	5	5	用2 m垂直检测尺检查
2	表面平整度	3	3	5	4	用2 m靠尺和塞尺检查
3	阳角方正	3	3	4	4	用直角检测尺检查
4	分格条(缝)直线度	3	3	3	3	拉5 m线,不足5 m拉通线,用钢直尺检查
5	墙裙、勒脚上口直线度	3	3	—	—	拉5 m线,不足5 m拉通线,用钢直尺检查

(2)验收资料参照本章“一般抹灰”部分。

◆清水砌体勾缝

1. 监理巡视与检查

(1)在勾缝前,将门窗台残缺的砖补砌好,然后用1∶3水泥砂浆将门窗框四周与墙之间的缝隙堵严塞实、抹平,应深浅一致。门窗框缝隙填塞材料应符合设计及规范要求。

(2)堵脚手眼时应当先将眼内残留砂浆及灰尘等清理干净,后洒水润湿,用同墙颜色一致的原砖补砌堵严。

(3)勾缝砂浆配制应符合设计及相关要求,不应拌制太稀。勾缝顺序应由上而下,先勾水平缝,然后勾立缝。

(4)在勾平缝时应使用长溜子,操作时左手拖灰板,右手执溜子,将拖灰板顶在要勾的缝的下口,用右手将灰浆推入缝内,自右向左喂灰,随勾随移动托灰板,勾完一段,用溜子在缝内左右推拉移动,勾缝溜子要保持立面垂直,将缝内砂浆赶平压实、压光,深浅一致。

(5)勾立缝时用短溜子,左手将托灰板端平,右手拿小溜子将灰板上的砂浆用力压下(压在砂浆前沿),然后左手将托灰板扬起,右手将小溜子向前上方用力推起(动作要迅速),将砂浆叼起勾入主缝,从而避免污染墙面。然后使溜子在缝中上下推动,将砂浆压实在缝中。

(6)勾缝深度应符合设计要求,无设计要求时,通常可控制在4~5 mm为宜。

(7)每一操作段勾缝完成后,用笤帚顺缝清扫,先扫平缝,后扫立缝,并不断抖弹笤帚上的砂浆,减从而少墙面污染。

(8)扫缝完成后,应当认真检查一遍有无漏勾的墙缝,尤其检查易忽略,挡视线和不易操作的地方,发现漏勾的缝及时补勾。

(9)勾缝工作全部完成后,应将墙面全面清扫,对施工中污染墙面的残留灰痕应用力扫净,当难以扫掉时,可用毛刷蘸水轻刷,然后仔细将灰痕擦洗掉,使墙面干净整洁。

2. 监理验收

(1)验收标准。

1)主控项目检验标准应符合表6.7的规定。

表6.7 主控项目检验

序号	项目	合格质量标准	检验方法	检查数量
1	水泥及配合比	清水砌体勾缝所用水泥的凝结时间和安定性复验应合格。砂浆的配合比应符合设计要求	检查复验报告和施工记录	(1)室内每个检验批应至少抽查10%,并不得少于3间;不足3间时应全数检查 (2)室外每个检验批每100 m^{2}应至少抽查1处,每处不得小于10 m^2
2	勾缝牢固性	清水砌体勾缝应无漏勾。勾缝材料应黏结牢固、无开裂	观察	

2)一般项目检验标准应符合表6.8的规定。

表 6.8　一般项目检验

序号	项目	合格质量标准	检验方法	检查数量
1	勾缝外观质量	清水砌体勾缝应横平竖直，交接处应平顺，宽度和深度应均匀，表面应压实抹平	观察；尺量检查	同主控项目
2	灰缝及表面	灰缝应颜色一致，砌体表面应洁净	观察	

(2)验收资料参照本章“一般抹灰”部分。

◆抹灰的组成

1. 底层

底层主要起与基层粘结和初步找平的作用，用料根据基层不同而不同。

(1)砖墙基层。由于黏土砖与砂浆的粘贴力较好，又可借助灰缝凹进墙面而加强粘结效果，所以通常采用白灰砂浆，但对墙面有防水防潮要求时，则用水泥砂浆打底。

(2)混凝土基层(混凝土墙、混凝土楼板等)。采用混合砂浆作底层。

(3)木板条、苇箔基层。这类材料与砂浆胶结能力较差，木板条吸水膨胀，干燥后收缩，抹灰容易脱落，所以在底层砂浆中掺入适量的麻刀或玻璃丝，并在操作时将灰浆挤入基层缝隙内使之拉结牢固。

2. 中层

中层主要起找平作用。根据施工质量要求，中层可以一次抹成，也可分层操作，用料基本上与底层相同。

3. 面层

面层主要起装饰效果，要求大而平整，无裂缝，颜色均匀，面层用料随抹灰种类而定。

第2节　门窗工程质量监理

要　点

门窗是建筑物种除具有保温、隔声、防风、挡雨的主要功能外，还要求其坚固、耐久、灵活、美观、易清洁。在当前的门窗类型中，主要有木门窗、铝合金门窗和塑料门窗，监理员应掌握各类门窗的安装质量监理。

解　释

◆木门窗制作与安装

1. 监理巡视与检查

(1)木门窗制作。

1)在制作前必须选择符合设计要求的材料。

2)应严格控制木材的含水率。

3)刨削木材应尽量控制一次刨削厚度，顺木纹方向刨削，避免戗茬，制作过程中应始终保持各构件(制品)表面及细部的平整、光洁，减少表面缺陷。

4)门窗框和厚度大于50 mm的门窗扇应用双榫连接。榫槽应紧密适宜，以利锤轻击顺利插入，才能达到榫槽嵌合严密；应当避免因过紧而产生榫槽处开裂的现象，榫槽用胶料胶结并用胶楔加紧。

5)成型后的门窗框、扇表面应净光或磨光，其线角细部应整齐，对露出槽外的榫、楔应锯平。

(2)木门窗安装。

1)将修刨好的门窗扇，用木楔临时立于门窗框中，排好缝隙后画出铰链位置。铰链位置距上、下边的距离应为门扇宽度的1/10，这个位置对铰链受力比较有利，又可避开榫头。然后把扇取下来，用扇铲剔出铰链页槽。铰链页槽应外边浅，里边深，其深度应当是把铰链合上后与框、扇平正为准。剔好铰链槽后，将铰链放入，上下铰链各拧一颗螺丝钉把扇挂上，检查缝隙是否符合要求，扇与框是否齐平，扇能否关住。在检查合格后，再把螺丝钉全部上齐。

2)双扇门窗扇安装方法与单扇的安装基本相同，只是多道工序——错口。双扇门应按开启方向看，右手门是盖口，左手门是等口。

3)门窗扇安装好后应试开，其标准是：以开到那里就能停到那里为好，不能有自开或自关的现象。若发现门窗扇在高、宽上有短缺的情况，高度上应将补钉的板条钉在下冒头下面，宽度上，在装铰链一边的梃上补钉板条。

4)为了开关方便，平开扇上、下冒头最好刨成斜面。门窗扇安装后应当试验其启闭情况，以开启后能自然停止为好，不能有自开或自关现象。若发现门窗在高、宽上有短缺，在高度上可将补钉板条钉于下冒头下面，在宽度上可在安装合页一边的梃上补钉板条。为了使门窗开关方便，平开扇的上下冒头可刨成斜面。

2. 监理验收

(1)验收标准。

1)木门窗制作。

①主控项目检验标准应符合表6.9的规定。

表6.9 主控项目检验

序号	项目	合格质量标准	检验方法	检查数量
1	材料质量	木门窗的木材品种、材质等级、规格、尺寸、框扇的线型及人造木板的甲醛含量应符合设计要求	观察；检查材料进场验收记录和复验报告	

续表 6.9

序号	项目	合格质量标准	检验方法	检查数量
2	木材含水率	木门窗应采用烘干的未材，含水率应符合《建筑木门、木窗》(JG/T 122—2000)的规定	检查材料进场验收记录	每个检验批应至少抽查5%，并不得少于3樘，不足3樘时应全数检查；高层建筑外窗，每个检验批应至少抽查10%，并不得少于6樘，不足6樘时应全数检查
3	木材防护	木门窗的防火、防腐、防虫处理应符合设计要求	观察；检查材料进场验收记录	
4	木节及虫眼	木门窗的结合处和安装配件处不得有木节或已填补的木节。木门窗如有允许限值以内的死节及直径较大的虫眼时，应用同一材质的木塞加胶填补。对于清漆制品，木塞的木纹和色泽应与制品一致	观察	
5	榫槽连接	门窗框和厚度大于50 mm的门窗扇应用双榫连接。榫槽应采用胶料严密嵌合，并应用胶楔加紧	观察；手扳检查	
6	胶合板门、纤维板门、压模质量	胶合板门、纤维板门和模压门不得脱胶。胶合板不得刨透表层单板，不得有戗槎。制作胶合板门、纤维板门时，边框和横楞应在同一平面上，面层、边框及横楞应加压胶结。横楞和上、下冒头应各钻两个以上的透气孔，透气孔应通畅	观察	

②一般项目检验标准应符合表6.10的规定。

表 6.10　一般项目检验

序号	项目	合格质量标准	检验方法	检查数量
1	木门窗表面质量	木门窗表面应洁净，不得有刨痕、锤印	观察	同主控项目
2	木门窗割角拼缝	木门窗的割角、拼缝应严密平整。门窗框、扇裁口应顺直，刨面应平整	观察	
3	木门窗槽、孔	木门窗上的槽、孔应边缘整齐，无毛刺	观察	
4	制作允许偏差	木门窗制作的允许偏差和检验方法应符合表 6.11 的规定	—	

③允许偏差应符合表 6.11 的规定。

表 6.11　木门窗制作的允许偏差和检验方法

项次	项目	构件名称	允许偏差/mm		检验方法
			普通	高级	
1	翘曲	框	3	2	将框、扇平放在检查平台上，用塞尺检查
		扇	2	2	
2	对角线长度差	框、扇	3	2	用钢尺检查，框量裁口里角，扇量外角
3	表面平整度	扇	2	2	用 1 m 靠尺和塞尺检查
4	高度、宽度	框	0;-2	0;-1	用钢尺检查，框量裁口里角，扇量外角
		扇	+2;0	+1;0	
5	裁门、线条结合处高低差	框、扇	1	0.5	用钢直尺和塞尺检查
6	相邻棂子两端间距	扇	2	1	用钢直尺检查

注：表中允许偏差栏中所列数值，凡注明正负号的，表示《建筑装饰装修工程质量验收规范》(GB 50210—2001)对此偏差的不同方向有不同要求，应严格遵守。凡没有注明正负号的，即使其偏差可能具有方向性，但《建筑装饰装修工程质量验收规范》(GB 50210—2001)并未对这类偏差的方向性作出规定，故检查时对这些偏差可以不考虑方向性要求。

2）木门窗安装。

①主控项目检验标准应符合表6.12的规定。

表6.12　主控项目检验

序号	项目	合格质量标准	检验方法	检查数量
1	木门窗品种、规格、安装方向位置	木门窗的品种、类形、规格、开启方向、安装位置及连接方式应符合设计要求	观察；尺量检查；检查成品门的产品合格证书	每个检验批应至少抽查5%，并不得少于3樘，不足3樘时应全数检查；高层建筑外窗，每个检验批应至少抽查10%，并不得少于6樘，不足6樘时应全数检查
2	木门窗安装牢固	木门窗框的安装必须牢固。预埋木砖的防腐处理、木门窗框固定点的数量、位置及固定方法应符合设计要求	观察；手扳检查；检查隐蔽工程验收记录和施工记录	
3	木门窗扇安装	木门窗扇必须安装牢固，并应开关灵活，关闭严密，无倒翘	观察；开启和关闭检查；手扳检查	
4	门窗配件安装	木门窗配件的型号、规格、数量应符合设计要求，安装应牢固，位置应正确，功能应满足使用要求	观察；开启和关闭检查；手扳检查	

②一般项目检验应符合表6.13的规定。

表6.13　一般项目检验

序号	项目	合格质量标准	检验方法	检查数量
1	缝隙嵌填材料	木门窗与墙体间缝隙的填嵌材料应符合设计要求，填嵌应饱满。寒冷地区外门窗（或门窗框）与砌体间的空隙应填充保温材料	轻敲门窗框检查；检查隐蔽工程验收记录和施工记录	同主控项目
2	批水、盖口条等细部	木门窗批水、盖口条、压缝条、密封条的安装应顺直、与门窗结合应牢固、严密	观察；手扳检查	
3	安装留缝限值及允许偏差	木门窗安装的留缝限值、允许偏差和检验方法应符合表6.14的规定	见表6.14	

③允许偏差应符合表6.14的规定。

表6.14　木门窗安装的留缝限值、允许偏差和检验方法

<table>
<tr><th rowspan="2">项次</th><th rowspan="2" colspan="2">项目</th><th colspan="2">留缝限值/mm</th><th colspan="2">允许偏差/mm</th><th rowspan="2">检验方法</th></tr>
<tr><th>普通</th><th>高级</th><th>普通</th><th>高级</th></tr>
<tr><td>1</td><td colspan="2">门窗槽口对角线长度差</td><td>—</td><td>—</td><td>3</td><td>2</td><td>用钢尺检查</td></tr>
<tr><td>2</td><td colspan="2">门窗框的正、侧面垂直度</td><td>—</td><td>—</td><td>2</td><td>1</td><td>用1 m垂直检测尺检查</td></tr>
<tr><td>3</td><td colspan="2">框与扇、扇与扇接缝高低差</td><td>—</td><td>—</td><td>2</td><td>1</td><td>用钢直尺和塞尺检查</td></tr>
<tr><td>4</td><td colspan="2">门窗扇对口缝</td><td>1~2.5</td><td>1.5~2</td><td>—</td><td>—</td><td rowspan="4">用塞尺检查</td></tr>
<tr><td>5</td><td colspan="2">工业厂房双扇大门对口缝</td><td>2~5</td><td>—</td><td>—</td><td>—</td></tr>
<tr><td>6</td><td colspan="2">门窗扇与上框间留缝</td><td>1~2</td><td>1~1.5</td><td>—</td><td>—</td></tr>
<tr><td>7</td><td colspan="2">门窗扇与侧框间留缝</td><td>1~2.5</td><td>1~1.5</td><td>—</td><td>—</td></tr>
<tr><td>8</td><td colspan="2">窗扇与下框间留缝</td><td>2~3</td><td>2~2.5</td><td>—</td><td>—</td><td rowspan="2">用塞尺检查</td></tr>
<tr><td>9</td><td colspan="2">门扇与下框间留缝</td><td>3~5</td><td>3~4</td><td>—</td><td>—</td></tr>
<tr><td>10</td><td colspan="2">双层门窗内外框间距</td><td>—</td><td>—</td><td>4</td><td>3</td><td>用钢尺检查</td></tr>
<tr><td rowspan="4">11</td><td rowspan="4">无下框时门扇与地面间留缝</td><td>外门</td><td>4~7</td><td>5~6</td><td>—</td><td>—</td><td rowspan="4">用塞尺检查</td></tr>
<tr><td>内门</td><td>5~8</td><td>6~7</td><td>—</td><td>—</td></tr>
<tr><td>卫生间门</td><td>8~12</td><td>8~10</td><td>—</td><td>—</td></tr>
<tr><td>厂房大门</td><td>10~20</td><td>—</td><td>—</td><td>—</td></tr>
</table>

注：①表中除给出允许偏差外，对留缝尺寸等给出了尺寸限值。考虑到所给尺寸限值是一个范围，故不再给出允许偏差。

②表中允许偏差栏中所列数值，凡注明正负号的，表示《建筑装饰装修工程质量验收规范》(GB 50210—2001)对此偏差的不同方向有不同要求，应严格遵守。凡没有注明正负号的，即使其偏差可能具有方向性，但《建筑装饰装修工程质量验收规范》(GB 50210—2001)并未对这类偏差的方向性作出规定，故检查时对这些偏差可以不考虑方向性要求。

(2)验收资料。

1)门窗工程的施工图、设计说明及其他设计文件。

2)材料的产品合格证书、性能检测报告、进场验收记录和复验报告。

3)特种门及附件的生产许可文件。

4)隐蔽工程验收记录。

5)施工记录。

◆金属门窗安装

1. 监理巡视与检查

(1)钢门窗安装。

1)钢门窗就位。

①按图纸中要求的型号、规格及开启方向等,将所需要的钢门窗搬运到安装地点,并垫靠稳当。

②将钢门窗立于图纸要求的安装位置,用木楔临时固定,将其铁脚插入预留孔中,然后根据门窗边线、水平线及距外墙皮的尺寸进行支垫,并用托线板靠吊垂直。

③钢门窗就位时应保证钢门窗上框距过梁要有 20 mm 缝隙,框左右缝宽一致,距外墙皮尺寸符合图纸要求。

2)钢门窗固定。

①钢门窗就位后,应校正其水平和正、侧面垂直,然后将上框铁脚与过梁预埋件焊牢,将框两侧铁脚插入预留孔内,用水把预留孔内湿润,用 1∶2 较硬的水泥砂浆或 C20 细石混凝土将其填实后抹平,在终凝前不得碰动框扇。

②三天后取出四周木楔,用 1∶2 水泥砂浆把框与墙之间的缝隙填实,与框同平面抹平。

③若为钢大门时,应将合页焊到墙中的预埋件上。每侧预埋件应当在同一垂直线上,两侧对应的预埋件必须在同一水平位置上。

(2)铝合金门窗安装。

1)安装前应逐樘检查、核对其规格、型号、形式、表面颜色等,应当符合设计要求。铝合金门窗安装应采用预留洞口的方法施工,不得采用边安装边砌口或先安装后砌口的方法施工。

2)对在搬运和堆放过程造成的质量问题,应经处理合格后,才可安装。

3)铝合金窗披水安装按施工图纸要求将披水固定在铝合金窗上,且要保证位置正确、安装牢固。

4)铝合金门窗的安装就位根据画好的门窗定位线,安装铝合金门窗框。并及时调整好门窗框的水平、垂直及对角线长度等符合质量标准,然后用木楔临时固定。

5)铝合金门窗的固定。

①当墙体上预埋有铁杆时,可直接把铝合金门窗的铁脚直接与墙体上的预埋铁件焊牢,焊接处需做防锈处理。

② 当墙体上没有预埋铁件时,可用金属膨胀螺栓或塑料膨胀螺栓将铝合金门窗的铁脚固定到墙上。

③当墙体上没有预埋铁件时,也可用电钻在墙上打 80 mm 深、直径为 6 mm 的孔,用 L 型 80 mm×50 mm 的直径 6 mm 钢筋。在长的一端黏涂 108 胶水泥浆,然后打入孔中。等 108 胶水泥浆终凝后,再将铝合金门窗的铁脚与埋置的直径 6 mm 钢筋焊牢。

2. 监理验收

(1)验收标准。

1)主控项目检验标准应符合表 6.15 的规定。

表 6.15 主控项目检验

序号	项目	合格质量标准	检验方法	检查数量
1	门窗质量	钢门窗的品种、类形、规格、尺寸、性能、开启方向、安装位置、连接方式及铝合金门窗的型材壁厚应符合设计要求。金属门窗的防腐处理及填嵌、密封处理应符合设计要求	观察;尺量检查;检查产品合格证书、性能检测报告、进场验收记录和复验报告;检查隐蔽工程验收记录	

续表 6.15

序号	项目	合格质量标准	检验方法	检查数量
2	框和副框安装及预埋件	钢门窗框和副框的安装必须牢固。预埋件的数量、位置、埋设方式、与框的连接方式必须符合设计要求	手扳检查;检查隐蔽工程验收记录	每个检验批应至少抽查5%,并不得少于3樘,不足3樘时应全数检查;高层建筑外窗,每个检验批应至少抽查10%,并不得少于6樘,不足6樘时应全数检查
3	门窗扇安装	钢门窗扇必须安装牢固,并应开关灵活、关闭严密,无倒翘。推拉门窗扇必须有防脱落措施	观察;开启和关闭检查;手扳检查	
4	配件质量及安装	钢门窗配件的型号、规格、数量应符合设计要求,安装应数量应符合设计要求,安装应满足使用要求	观察;开启和关闭检查;手扳检查	

2)一般项目检验标准应符合表6.16的规定。

表 6.16　一般项目检验

序号	项目	合格质量标准	检验方法	检查数量
1	表面质量	钢门窗表面应洁净、平整、光滑、色泽一致,无锈蚀。大面应无划痕、碰伤。漆膜或保护层应连续	观察	同主控项目
2	框与墙体间缝隙	钢门窗框与墙体之间的缝隙应填嵌饱满,并采用密封胶密封。密封胶表面应光滑、顺直,无裂纹	观察;轻敲门窗框检查;检查隐蔽工程验收记录	
3	扇密封胶条或毛毡密封条	钢门窗扇的橡胶密封条或毛毡密封条应安装完好,不得脱槽	观察;开启和关闭检查	

续表 6.16

序号	项目	合格质量标准	检验方法	检查数量
4	排水孔	有排水孔的钢门窗,排水孔应畅通,位置和数量应符合设计要求	观察	
5	留缝限值和允许偏差	金属门窗安装的留缝限值、允许偏差和检验方法应符合表6.17、9.18和表6.19的规定	见表6.17、9.18和表6.19	

3)允许偏差应符合表6.17的规定。

表6.17　钢门窗安装的留缝限值、允许偏差和检验方法

项次	项目		留缝限值/mm	允许偏差/mm	检验方法
1	门窗槽口宽度、高度	≤1 500 mm	—	2.5	用钢尺检查
		>1 500 mm	—	3.5	
2	门窗槽口对角线长度差	≤2 000 mm	—	5	用钢尺检查
		>2 000 mm	—	6	
3	门窗框的正、侧面垂直度		—	3	用1 m垂直检测尺检查
4	门窗横框的水平度		—	3	用1 m水平尺和塞尺检查
5	门窗横框标高		—	5	用钢尺检查
6	门窗竖向偏离中心		—	4	用钢尺检查
7	双层门窗内外框间距		—	5	用钢尺检查
8	门窗框、扇配合间隙		≤2	—	用塞尺检查
9	无下框时门扇与地面间留缝		4~8	—	用塞尺检查

注:表中允许偏差栏中所列数值,凡注明正负号的,表示《建筑装饰装修工程质量验收规范》(GB 50210—2001)对此偏差的不同方向有不同要求,应严格遵守。凡没有注明正负号的,即使其偏差可能具有方向性,但《建筑装饰装修工程质量验收规范》(GB 50210—2001)并未对这类偏差的方向性作出规定,故检查时对这些偏差可以不考虑方向性要求。

表 6.18　铝合金门窗安装的允许偏差和检验方法

项次	项目		允许偏差/mm	检验方法
1	门窗槽口宽度、高度	≤1 500 mm	1.5	用钢尺检查
		>1 500 mm	2	
2	门窗槽口对角线长度差	≤2 000 mm	3	用钢尺检查
		>2 000 mm	4	
3	门窗框的正、侧面垂直度		2.5	用垂直检测尺检查
4	门窗横框的水平度		2	用 1 m 水平尺和塞尺检查
5	门窗横框标高		5	用钢尺检查
6	门窗竖向偏离中心		5	用钢尺检查
7	双层门窗内外框间距		4	用钢尺检查
8	推拉门窗扇与框搭接量		1.5	用钢直尺检查

注：表中允许偏差栏中所列数值，凡注明正负号的，表示《建筑装饰装修工程质量验收规范》(GB 50210—2001)对此偏差的不同方向有不同要求，应严格遵守。凡没有注明正负号的，即使其偏差可能具有方向性，但是《建筑装饰装修工程质量验收规范》(GB 50210—2001)并未对这类偏差的方向性作出规定，故检查时对这些偏差可以不考虑方向性要求。

表 6.19　涂色镀锌钢板门窗安装的允许偏差和检验方法

项次	项目		允许偏差/mm	检验方法
1	门窗槽口宽度、高度	≤1 500 mm	2	用钢尺检查
		>1 500 mm	3	
2	门窗槽口对角线长度差	≤2 000 mm	4	用钢尺检查
		>2 000 mm	5	
3	门窗框的正、侧面垂直度		3	用垂直检测尺检查
4	门窗横框的水平度		3	用 1 m 水平尺和塞尺检查

续表 6.19

项次	项目	允许偏差/mm	检验方法
5	门窗横框标高	5	用钢尺检查
6	门窗竖向偏离中心	5	用钢尺检查
7	双层门窗内外框间距	4	用钢尺检查
8	推拉门窗扇与框搭接量	2	用钢直尺检查

注:①表中允许偏差栏中所列数值,凡注明正负号的,表示《建筑装饰装修工程质量验收规范》(GB 50210—2001)对此偏差的不同方向有不同要求,应严格遵守。凡没有注明正负号的,即使其偏差可能具有方向性,但《建筑装饰装修工程质量验收规范》(GB 50210—2001)并未对这类偏差的方向性作出规定,故检查时对这些偏差可以不考虑方向性要求。

②验收资料参照本章“木门窗制作与安装”部分。

◆塑料门窗安装

1. 监理巡视与检查

(1)在门窗的上框及边框上安装固定片,其安装应符合下列要求:

1)检查门窗框上下边的位置及其内外朝向,在确认无误后,安固定片。安装时应先采用直径为 φ3.2 的钻头钻孔,然后将十字槽盘端头自攻 M4×20 拧入,严禁直接锤击钉入。

2)固定片的位置应距门窗角、中竖框、中横框 150 ~ 200 mm,固定片之间的间距应不大于 600 mm。不得将固定片直接装在中横框、中竖框的挡头上。

(2)根据设计图纸及门窗扇的开启方向确定门窗框的安装位置,并把门窗框装入洞口,并使其上下框中线与洞口中线对齐。

塑料门窗安装时应采取防止门窗变形的措施。无下框平开门应使两边框的下脚低于地面标高线 30 mm。带下框的平开门或推拉门应使下框低于地面标高线 10 mm。然后将上框的一个固定片固定在墙体上,并应调整门框的水平度、垂直度和直角度,用木楔临时固定。当下框长度大于 0.9 m 时,其中间也应用木楔塞紧。

然后调整垂直度、水平度及直角度。

(3)当门窗与墙体固定时,应先固定上框后固定边框。

2. 监理验收

(1)验收标准。

1)主控项目检验标准应符合表6.20的规定。

表6.20 主控项目检验

序号	项目	合格质量标准	检验方法	检查数量
1	门窗质量	塑料门窗的品种、类形、规格、尺寸、开启方向、安装位置、连接方式及填嵌密封处理应符合设计要求,内衬增强型钢的壁厚及设置应符合国家现行产品标准的质量要求	观察;尺量检查;检查产品合格证书、性能检格证书、性能检收记录和复验报告;检查隐蔽工程验收记录	每个检验批应至少抽查5%,并不得少于3樘,不足3樘时应全数检查;高层建筑外窗,每个检验批应至少抽查10%,并不得少于6樘,不足6樘时应全数检查
2	框、扇安装	塑料门窗框、副框和扇的安装必须牢固。固定片或膨胀螺栓的数量与位置应正确,连接方式应符合设计要求。固定点应距窗角、中横框、中竖框150~200 mm,固定点间距应不大于600 mm	观察;手扳检查:检查隐蔽工程验收记录	
3	拼樘料与框连接	塑料门窗拼樘料内衬增强型钢的规格、壁厚必须符合设计要求,型钢应与型材内腔紧密吻合,其两端必须与洞口固定牢固。窗框必须与拼樘料连接紧密,固定点间距应不大于600 mm	观察;手扳检查;尺量检查;检查进场验收记录	
4	门窗扇安装	塑料门窗扇应开关灵活、关闭严密,无倒翘。推拉门窗扇必须有防脱落措施	观察;开启和关闭检查;手扳检查	

续表 6.20

序号	项目	合格质量标准	检验方法	检查数量
5	配件质量及安装	塑料门窗配件的型号、规格、数量应符合设计要求,安装应牢固,位置应正确,功能应满足使用要求	观察;手扳检查;尺量检查	
6	框与墙体缝	塑料门窗框与墙体间缝隙应采用闭孔弹性材料填嵌饱满,表面应采用密封胶密封。密封胶应黏结牢固,表面应光滑、顺直、无裂纹	观察;检查隐蔽工程验收记录	

2)一般项目检验标准应符合表 6.21 的规定。

表 6.21　一般项目检验

序号	项目	合格质量标准	检验方法	检查数量
1	表面质量	塑料门窗表面应洁净、平整、光滑,大面应无划痕、碰伤	观察	同主控项目
2	密封条及旋转门窗间隙	塑料门窗扇的密封条不得脱槽。旋转窗间隙应基本均匀		
3	门窗扇开关力	塑料门窗扇的开关力应符合下列规定: 1)平开门窗扇平铰链的开关力应不大于 80 N;滑撑铰链的开关力应不大于 80 N,并不小于 30 N 2)推拉门窗扇的开关力应不大于 100 N	观察;用弹簧秤检查	
4	玻璃密封条、玻璃槽口	玻璃密封条与玻璃及玻璃槽口的接缝应平整,不得卷边、脱槽	观察	

续表 6.21

序号	项目	合格质量标准	检验方法	检查数量
5	排水孔	排水孔应畅通,位置和数量应符合设计要求		
6	安装允许偏差	塑料门窗安装的允许偏差和检验方法应符合表 6.22 的规定	见表 6.22	

3)允许偏差应符合表 6.22 的规定。

表 6.22　塑料门窗安装的允许偏差和检验方法

项次	项目		允许偏差/mm	检验方法
1	门窗槽口宽度、高度	≤1 500 mm	2	用钢尺检查
		>1 500 mm	3	
2	门窗槽口对角线长度差	≤2 000 mm	3	用钢尺检查
		>2 000 mm	5	
3	门窗框的正、侧面垂直度		3	用 1 m 垂直检测尺检查
4	门窗横框的水平度		3	用 1 m 水平尺和塞尺检查
5	门窗横框标高		5	用钢尺检查
6	门窗竖向偏离中心		5	用钢直尺检查
7	双层门窗内外框间距		4	用钢尺检查
8	同樘平开门窗相邻扇高度差		2	用钢直尺检查
9	平开门窗铰链部位配合间隙		+2;-1	用塞尺检查
10	推拉门窗扇与框搭接量		+1.5;-2.5	用钢直尺检查
11	推拉门窗扇与竖框平行度		2	用 1 m 水平尺和塞尺检查

(2)验收资料参照本章“木门窗制作与安装”部分。

◆特种门安装

1. 监理巡视与检查

(1)防火、防盗门安装。

1)立门框。先拆掉门框下部的固定板,凡框内高度比门扇的高度大于 30 mm 者,洞口两侧地面须设留凹槽。门框通常埋入

±0.00标高以下 20 mm,需保证框口上下尺寸相同,允许误差<1.5 mm,对角线允许误差<2 mm。

2)安装门扇附件。门框周边缝隙,用 1∶2 的水泥砂浆或强度不低于 10 MPa 的细石混凝土嵌缝牢固,应保证与墙体结成整体;经养护凝固后,再粉刷洞口及墙体。

3)粉刷完成后,应安装门窗、五金配件及有关防火、防盗装置。门扇关闭后,门缝应均匀平整,开启自由轻便,不得有过紧、过松和反弹现象。

(2)自动门安装。

1)地面轨道安装。铝合金自动门与全玻璃自动门地面上装有导向性下轨道。异形钢管自动门无下轨道。在自动门安装时,撬出预埋方木条便可埋设下轨道,下轨道长度为开启门宽的 2 倍。

2)安装横梁。将 18 号槽钢放置在已预埋铁的门柱处,校平、吊直,注意与下面轨道的位置关系,然后电焊牢固。

3)固定机箱。将厂方生产的机箱仔细固定在横梁上。

4)安装门扇。安装门窗,使门扇滑动平稳、润滑。

5)调试。接通电源,调整微波传感器和控制箱,使其达到最佳工作状态。一旦调整正常后,不得任意变动各种旋转位置,以免出现故障。

(3)全玻璃门安装。

1)裁割玻璃。厚玻璃的安装尺寸,应从安装位置的底部、中部和顶部进行测量,选择最小尺寸为玻璃板宽度的切割尺寸。若在上、中、下测得的尺寸一致,其玻璃宽度的裁割应比实测尺寸小 3 ~ 5 mm。玻璃板的高度方向裁割,应小于实测尺寸的 3 ~ 5 mm。玻璃板裁割后,应当将其四周作倒角处理,倒角宽度为 2 mm,若在现场自行倒角,应手握细砂轮块作缓慢细磨操作,防止崩边崩角。

2)安装玻璃板。先用玻璃吸盘将玻璃板吸紧,然后进行玻璃就位。先把玻璃板上边插入门框地部的限位槽内,然后将其下边安放于木底托上的不锈钢包面对口缝内。

3)门扇固定。进行门扇定位安装。先将门框横梁上的定位销本身的调节螺钉调出横梁平面 1～2 mm，再将玻璃门扇竖起来，把门扇下横档内的转动销连接件的孔位对准地弹簧的转动销轴，并转动门扇将孔位套入销轴上。然后把门扇转动 90°使之与门框横梁成直角，把门扇上横档中的转动连接件的孔对准门框横梁上的定位销，将定位销插入孔内 15 mm 左右（调动定位销上的调节螺钉）。

4）安装拉手。全玻璃门扇上的拉手孔洞，通常是事先订购时就加工好的，拉手连接部分插入孔洞时不能很紧，应有松动。安装前在拉手插入玻璃的部分涂少许玻璃胶；若插入过松，可在插入部分裹上软质胶带。拉手组装时，其根部与玻璃贴紧后再拧紧固定螺钉。

2. 监理验收

（1）验收标准。

1）主控项目检验标准应符合表 6.23 的规定。

表 6.23　主控项目检验

序号	项目	合格质量标准	检验方法	检查数量
1	门质量和性能	特种门的质量和各项性能应符合设计要求	检查生产许可证、产品合格证书和性能检测报告	每个检验批应至少抽查 5%，并不得少于 10 樘，不足 10 樘时应全数检查
2	门品种规格、方向位置	特种门的品种、类形、规格、尺寸、开启方向、安装位置及防腐处理应符合设计要求	观察；尺量检查；检查进场验收记录和隐蔽工程验收记录	
3	机械、自动和智能化装置	带有机械装置、自动装置或智能化装置的特种门，其机械装置、自动装置或智能化装置的功能应符合设计要求和有关标准的规定	启动机械装置、自动装置或智能化装置，观察	

续表 6.23

序号	项目	合格质量标准	检验方法	检查数量
4	安装及预埋件	特种门的安装必须牢固。预埋件的数量、位置、埋设方式、与框的连接方式必须符合设计要求	观察；手扳检查；检查隐蔽工程验收记录	
5	配件、安装及功能	特种门的配件应齐全，位置应正确，安装应牢固，功能应满足使用要求和特种门的各项性能要求	观察；手扳检查；检查产品合格证书、性能检测报告和进场验收记录	

2）一般项目检验标准应符合表 6.24 的规定。

表 6.24　一般项目检验

序号	项目	合格质量标准	检验方法	检查数量
1	表面装饰	特种门的表面装饰应符合设计要求	观察	每个检验批应至少抽查5%，并不得少于10樘，不足10樘时应全数检查
2	表面质量	特种门的表面应洁净，无划痕、碰伤		
3	推拉自动门留缝限值及允许偏差	推拉自动门安装的留缝限值、允许偏差和检验方法应符合表 6.25 的规定	见表 6.25	
4	推拉自动门感应时间限值	推拉自动门的感应时间限值和检验方法应符合《建筑装饰装修工程质量验收规范》（GB 50210—2001）表 5.5.10 的规定	见表《建筑装饰装修工程质量验收规范》（GB 50210—2001）表 5.5.10	
5	旋转门安装允许偏差	旋转门安装的允许偏差和检验方法应符合表 6.26 的规定	见表 6.26	

3）允许偏差应符合表 6.25 的规定。

表6.25　推拉自动门安装的留缝限值、允许偏差和检验方法

项次	项目		留缝限值/mm	允许偏差/mm	检验方法
1	门槽口宽度、高度	≤1 500 mm	—	1.5	用钢尺检查
		>1 500 mm	—	2	
2	门槽口对角线长度差	≤2 000 mm	—	2	用钢尺检查
		>2 000 mm	—	2.5	
3	门框的正、侧面垂直度		—	1	用1 m水平尺和塞尺检查
4	门构件装配间隙		—	0.3	用塞尺检查
5	门梁导轨水平度		—	1	用1 m水平尺和塞尺检查
6	下导轨与门梁导轨平行度		—	1.5	用钢尺检查
7	门扇与侧框间留缝		1.2~1.8	—	用塞尺检查
8	门扇对口缝		1.2~1.8	—	用塞尺检查

注:表中允许偏差栏中所列数值,凡注明正负号的,表示《建筑装饰装修工程质量验收规范》(GB 50210—2001)对此偏差的不同方向有不同要求,应严格遵守。凡没有注明正负号的,即使其偏差可能具有方向性,但《建筑装饰装修工程质量验收规范》(GB 50210—2001)并未对这类偏差的方向性作出规定,故检查时对这些偏差可以不考虑方向性要求。

表6.26　推拉自动门的感应时间限值和检验方法

项次	项目	感应时间限值/s	检验方法
1	开门响应时间	≤0.5	用秒表检查
2	堵门保护延时	16~20	用秒表检查
3	门扇全开启后保持时间	13~17	用秒表检查

表6.27　旋转门安装的允许偏差和检验方法

项次	项目	允许偏差/mm		检验方法
		金属框架玻璃旋转门	木质旋转门	
1	门扇正、侧面垂直度	1.5	1.5	用1 m垂直检测尺检查
2	门扇对角线长度差	1.5	1.5	用钢尺检查

续表 6.27

项次	项目	允许偏差/mm		检验方法
		金属框架玻璃旋转门	木质旋转门	
3	相邻扇高度差	1	1	用钢尺检查
4	扇与圆弧边留缝	1.5	2	用塞尺检查
5	扇与上顶间留缝	2	2.5	用塞尺检查
6	扇与地面间留缝	2	2.5	用塞尺检查

注:表中允许偏差栏中所列数值,凡注明正负号的,表示《建筑装饰装修工程质量验收规范》(GB 50210—2001)对此偏差的不同方向有不同要求,应严格遵守。凡没有注明正负号的,即使其偏差可能具有方向性,但《建筑装饰装修工程质量验收规范》(GB 50210—2001)并未对这类偏差的方向性作出规定,故检查时对这些偏差可以不考虑方向性要求。

(2)验收资料参照本章“木门窗制作与安装”部分。

◆门窗玻璃安装

1.监理巡视与检查

(1)门窗玻璃安装顺序。通常先安外门窗,后安内门窗,先西北后东南的顺序安装;若因工期要求或劳动力允许,也可同时进行安装。

(2)玻璃安装前应清理裁口。先在玻璃底面与裁口之间,沿裁口的全长均匀涂抹 1~3 mm 厚的底油灰,接着把玻璃推铺平整、压实,然后收净底油灰。

(3)木门窗固定扇(死扇)玻璃安装,应当先用扁铲将木压条撬出,同时退出压条上小钉,并将裁口处抹上底油灰,把玻璃推铺平整,然后嵌好四边木压条将钉子钉牢,底灰修好、刮净。

(4)钢门窗安装玻璃,应当将玻璃装进框口内轻压使玻璃与底油灰黏住,然后沿裁口玻璃边外侧装上钢丝卡,钢丝卡要卡住玻璃,其集纳局不得大于 300 mm,且框口每边至少有两个。经检查玻璃无松动时,再沿裁口全长抹油灰,油灰应抹成斜坡,表面抹光平。若框口玻璃采用压条固定时,则不抹底油灰,先将橡胶垫嵌入裁口内,装上玻璃,随即装压条用螺丝钉固定。

(5)安装斜天窗的玻璃,若设计没有要求时,应采用夹丝玻璃,并应从顺留方向盖叠安装。盖叠安装搭接长度取决于天窗的坡度,当坡度为1/4或大于1/4时,不小于30 m;坡度小于1/4时,不小于50 mm,盖叠处应用钢丝卡固定,并在缝隙中用密封膏嵌填密实;若用平板或浮法玻璃时,要在玻璃下面加设一层镀锌铅丝网。

(6)安装窗中玻璃,按开启方向确定定位垫块宽度应大于玻璃的厚度,长度不应小于25 mm,并应按设计要求。

(7)铝合金框扇安装玻璃,在安装前,应清除铝合金框的槽口内所有灰渣、杂物等,畅通排水孔。在框口下边槽口放入橡胶垫块,以免玻璃直接与铝合金框接触。

(8)玻璃安装后应进行清理,将油灰、钉子、钢丝卡及木压条等随即清理干净,关好门窗。

2. 监理验收

(1)验收标准。

1)主控项目检验标准应符合表6.28的规定。

表6.28 主控项目检验

序号	项目	合格质量标准	检验方法	检查数量
1	玻璃质量	玻璃的品种、规格、尺寸、色彩、图案和涂膜朝向应符合设计要求。单块玻璃大于1.5 m^2时应使用安全玻璃	观察;检查产品合格证书、性能检测报告和进场验收记录	每个检验批应至少抽查5%,并不得少于3樘不足3樘时应全数检查;高层建筑的外窗,每个检验批应至少抽查10%,并不得少于6樘,不足6樘时应全数检查
2	玻璃裁割与安装质量	门窗玻璃裁割尺寸应正确。安装后的玻璃应牢固,不得有裂纹、损伤和松动	观察;轻敲检查	
3	安装方法、钉子或钢丝卡	玻璃的安装方法应符合设计要求。固定玻璃的钉子或钢丝卡的数量、规格应保证玻璃安装牢固	观察;检查施工记录	

续表 6.28

序号	项目	合格质量标准	检验方法	检查数量
4	木压条	镶钉木压条接触玻璃处，应与裁口边缘平齐。木压条应互相紧密连接，并与裁口边缘紧贴，割角应整齐	观察	每个检验批应至少抽查5%，并不得少于3樘不足3樘时应全数检查；高层建筑的外窗，每个检验批应至少抽查10%，并不得少于6樘，不足6樘时应全数检查
5	密封条	密封条与玻璃、玻璃槽口的接触应紧密、平整。密封胶与玻璃、玻璃槽口的边缘应黏结牢固、接缝平齐	观察；尺量检查	
6	带密封条的玻璃压条	带密封条的玻璃压条，其密封条必须与玻璃全部贴紧，压条与型材之间应无明显缝隙，压条接缝应不大于0.5 mm		

2）一般项目检验标准应符合表6.29的规定。

表 6.29　一般项目检验

序号	项目	合格质量标准	检验方法	检查数量
1	玻璃表面	玻璃表面应洁净，不得有腻子、密封胶、涂料等污渍。中空玻璃内外表面均应洁净，玻璃中空层内不得有灰尘和水蒸气	观察	同主控项目
2	玻璃安装方向	门窗玻璃不应直接接触型材。单面镀膜玻璃的镀膜层及磨砂玻璃的磨砂面应朝向室内。中空玻璃的单面镀膜玻璃应在最外层，镀膜层应朝向室内	观察	
3	腻子	腻子应填抹饱满、黏结牢固；腻子边缘与裁口应平齐。固定玻璃的卡子不应在腻子表面显露	观察	

(2)验收资料。

1)门窗工程的施工图、设计说明及其他设计文件。

2)材料的产品合格证书、性能检测报告、进场验收记录及复验报告。

3)隐蔽工程验收记录。

4)施工记录。

相关知识

◆一般规定

(1)门窗工程在验收时应检查下列文件和记录:

1)门窗工程的施工图、设计说明及其他设计文件。

2)材料的产品合格证书、性能检测报告、进场验收记录和复验报告。

3)特种门及其附件的生产许可文件。

4)隐蔽工程验收记录,施工记录。

(2)门窗工程应对下列材料及其性能指标进行复验:

1)人造木板的甲醛含量。

2)建筑外墙金属窗、塑料窗的抗风性能、空气渗透性能和雨水渗漏性能。

(3)门窗工程应对下列隐蔽工程项目进行验收:

1)预埋件和锚固件。

2)隐蔽部位的防腐、填嵌处理。

(4)各分项工程的检验批应按下列规定划分:

1)同一品种、类型和规格的木门窗、金属门窗、塑料门窗及门窗玻璃每100樘应划分为一个检验批,不足100樘也应划分为一个检验批。

2)同一品种、类型和规格的特种门每50樘应划分为一个检验批,不足50樘也应划分为一个检验批。

门窗品种通常是指门窗的制作材料,例如实木门窗、铝合金门窗、塑料门窗等;门窗类型是指门窗的功能或开启方式,例如平开窗、立转窗、自动门,推拉门等;门窗规格指门窗的尺寸。

(5)检查数量应符合下列规定:

1)木门窗、金属门窗、塑料门窗及门窗玻璃,每个检验批应至少抽查5%,并不得少于3樘,不足3樘时应全数检查。高层建筑的外窗,每个检验批应至少抽查10%,并不得少于6樘,不足6樘时应全数检查。

2)特种门每个检验批应至少抽查50%,并不得少于10樘,不足10樘时应全数检查。

对各种检验批的检查数量作出规定。对于高层建筑(10层及10层以上的居住建筑和建筑高度超过24 m的公共建筑)的外窗各项性能要求比较严格,所以每个检验批的检查数量增加一倍。此外,由于特种门的重要性明显高于普通门,数量则较之普通门为少,为了保证物种门的功能,规定每个检验批抽样检查的数量应比普通门加大。

(6)门窗安装前应对门窗洞口尺寸进行检验。在安装门窗前应对门窗洞口尺寸进行检查,除检查单个门窗洞口尺寸外,还应对能够通视的成排或成列的门窗洞口进行目测或拉通线检查。若发现明显偏差,应向有关管理人员反映,采取处理措施后再安装门窗。

(7)金属门窗与塑料门窗安装应采用预留洞口的方法施工,不得采用边安装边砌口或先安装后砌口的方法施工。安装金属门窗与塑料门窗,我国规范历来规定应采用预留洞口的方法施工,不得采用边安装边砌口或先安装后砌口的方法施工,其原因主要是防止门窗框受挤压变形和表面保护层受损。木门窗安装也宜采用预留洞口的广泛施工。若采用先安装后砌口的方法施工时,则应注意避免门窗框在施工中受损、受挤压变形或受到污染。

(8)木门窗与砖石砌体、混凝土或抹灰层接触处应进行防腐处理并应设置防潮层,埋入砌体或混凝土中的木砖应进行防腐处理。

(9)当金属窗或塑料窗组合时,其拼樘料的尺寸、规格、壁厚应符合设计要求。组合门窗拼樘料不仅能够起连接作用，而且是组合窗的重要受力部件，所以对其材料应严格要求，其规格、尺寸、壁厚等应由设计给出，并应使组合窗能够承受该地区的瞬时风压值。

(10)建筑外门窗的安装应当牢固。在砌体上安装门窗严禁用射钉固定。门窗安装是否牢固既影响使用功能又影响安全，其重要性尤其以外墙门窗更为显著。所以本条规定，建筑外墙门窗应当确保安装牢固，并将此条列为强制性条文。内墙门窗安装也必须牢固，本节将内墙门窗安装牢固的要求列入主控项目而非强制性条文。考虑到砌体中砖、砌块以及灰缝的强度较低，受冲击容易破碎，所以规定在砌体上安装门窗时严禁用射钉固定。

(11)特种门安装除应符合设计要求和本节规定外，还应符合有关专业标准和主管部门的规定。

第3节　吊顶工程质量监理

要　点

监理员应掌握暗龙骨吊顶工程和明龙骨吊顶工程的质量监理。

解　释

◆暗龙骨吊顶工程

1. 监理巡视与检查

(1)在施工前应按设计要求对房间的净高、洞口标高和吊顶内的管道、设备及其支架的标高进行交接检验。

(2)吊顶龙骨应当平整、牢固。利用吊杆或吊筋螺栓调整拱度。在安装龙骨时应严格按放线的水平标准线和规方线组装周边骨架。受力节点应装订严密、牢固，保证龙骨的整体刚度。龙骨的尺寸应符合设计要求,纵横拱度均匀,互相适应。吊顶龙骨严禁有硬弯,若有必须调直再进行固定。

(3)吊顶面层应当平整。在施工前应弹线,中间按平线起拱。长龙骨的接长应采用对接;相邻龙骨接头要错开,避免主龙骨向边倾斜。

(4)在施工中,吊顶工程应做好各项施工记录,收集好各种有关文件。

(5)大于3 kg重型灯具、电扇及其他重型设备严禁安装在吊顶工程的龙骨上。

2. 监理验收

(1)验收标准。

1)主控项目检验标准应符合表6.30的规定。

表6.30 主控项目检验

序号	项目	合格质量标准	检验方法	检查数量
1	标高、尺寸、起拱、造型	吊顶标高、尺寸、起拱和造型应符合设计要求	观察;尺量检查	每个检验批应至少抽查10%,并不得少于3间,不足3间时应全数检查
2	饰面材料	饰面材料的材质、品种、规格、图案和颜色应符合设计要求	观察;检查产品合格证书、性能检测报告、进场验收记录和复验报告	每个检验批应至少抽查10%,并不得少于3间,不足3间时应全数检查
3	吊杆、龙骨、饰面材料安装	暗龙骨吊顶工程的吊杆、龙骨和饰面材料的安装必须牢固	观察;手扳检查;检查隐蔽工程验收记录和施工记录	

续表 6.30

序号	项目	合格质量标准	检验方法	检查数量
4	吊杆、龙骨材质	吊杆、龙骨的材质、规格、安装间距及连接方式应符合设计要求。金属吊杆、龙骨应经过表面防腐处理；木吊杆、龙骨应进行防腐、防火处理	观察；尺量检查；检查产品合格证书、性能检测报告、进场验收记录和隐蔽工程验收记录	每个检验批应至少抽查 10%，并不得少于 3 间，不足 3 间时应全数检查
5	石膏板接缝	石膏板的接缝应按其施工工艺标准进行板缝防裂处理。安装双层石膏板时，面层板与基层板的接缝应错开，并不得在同一根龙骨上接缝	观察	

2)一般项目检验标准应符合表 6.31 的规定。

表 6.31　一般项目检验

序号	项目	合格质量标准	检验方法	检查数量
1	材料表面质量	饰面材料表面应洁净、色泽一致，不得有翘曲、裂缝及缺损。压条应平直、宽窄一致	观察；尺量检查	同主控项目
2	灯具等设备	饰面板上的灯具、烟感器、喷淋头、风口篦子等设备的位置应合理、美观，与饰面板的交接应吻合、严密	观察	
3	龙骨、吊杆接缝	金属吊杆、龙骨的接缝应均匀一致，角缝应吻合，表面应平整，无翘曲、锤印。木质吊杆、龙骨应顺直，无劈裂、变形	检查隐蔽工程验收记录和施工记录	

续表 6.31

序号	项目	合格质量标准	检验方法	检查数量
4	填充材料	吊顶内填充吸声材料的品种和铺设厚度应符合设计要求,并应有防散落措施	检查隐蔽工程验收记录和施工记录	
5	允许偏差	暗龙骨吊顶工程安装的允许偏差和检验方法应符合表6.32的规定	见表6.32	

3)允许偏差应符合表6.32的规定。

表6.32　暗龙骨吊顶工程安装的允许偏差和检验方法

项次	项目	允许偏差/mm				检验方法
		纸面石膏板	金属板	矿棉板	木板、塑料板、格栅	
1	表面平整度	3	2	2	2	用2 m靠尺和塞尺检查
2	接缝直线度	3	1.5	3	3	拉5 m线,不足5 m拉通线,用钢直尺检查
3	接缝高低差	1	1	1.5	1	用钢直尺和塞尺检查

(2)验收资料。

1)吊顶工程的施工图、设计说明及其他设计文件。

2)材料的产品合格证书、性能检测报告、进场验收记录及复验报告。

3)隐蔽工程验收记录。

4)施工记录。

◆明龙骨吊顶工程

1. 监理巡视与检查

(1)轻钢骨架及罩面板在安装时,应注意保护顶棚内各种管线。轻钢骨架的吊杆、龙骨不准固定在通风管道及其他设备上。

(2)施工顶棚部位已安装的门窗,已施工完毕的地面、墙面及窗台等应注意保护,防止污损。

(3)接缝应平直板块装饰前应严格控制其角度和周边的规整性,尺寸应一致。安装时应拉通线找直,并按拼缝中心线,排放饰面板,排列必须保持整齐。在安装时,应沿中心线和边线进行,并保持接缝均匀一致。压条应沿装订线钉装,并应平顺光滑,线条整齐,接缝密合。

(4)大于3 kg的重型灯具、电扇及其他重型设备严禁安装在吊顶工程的龙骨上。

2. 监理验收

(1)验收标准。

1)主控项目检验标准应符合表6.33的规定。

表6.33 主控项目检验

序号	项目	合格质量标准	检验方法	检查数量
1	吊杆标高起拱及造型	吊顶标高、尺寸、起拱和造型应符合设计要求	观察;尺量检查	每个检验批应至少抽查10%,并不得少于3间,不足3间时应全数检查
2	饰面材料	饰面材料的材质、品种、规格、图案和颜色应符合设计要求。当饰面材料为玻璃板时,应使用安全玻璃或采取可靠的安全措施	观察;检查产品合格证书、性能检测报告、进场验收记录	

续表 6.33

序号	项目	合格质量标准	检验方法	检查数量
3	饰面材料安装	饰面材料的安装应稳固严饰面材料的安装应稳固严宽度应大于龙骨受力面宽度的2/3	观察;手扳检查;尺量检查	每个检验批应至少抽查10%,并不得少于3间,不足3间时应全数检查
4	吊杆、龙骨材质	吊杆、龙骨的材质、规格、安装间距及连接方式应符合设计要求。金属吊杆、龙骨应经过表面防腐处理;木吊杆、龙骨应进行防腐、防火处理	观察;尺量检查;检查产品合格证书、进场验收记录和隐蔽工程验收记录	
5	吊杆、龙骨安装	明龙骨吊顶工程的吊杆和龙骨安装必须牢固	手扳检查;检查隐蔽工程验收记录和施工记录	

2)一般项目检验标准应符合表6.34的规定。

表 6.34　一般项目检验

序号	项目	合格质量标准	检验方法	检查数量
1	饰面材料表面质量	饰面材料表面应洁净、色泽一致,不得有翘曲、裂缝及缺损。饰面板与明龙骨的搭接应平整、吻合,压条应平直、宽窄一致	观察;尺量检查	同主控项目
2	灯具等设备	饰面板上的灯具、烟感器、喷淋头、风口篦子等设备的位置应合理、美观,与饰面板的交接应吻合、严密	观察	
3	龙骨接缝	金属龙骨的接缝应平整、吻合、颜色一致,不得有划伤、擦伤等表面缺色一致,不得有划伤、擦伤等表面缺	观察	

续表 6.34

序号	项目	合格质量标准	检验方法	检查数量
4	填充材料	吊顶内填充吸声材料的品种和铺设厚度应符合设计要求,并应有防散落措施	检查隐蔽工程验收记录和施工记录	同主控项目
5	允许偏差	明龙骨吊顶工程安装的允许偏差和检验方法应符合表 6.35 的规定	见表 6.35	

3)允许偏差应符合表 6.35 的规定。

表 6.35　明龙骨吊顶工程安装的允许偏差和检验方法

项次	项目	允许偏差/mm				检验方法
		石膏板	金属板	矿棉板	塑料板、玻璃板	
1	表面平整度	3	2	3	2	用 2 m 靠尺和塞尺检查
2	接缝直线度	3	2	3	3	拉 5 m 线,不足 5 m 拉通线,用钢直尺检查
3	接缝高低差	1	1	2	1	用钢直尺和塞尺检查

(2)验收资料参照本章“暗龙骨吊顶工程”部分。

相关知识

◆建筑结构吊装

结构吊装主要是指使用起重机械将预制构件或构件组合单元安放到设计位置上去的工艺过程。起重机械是建筑施工中广泛采用的起重设备,它的合理选择与使用,对于减轻劳动强度、提高劳动生产率、加速工程进度及降低工程造价起着十分重要的作用。起重机械按照其机械化程度的高低可以划分为机械化吊装设备与半机械化吊装设备两大类。常用的机械化吊装设备有履带式起重机、汽车式起重机、轮胎式起重机及塔式起重机等；半机械化吊装设备主要有独脚抱杆（桅杆）、人字扒杆、桅杆式起重机及缆索起重机等；按其起重杆的材质还可以划分为木起重杆（主要有独脚杆、人字杆和三角杆三类）和金属起重杆（又分为管式和结构式两类）。

第4节　轻质隔墙工程质量监理

要　点

轻质隔墙主要指非承重轻质内隔墙板，按其材料的不同可分为板材隔墙、骨架隔墙、活动力隔墙和玻璃隔墙，监理员应掌握这四种隔墙工程的质量监理。

解　释

◆板材隔墙

1. 监理巡视与检查

(1)弹线应当准确，经复验后才可进行下道工序。

(2)楼地面应凿毛，并清扫干净，用水湿润。

(3)安装条板应从门旁用整块板开始，收口处可根据需要随意锯开再拼装黏结，但不应放在门边。

(4)在安装前，在条板的顶面和侧面涂满108胶水泥砂浆，先推紧侧面，再顶牢顶面，在条板下两侧各1/3处垫两组木楔，并用靠尺检查，然后在下端浇筑硬性细石混凝土。

(5)在安装石膏空心条板时，为了防止其板底端吸水，可以先涂刷甲基硅醇钠溶液防潮涂料。

(6)用铝合金条板装饰墙面时，可以用螺钉直接固定在结构层上，也可以用锚固件悬挂或嵌卡的方法，将板固定在墙筋上。

2. 监理验收

(1)验收标准。

1)主控项目检验标准应符合表6.36的规定。

表6.36 主控项目检验

序号	项目	合格质量标准	检验方法	检查数量
1	板材质量	隔墙板材的品种、规格、性能、颜色应符合设计要求。有隔声、隔热、阻燃、防潮等特殊要求的工程,板材应有相应性能等级的检测报告	观察;检查产品合格证书、进场验收记录和性能检测报告	每个检验批应至少抽查10%,并不得少于3间;不足3间时应全数检查
2	预埋体、连接件	安装隔墙板材所需预埋件、连接件的位置、数量及连接方法应符合设计要求	观察;尺量检查;检查隐蔽工程验收记录	每个检验批应至少抽查10%,并不得少于3间;不足3间时应全数检查
3	安装质量	隔墙板材安装必须牢固。现制钢丝网水泥隔墙与周边墙体的连接方法应符合设计要求,并应连接牢固	观察;手扳检查	
4	接缝材料、方法	隔墙板材所用接缝材料的品种及接缝方法应符合设计要求	观察;检查产品合格证书和施工记录	

2)一般项目检验标准应符合表6.37的规定。

表6.37　一般项目检验

序号	项目	合格质量标准	检验方法	检查数量
1	安装位置	隔墙板材安装应垂直、平整、位置正确，板材不应有裂缝或缺损	观察；尺量检查	同主控项目
2	表面质量	板材隔墙表面应平整光滑、色泽一致、洁净，接缝应均匀、顺直	观察；手摸检查	
3	孔洞、槽、盒	隔墙上的孔洞、槽、盒应位置正确、套割方正、边缘整齐	观察	
4	允许偏差	板材隔墙安装的允许偏差和检验方法应符合表6.38的规定	见表6.38	

3）允许偏差应符合表6.38的规定。

表6.38　板材隔墙安装的允许偏差和检验方法

项次	项目	允许偏差/mm				检验方法
		复合轻质墙板		石膏空心板	钢丝网水泥板	
		金属夹芯板	其他复合板			
1	立面垂直度	2	3	3	3	用2 m垂直检测尺检查
2	表面平整度	2	3	3	3	用2 m靠尺和塞尺检查
3	阴阳角方正	3	3	3	4	用直角检测尺检查
4	接缝高低差	1	2	2	3	用钢直尺和塞尺检查

(2)验收资料。

1)轻质隔墙工程的施工图、设计说明及其他设计文件。

2)材料的产品合格证书、性能检测报告、进场验收记录及复验报告。

3)隐蔽工程验收记录。

4)施工记录。

◆骨架隔墙

1. 监理巡视与检查

(1)隔断龙骨安装。

1)当选用支撑卡系列龙骨时,应先将支撑卡安装在竖向龙骨的开口上,卡距为 400 ~ 600 mm,距龙骨两端的为 20 ~ 25 mm。

2)当选用通贯系列龙骨时,高度低于 3 m 的隔墙安装一道;3 ~ 5 m时安装两道;5 m 以上时安装三道。

3)门窗或特殊节点处应使用附加龙骨,加强其安装应符合设计要求。

4)隔断的下端如用木踢脚板覆盖,隔断的罩面板下端应离地面 20 ~ 30 mm;如用大理石、水磨石踢脚时,罩面板下端应与踢脚板上口齐平,接缝要严密。

(2)石膏板安装。

1)石膏板应采用自攻螺钉固定。周边螺钉的间距不应大于 200 mm,中间部分螺钉的间距不应大于 300 mm,螺钉与板边缘的距离应为 10 ~ 16 mm。

2)在安装石膏板时,应从板的中部开始向板的四边固定。钉头略埋入板内,但不得损坏纸面;钉眼应用石膏腻子抹平。

3)石膏板应按框格尺寸裁割准确;就位时应与框格靠紧,但不应强压。

4)隔墙端部的石膏板与周围的墙或柱应留有 3 mm 的槽口。在施铺罩面板时,应先在槽口处加注嵌缝膏,然后铺板并挤压嵌缝膏使面板与邻近表层接触紧密。

5)在丁字形或十字形相接处,若为阴角应用腻子嵌满,则贴上接缝带,若为阳角,则应做护角。

6)石膏板的接缝,通常应有 3 ~ 6 mm 缝,必须坡口与坡口相接。

(3)铝合金装饰条板安装用铝合金条板装饰墙面时,可用螺钉直接固定在结构层上,也可用锚固件悬挂或嵌卡的方法,将板固定在轻钢龙骨上,或将板固定在墙筋上。

(4)细部处理墙面安装胶合板时,阳角处应做护角,以防板边角损坏,阳角的处理应采用刨光起线的木质压条,以增加装饰。

2. 监理验收

(1)验收标准。

1)主控项目检验标准应符合表 6.39 的规定。

表 6.39　主控项目检验

序号	项目	合格质量标准	检验方法	检查数量
1	材料质量	骨架隔墙所用龙骨、配件、墙面板、填充材料及嵌缝材料的品种、规格、性能和木材的含水率应符合设计要求。有隔声、隔热、阻燃、防潮等特殊要求的工程,材料应有相应性能等级的检测报告	观察;检查产品合格证书、进场验收记录、性能检测报告和复验报告	每个检验批应至少抽查10%,并不得少于3间;不足3间时应全数检查
2	龙骨连接	骨架隔墙工程边框龙骨必须与基体结构连接牢固,并应平整、垂直、位置正确	手扳检查;尺量检查;检查隐蔽工程验收记录	
3	龙骨间距及构造连接	骨架隔墙中龙骨间距和构造连接方法应符合设计要求。骨架内设备管线的安装、门窗洞口等部位加强龙骨应安装牢固、位置正确,填充材料的设置应符合设计要求	检查隐蔽工程验收记录	
4	防火、防腐	木龙骨及木墙面板的防火和防腐处理必须符合设计要求	检查隐蔽工程验收记录	

续表 6.39

序号	项目	合格质量标准	检验方法	检查数量
5	墙面板安装	骨架隔墙的墙面板应安装牢固，无脱层、翘曲、折裂及缺损	观察；手扳检查	
6	墙面板接缝材料及方法	墙面板所用接缝材料的接缝方法应符合设计要求	观察	

2）一般项目检验标准应符合表6.40的规定。

表 6.40 一般项目检验

序号	项目	合格质量标准	检验方法	检查数量
1	表面质量	骨架隔墙表面应平整光滑、色泽一致、洁净、无裂缝，接缝应均匀、顺直	观察；手摸检查	同主控项目
2	孔洞、槽、盒要求	骨架隔墙上的孔洞、槽、盒应位置正确、套割吻合、边缘整齐	观察	
3	填充材料要求	骨架隔墙内的填充材料应干燥，填充应密实、均匀、无下坠	轻敲检查；检查隐蔽工程验收记录	
4	安装允许偏差	骨架隔墙安装的允许偏差和检验方法应符合表6.41的规定	见表6.41	

3）允许偏差应符合表6.41的规定。

表 6.41 骨架隔墙安装的允许偏差和检验方法

项次	项目	允许偏差/mm		检验方法
		纸面石膏板	人造木板、水泥纤维板	
1	立面垂直度	3	4	用2 m垂直检测尺检查
2	表面平整度	3	3	用2 m靠尺和塞尺检查
3	阴阳角方正	3	3	用直角检测尺检查

续表 6.41

项次	项目	允许偏差/mm		检验方法
		纸面石膏板	人造木板、水泥纤维板	
4	接缝直线度	—	3	拉 5 m 线,不足 5 m 拉通线,用钢直尺检查
5	压条直线度	—	3	拉 5 m 线,不足 5 m 拉通线,用钢直尺检查
6	接缝高低差	1	1	用钢直尺和塞尺检查

(2)验收资料参照本章“板材隔墙”部分。

◆活动力隔墙

1. 监理巡视与检查

(1)活动隔墙安装后应当能重复及动态使用,同时应当保证使用的安全性和灵活性。

(2)推拉式活动隔墙的轨道应当平直,在安装后,应该推拉平稳、灵活、无噪声,不得有弹跳卡阻现象。

(3)在施工过程中,应做好成品保护,防止已施工完的地面、隔墙受损。

2. 监理验收

(1)验收标准。

1)主控项目检验标准应符合表 6.42 的规定。

表 6.42　主控项目检验

序号	项目	合格质量标准	检验方法	检查数量
1	材料质量	活动隔墙所用墙板、配件等材料的品种、规格、性能和木材的含水率应符合设计要求。有阻燃、防潮等特性要求的工程,材料应有相应性能等级的检测报告	观察;检查产品合格证书、进场验收记录、性能检测报告和复验报告	

续表 6.42

序号	项目	合格质量标准	检验方法	检查数量
2	轨道安装	活动隔墙轨道必须与基体结构连接牢固,并应位置正确	尺量检查;手扳检查	每个检验批应至少抽查20%,并不得少于6间;不足6间时应全数检查
3	构配件安装	活动隔墙用于组装、推拉和制动的构配件必须安装牢固、位置正确,推拉必须安全、平稳、灵活	尺量检查;手扳检查;推拉检查	
4	制作方法、组合方式	活动隔墙制作方法、组合方式应符合设计要求	观察	

2)一般项目检验应符合表6.43的规定。

表6.43 一般项目检验

序号	项目	合格质量标准	检验方法	检查数量
1	表面质量	活动隔墙表面应色泽一致、平整光滑、洁净,线条应顺直、清晰	观察;手摸检查	同主控项目
2	孔洞、槽、盒要求	活动隔墙上的孔洞、槽、盒应位置正确、套割吻合、边缘整齐	观察;尺量检查	
3	隔墙推拉	活动隔墙推拉应无噪声	推拉检查	
4	安装允许偏差	活动隔墙安装的允许偏差和检验方法应符合表6.44的规定	见表6.44	

3)允许偏差应符合表6.44的规定。

表 6.44　活动隔墙安装的允许偏差和检验方法

项次	项目	允许偏差/mm	检验方法
1	立面垂直度	3	用 2 m 垂直检测尺检查
2	表面平整度	2	用 2 m 靠尺和塞尺检查
3	接缝直线度	3	拉 5 m 线,不足 5 m 拉通线,用钢直尺检查
4	接缝高低差	2	用钢直尺和塞尺检查
5	接缝宽度	2	用钢直尺检查

(2)验收资料参照本章“板材隔墙”部分。

◆玻璃隔墙

1. 监理巡视与检查

(1)玻璃隔墙的固定框通常有木框、金属框(例如角铁、槽钢等)、铝合金框或木框外包金属装饰板等。固定框的形式四周均有挡子组成的封闭框,或只有上下挡子的固定框(常用于无框玻璃门的玻璃隔墙中)。

(2)玻璃与固定框的结合不应太紧密,玻璃放入固定框时,应设置橡胶支撑垫块和定位块,支撑块的长度不得小于 50 mm,宽度应等于玻璃厚度加上前部余隙和后部余隙,厚度应等于边缘余隙。

(3)安装好的玻璃应平整、牢固,不得有松动现象;密封条与玻璃、玻璃槽口的接触应紧密、平整,且不得露在玻璃槽口外面。

(4)用橡胶垫镶嵌的玻璃,橡胶垫应与裁口、玻璃及压条紧贴,并不得露在压条外面;密封胶与玻璃、玻璃槽口的边缘应黏结牢固,接缝齐平。

(5)玻璃隔断安装完成后,应在玻璃单侧或双侧设置护栏或摆放花盆等装饰物,或在玻璃表面,距地面 1 500 ~ 1 700 mm 处设置醒目彩条或文字标志,从而避免人体直接冲击玻璃。

2. 监理验收

(1)验收标准。

1)主控项目检验标准应符合表 6.45 的规定。

表 6.45 主控项目检验

序号	项目	合格质量标准	检验方法	检查数量
1	材料质量	玻璃隔墙工程所用材料的品种、规格、性能、图案和颜色应符合设计要求。玻璃板隔墙应使用安全玻璃	观察;检查产品合格证书、进场验收记录和性能检测报告	每个检验批应至少抽查 20%,并不得少于 6 间;不足 6 间时应全数检查
2	砌筑或安装	玻璃砖隔墙的砌筑或玻璃板隔墙的安装方法应符合设计要求	观察	
3	砖隔墙拉结筋	玻璃砖厢墙砌筑中埋设的拉结筋必须与基体结构连接牢固,并应位置正确	手扳检查;尺量检查;检查隐蔽工程验收记录	
4	板隔墙安装	玻璃板隔墙的安装必须牢固。玻璃板隔墙胶垫的安装应正确	观察;手推检查;检查施工记录	

3)一般项目检验标准应符合表 6.46 的规定。

表 6.46 一般项目检验

序号	项目	合格质量标准	检验方法	检查数量
1	表面质量	玻璃隔墙表面应色泽一致、平整洁净、清晰美观	观察	同主控项目
2	接缝	玻璃隔墙接缝应横平竖直,玻璃应无裂痕、缺损和划痕	观察	
3	嵌缝及勾缝	玻璃板隔墙嵌缝及玻璃砖隔墙勾缝应密实平整、均匀顺直、深浅一致	观察	
4	安装允许偏差	玻璃隔墙安装的允许偏差和检验方法应符合表 6.47 的规定	见表 6.47	

表 6.47　玻璃隔墙安装的允许偏差和检验方法

项次	项目	允许偏差/mm		检验方法
		玻璃砖	玻璃板	
1	立面垂直度	3	2	用 2 m 垂直检测尺检查
2	表面平整度	3	—	用 2 m 靠尺和塞尺检查
3	阴阳角方正	—	2	用直角检测尺检查
4	接缝直线度	—	2	拉 5 m 线,不足 5 m 拉通线,用钢直尺检查
5	接缝高低差	3	2	用钢直尺和塞尺检查
6	接缝宽度	2	1	用钢直尺检查

(2)验收资料参照本章“板材隔墙”部分。

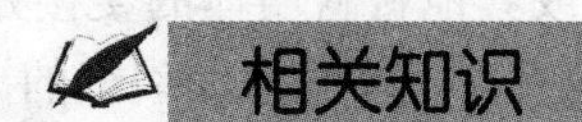

◆一般规定

轻质隔墙是指非承重轻质内隔墙。轻质隔墙工程所用材料的种类和隔墙的构造方法很多,本节将其归纳为板材隔墙、骨架隔墙、活动隔墙及玻璃隔墙四种类型。加气混凝土砌块、空心砌块及各种小型砌块,先进砌体类轻质隔墙不含在此范围内。

(1)轻质隔墙工程验收时应检查下列文件和记录:

1)轻质隔墙工程的施工图、设计说明及其他设计文件。

2)材料的产品合格证书、性能检测报告、进场验收记录和复验报告。

3)隐蔽工程验收记录。

4)施工记录。

(2)轻质隔墙施工要求对所使用人造木板的甲醛含量进行进场复验,其目的是避免对室内空气环境造成污染。

(3)轻质隔墙工程应对下列隐蔽工程项目进行验收:

1)骨架隔墙中设备管线的安装及水管试压。

2)木龙骨防火、防腐处理。

3)预埋件或拉结筋。

4)龙骨安装。

5)填充材料的设置。

本条规定了轻质隔墙工程中的隐蔽工程验收内容,其中设备管线安装的隐蔽工程验收属于设备专业施工配合的项目,要求在骨架隔墙封面板前,应对骨架中设备管线的安装进行隐蔽工程验收,隐蔽工程验收合格后才能封面板。

(4)各分项工程的检验批应按下列规定划分:同一品种的轻质隔墙工程每50间(大面积房间和走廊按轻质隔墙的墙面30 m^2 为一间)应划分为一个检验批,不足50间也应划分为一个检验批。

(5)轻质隔墙与顶棚和其他墙体的交接处应采取防开裂措施。轻质隔墙与顶棚或其他材料墙体的交接处容易出现裂缝,所以,要求轻质隔墙的这些部位要采取防裂缝的措施。

(6)民用建筑轻质隔墙工程的隔声性能应符合现行国家标准《民用建筑隔声设计规范》(GBJ 118—1988)的规定。

第5节　饰面工程质量监理

要　点

饰面工程就是利用饰面板、饰面砖等建筑装饰材料对建筑物的立面进行粘贴的工程。监理人员应掌握饰面板安装和饰面砖粘贴工程的质量监理。

解　释

◆饰面板安装

1.监理巡视与检查

(1)饰面板(砖)在搬运过程中应轻拿轻放,从而防止棱角损坏、板(砖)断裂,堆放时要竖直堆放,避免碰撞。

(2)光面、镜面饰面板在搬运时要光面(镜面)对光面(镜面),并衬好软纸,以避免损伤光面(镜面),大理石、花岗石不应采用易褪色的材料包装。

(3)饰面板所用锚固件及连接件通常用镀锌铁件或连接件作防腐处理。镜面和光面的大理石、花岗石饰面应用铜或不锈钢制品连接件。

(4)在砖墙墙面上采用干挂法施工时,饰面板应安装在金属骨架上,金属骨架通常采用镀锌角钢根据设计要求及饰面板尺寸加工制作,并与砖墙上的预埋铁焊牢。

(5)安装金属饰面板应自下而上。采用单面施工的钩形螺栓准确固定,螺栓的位置应横平竖直。在室外金属饰面板用螺钉拧到型钢或木龙骨上,在室内一般都将板条卡在特制的龙骨上。为了保证安装质量,在施工中应经常吊线检查。板间缝隙为10 ~20 mm,用橡胶条或密封胶弹性材料处理。

(6)金属饰面板安装完成后,要十分注意成品保护,不仅要用塑料薄膜覆盖保护,对易被划、碰的部位,应设安全栏杆保护。

(7)塑料贴面装饰板安装应符合下列要求:

1)应用细齿木工锯、用刨子加以修边,若需钉钉或拧螺钉时,应用钻从板正面钻孔。

2)厚度小于2 mm的塑料贴面装饰板,应当将其粘贴在胶合板、细木工板、纤维板等板材上,以增大幅面刚度、便于使用。

2. 监理验收

(1)验收标准。

1)主控项目检验标准应符合表6.48的规定。

表6.48 主控项目检验

序号	项目	合格质量标准	检验方法	检查数量
1	材料质量饰面板	饰面板的品种、规格、颜色和性能应符合设计要求,木龙骨、木饰面板和塑料饰面板的燃烧性能等级应符合设计要求	观察;检查产品合格证书、进场验收记录和性能检测报告	

续表 6.48

序号	项目	合格质量标准	检验方法	检查数量
2	孔、槽	饰面板孔、槽的数量、位置和尺寸应符合设计要求	检查进场验收记录和施工记录	室内每个检验批应至少抽查 10%，并不得少于 3 间；不足 3 间时应合数检查 室外每个检验批每 100 m^2 应至少抽查一处，每处不得小于 10 m^2
3	饰面板安装	饰面板安装工程的预埋件（或后置埋件）、连接件的数量、规格、位置、连接方法和防腐处理必须符合设计要求。后置埋件的现场拉拔强度必须符合设计要求。饰面板安装必须牢固	手扳检查；检查进场验收记录、现场拉拔检测报告、隐蔽工程验收记录和施工记录	

2）一般项目检验标准应符合表 6.49 的规定。

表 6.49　一般项目检验

序号	项目	合格质量标准	检验方法	检查数量
1	饰面板表面质量	饰面板表面应平整、洁净、色泽一致，无裂痕和缺损。石材表面应无泛碱等污染	观察	同主控项目
2	饰面板嵌缝	饰面板嵌缝应密实、平直，宽度和深度应符合设计要求，嵌填材料色泽应一致	观察；尺量检查	
3	湿作业施工	采用湿作业法施工的饰面板工程，石材应进行防碱背涂处理。饰面板与基体之间的灌注材料应饱满、密实	用小锤轻击检查；检查施工记录	
4	饰面板孔洞套割	饰面板上的孔洞应套割吻合，边缘应整齐	观察	
5	安装允许偏差	饰面板安装的允许偏差和检验方法应符合表 6.50 的规定	见表 6.50	

表 6.50　饰面板安装的允许偏差和检验方法

项次	项目	允许偏差/mm							检验方法
		石材			瓷板	木材	塑料	金属	
		光面	剁斧石	蘑菇石					
1	立面垂直度	2	3	3	2	1.5	2	2	用 2 m 垂直检测尺检查
2	表面平整度	2	3	—	1.5	1	3	3	用 2 m 靠尺和塞尺检查
3	阴阳角方正	2	4	4	2	1.5	3	3	用直角检测尺检查
4	接缝直线度	2	4	4	2	1	1	1	拉 5 m 线,不足 5 m 拉通线,用钢直尺检查
5	墙裙、勒脚上口直线度	2	3	3	2	2	2	2	拉 5 m 线,不足 5 m 拉通线,用钢直尺检查
6	接缝高低差	0.5	3	—	0.5	0.5	1	1	用钢直尺和塞尺检查
7	接缝宽度	1	2	2	1	1	1	1	用钢直尺检查

(2)验收资料。

1)饰面板(砖)工程的施工图、设计说明及其他设计文件。

2)材料的产品合格证书、性能检测报告、进场验收记录及复验报告。

3)后置埋件的现场拉拔检测报告。

4)外墙饰面砖样板件的黏结强度检测报告。

5)隐蔽工程验收记录。

6)施工记录。

◆饰面砖黏贴

1. 监理巡视与检查

(1)基层应潮湿,并涂抹 1∶3 水泥砂浆找平层。若在金属网上涂抹时,砂浆厚度为 15 ~20 mm。

(2)基层表面若有管线、灯具及卫生设备等突出物,周围的砖应用整砖套割吻合,不得用非整砖拼凑镶贴。

(3)粘贴室内面砖时通常由下往上逐层粘贴,从阳角起贴,先贴大面,后贴阴阳角,凹槽等难度较大的部位。每皮砖上口平齐成一线,竖缝应单边接墙上控制线齐直,砖缝应横平竖直。

(4)在粘贴室外面砖时,水平缝用嵌缝条控制(应根据设计要求排砖确定的缝宽做嵌缝木条)使用前木条应先捆扎后用水浸泡,以保证缝格均匀。施工中每次重复使用木条前均要及时消除余灰。

(5)饰面板(砖)工程的抗震缝、伸缩缝及沉降缝等部位的处理应保证缝的使用功能和饰面的完整性。

2. 监理验收

(1)验收标准。

1)主控项目检验标准应符合表6.51的规定。

表6.51 主控项目检验

序号	项目	合格质量标准	检验方法	检查数量
1	饰面砖质量	饰面砖的品种、规格、图案、颜色和性能应符合设计要求	观察;检查产品合格证书、进场验收记录、性能检测报告和复验报告	室内每个检验批应至少抽查10%,并不得少于3间;不足3间时应全数检查 室外每个检验批每100 m^2 应至少抽查一处,每处不得小于10 m^2
2	饰面砖粘贴材料	饰面砖粘贴工程的找平、防水、黏结和勾缝材料及施工方法应符合设计要求及国家现行产品标准和工程技术标准的规定	检查产品合格证书、复验报告和隐蔽工程验收记录	
3	饰面砖粘贴	饰面砖粘贴必须牢固	检查样板件黏结强度检测报告和施工记录	
4	满黏法施工	满黏法施工的饰面砖工程应无空鼓、裂缝	观察;用小锤轻击检查	

2)一般项目检验标准应符合表6.52的规定:

表 6.52　一般项目检验

序号	项目	合格质量标准	检验方法	检查数量
1	饰面砖表面质量	饰面砖表面应平整、洁净、色泽一致,无裂痕和缺损	观察	同主控项目
2	阴阳角及非整砖	阴阳角处搭接方式、非整砖使用部位应符合设计要求		
3	墙面突出物	墙面突出物周围的饰面砖应整砖套割吻合,边缘应整齐。墙裙、贴脸突出墙面的厚度应一致	观察;尺量检查	
4	饰面砖接缝、填嵌、宽深	饰面砖接缝应平直、光滑,填嵌应连续、密实;宽度和深度应符合设计要求		
5	滴水线	有排水要求的部位应做滴水线(槽)。滴水线(槽)应顺直,流水坡向应正确,坡度应符合设计要求	观察;用水平尺检查	
6	允许偏差	饰面砖粘贴的允许偏差和检验方法应符合表6.53的规定	见表6.53	

表 6.53　饰面砖粘贴的允许偏差和检验方法

项次	项目	允许偏差/mm		检验方法
		外墙面砖	内墙面砖	
1	立面垂直度	3	2	用2 m垂直检测尺检查
2	表面平整度	4	3	用2 m靠尺和塞尺检查
3	阴阳角方正	3	3	用直角检测尺检查
4	接缝直线度	3	2	拉5 m线,不足5 m拉通线,用钢直尺检查
5	接缝高低差	1	0.5	用钢直尺和塞尺检查
6	接缝宽度	1	1	用钢直尺检查

(2)验收资料参照本章“饰面板安装”部分。

相关知识

◆饰面工程对材料的质量要求

(1)大理石和花岗岩。大理石和花岗岩板材的质量应符合相关的规定。

(2)饰面砖与陶瓷锦砖。外墙釉面砖、无釉面砖,其表面应光滑质地坚固,尺寸、色泽一致,不得有暗痕和裂纹,吸水率不得大于10%。

陶瓷锦砖及玻璃锦砖应质地坚硬,边棱整齐,尺寸正确。锦砖的脱纸时间不得大于40 min。

(3)黏结剂与胶凝材料。主要黏结材料不得采用有机物,当采用专用胶黏剂粘贴面砖,其黏结强度不应小于0.6 MPa。

水泥应采用42.5以上等级的普通硅酸盐或矿渣硅酸盐水泥。若采用的是聚合物砂浆时,砂浆配合比应为1∶(1.2~1.5)(体积比),另加水泥用量3%的108胶,擦缝应用白水泥。

第6节　幕墙工程质量监理

要　点

监理员应掌握玻璃幕墙、金属幕墙和石材幕墙工程的质量监理。

解　释

◆玻璃幕墙

1. 监理巡视与检查

(1)玻璃与构件不得直接接触。每块玻璃下部应设不少于两块弹性定位垫块；垫块宽度同槽口，长度≥100 mm；玻璃两边嵌入量及空隙应符合设计要求。

(2)隐框、半隐框幕墙构件中板材与金属框之间硅酮结构密封胶的黏结宽度，应分别计算风荷载标准值和板材自重标准值作用下硅酮结构密封胶的黏结宽度，并应取其较大值，且不得小于7.0 mm。

(3)耐候硅酮密封胶的施工厚度应>3.5 mm，施工宽度不应小于施工厚度的2倍；较深的密封槽口底部应采用聚乙烯发泡材料填塞。

(4)硅酮结构密封胶应打注饱满，并应在温度为15～30 ℃、相对湿度为50%以上、洁净的室内进行；不得在现场墙上打注。

(5)玻璃幕墙的构件、玻璃及密封等应制定保护措施，不得发生碰撞变形、变色、污染和排水管堵塞等现象。黏附物应及时消除，清洁剂不得产生腐蚀和污染。

(6)幕墙的抗震缝、伸缩缝及沉降缝等部位的处理应保证缝的使用功能和饰面的完整性。

2. 监理验收

(1)验收标准。

1)主控项目检验标准应符合表6.54的规定。

表6.54 主控项目检验

序号	项目	合格质量标准	检验方法	检查数量
1	各种材料、构件、组件	玻璃幕墙工程所使用的各种材料、构件和组件的质量，应符合设计要求及国家现行产品标准和工程技术规范的规定	检查材料、构件、组件的产品合格证书、进场验收记录、性能检测报告和材料的复验报告	

续表 6.54

序号	项目	合格质量标准	检验方法	检查数量
2	造型和立面分格	玻璃幕墙的造型和立面分格应符合设计要求	观察;尺量检查	1)每个检验批每100 m^2 应至少抽查一处,每处不得小于10 m^2 2)对于异型或有特殊要求的幕墙工程,应根据幕墙的结构和工艺特点,由监理单位(或建设单位)和施工单位协商确定
3	玻璃	玻璃幕墙使用的玻璃应符合下列规定: 1)幕墙应使用安全玻璃,玻璃的品种、规格、颜色、光学性能及安装方向应符合设计要求 2)幕墙玻璃的厚度应不小于6.0 mm。全玻幕墙肋玻璃的厚度应不小于12 mm 3)幕墙的中空玻璃应采用双道密封。明框幕墙的中空玻璃应采用聚硫密封胶及丁基密封胶;隐框和半隐框幕墙的中空玻璃应采用硅酮结构密封胶及丁基密封胶;镀膜面应在中空玻璃的第2或第3面上 4)幕墙的夹层玻璃应采用聚乙烯醇缩丁醛(PVB)胶片干法加工合成的夹层玻璃。点支撑玻璃幕墙夹层玻璃的夹层胶片(PVB)厚度应不小于0.76 mm 5)钢化玻璃表面不得有损伤;8.0 mm以下的钢化玻璃应进行引爆处理 6)所有幕墙玻璃均应进行边缘处理		

续表 6.54

序号	项目	合格质量标准	检验方法	检查数量
4	与主体结构连接件	玻璃幕墙与主体结构连接的各种预埋件、连接件、紧固件必须安装牢固,其数量、规格、位置、连接方法和防腐处理应符合设计要求	观察;检查隐蔽工程验收记录和施工记录	1)每个检验批每 100 m^2 应至少抽查一处,每处不得小于10 m^2 2)对于异型或有特殊要求的幕墙工程,应根据幕墙的结构和工艺特点,由监理单位(或建设单位)和施工单位协商确定
5	螺栓防松及焊接连接	各种连接件、紧固件的螺栓应有防松动措施;焊接连接应符合设计要求和焊接规范的规定	观察;检查隐蔽工程验收记录和施工记录	
6	玻璃下端托条	隐框或半隐框玻璃幕墙,每块玻璃下端应设置两个铝合金或不锈钢托条,其长度应不小于100 mm,厚度应不小于2 mm,托条外端应低于玻璃外表面2 mm	观察;检查施工记录	
7	明框幕墙玻璃安装	明框玻璃幕墙的玻璃安装应符合下列规定: 1)玻璃槽口与玻璃的配合尺寸应符合设计要求和技术标准的规定 2)玻璃与构件不得直接接触,玻璃四周与构件凹槽底部应保持一定的空隙。每块玻璃下部应至少放置两块宽度与槽口宽度相同、长度不小于100 mm 的弹性定位垫块;玻璃两边嵌入量及空隙应符合设计要求 3)玻璃四周橡胶条的材质、型号应符合设计要求,镶嵌应平整,橡胶条长度应比边框内槽长1.5%~2.0%,橡胶条在转角处应斜面断开,并应用黏结剂黏结牢固后嵌入槽内		

续表 6.54

序号	项目	合格质量标准	检验方法	检查数量
8	超过4 m高全玻璃幕墙安装	高度超过 4 m 的全玻幕墙应吊挂在主体结构上,吊夹具应符合设计要求,玻璃与玻璃、玻璃与玻璃肋之间的缝隙,应采用硅酮结构密封胶填嵌严密	观察;检查隐蔽工程验收记录和施工记录	1)每个检验批每100 m^2 应至少抽查一处,每处不得小于10 m^2 2)对于异型或有特殊要求的幕墙工程,应根据幕墙的结构和工艺特点,由监理单位(或建设单位)和施工单位协商确定
9	点支撑幕墙安装	点支撑玻璃幕墙应采用带万向头的活动不锈钢爪,其钢爪间的中心距离应大于250 mm	观察;尺量检查	
10	细部	玻璃幕墙四周、玻璃幕墙内表面与主体结构之间的连接节点、各种变形缝、墙角的连接节点应符合设计要求和技术标准的规定	观察;检查隐蔽工程验收记录和施工记录	
11	幕墙防水	玻璃幕墙应无渗漏	在易渗漏部位进行淋水检查	
12	结构胶、密封胶打注	玻璃幕墙结构胶和密封胶的打注应饱满、密实、连续、均匀、无气泡,宽度和厚度应符合设计要求和技术标准的规定	观察;尺量检查;检查施工记录	
13	幕墙开启窗	玻璃幕墙开启窗的配件应齐全,安装应牢固,安装位置和开启方向、角度应正确;开启应灵活,关闭应严密	观察;手扳检查;开启和关闭检查	
14	防雷装置	玻璃幕墙的防雷装置必须与主体结构的防雷装置可靠连接	观察;检查隐蔽工程验收记录和施工记录	

2)一般项目检验应符合表 6.55、表 6.56 及表 6.57 的规定。

表 6.55　一般项目检验

序号	项目	合格质量标准	检验方法	检查数量
1	表面质量	玻璃幕墙表面应平整、洁净；整幅玻璃的色泽应均匀一致；不得有污染和镀膜损坏	观察	同主控项目
2	玻璃表面质量	每平方米玻璃的表面质量和检验方法应符合表 6.56 的规定	见表 6.56	
3	铝合金型材表面质量	一个分格铝合金型材的表面质量和检验方法应符合表 6.57 的规定	见表 6.57	
4	明框外露框或压条	明框玻璃幕墙的外露框或压条应横平竖直，颜色、规格应符合设计要求，压条安装应牢固。单元玻璃幕墙的单元拼缝或隐框玻璃幕墙的分格玻璃拼缝应横平竖直、均匀一致	观察；手扳检查；检查进场验收记录	
5	密封胶缝	玻璃幕墙的密封胶缝应横平竖直、深浅一致、宽窄均匀、光滑顺直	观察；手摸检查	
6	防火、保温材料	防火、保温材料填充应饱满、均匀，表面应密实、平整	检查隐蔽工程验收记录	
7	隐蔽节点	玻璃幕墙隐蔽节点的遮封装修应牢固、整齐、美观	观察；手扳检查	
8	明框幕墙安装允许偏差	明框玻璃幕墙安装的允许偏差和检验方法应符合表 6.58 的规定	见表 6.58	
9	隐框、半隐框玻璃幕墙安装允许偏差	隐框、半隐框玻璃幕墙安装的允许偏差和检验方法应符合表 6.59 的规定	见表 6.59	

表 6.56　每平方米玻璃的表面质量和检验方法

项次	项目	质量要求	检验方法
1	明显划伤和长度>100 mm 的轻微划伤	不允许	观察
2	长度≤100 mm 的轻微划伤	≤8 条	用钢尺检查
3	擦伤总面积	≤500 mm²	

表 6.57　一个分格铝合金型材的表面质量和检验方法

项次	项目	质量要求	检验方法
1	明显划伤和长度>100 mm 的轻微划伤	不允许	观察
2	长度≤100 mm 的轻微划伤	≤2 条	用钢尺检查
3	擦伤总面积	≤500 mm²	

3)允许偏差应符合表 6.58、表 6.59 的规定。

表 6.58　明框玻璃幕墙安装的允许偏差和检验方法

项次	项目		允许偏差/mm	检验方法
1	幕墙垂直度	幕墙高度≤30 m	10	用经纬仪检查
		30 m<幕墙高度≤60 m	15	
		60 m<幕墙高度≤90 m	20	
		幕墙高度>90 m	25	
2	幕墙水平度	幕墙幅宽≤35 m	5	用水平仪检查
		幕墙幅宽>35 m	7	
3	构件直线度		2	用 2 m 靠尺和塞尺检查
4	构件水平度	构件长度≤2 m	2	用水平仪检查
		构件长度>2 m	3	
5	相邻构件错位		1	用钢直尺检查
6	分格框对角线长度差	对角线长度≤2 m	3	用钢尺检查
		对角线长度>2 m	4	

表 6.59　隐框、半隐框玻璃幕墙安装的允许偏差和检验方法

项次	项目		允许偏差/mm	检验方法
1	幕墙垂直度	幕墙高度≤30 m	10	用经纬仪检查
		30 m<幕墙高度≤60 m	15	
		60 m<幕墙高度≤90 m	20	
		幕墙高度>90 m	25	
2	幕墙水平度	层高≤3 m	3	用水平仪检查
		层高>3 m	5	
3	幕墙表面平整度		2	用 2 m 靠尺和塞尺检查
4	板材立面垂直度		2	用垂直检测尺检查
5	板材上沿水平度		2	用 1 m 水平尺和钢直尺检查
6	相邻板材板角错位		1	用钢直尺检查
7	阳角方正		2	用直角检测尺检查
8	接缝直线度		3	拉 5 m 线，不足 5 m 拉通线，用钢直尺检查
9	接缝高低差		1	用钢直尺和塞尺检查
10	接缝宽度		1	用钢直尺检查

(2)验收资料。

1)幕墙工程的施工图、结构计算书、设计说明及其他设计文件。

2)建筑设计单位对幕墙工程设计的确认文件。

3)幕墙工程所用各种材料、五金配件、构件及组件的产品合格证书、性能检测报告、进场验收记录与复验报告。

4)幕墙工程所用硅酮结构胶的认定证书和抽查合格证明；进

口硅酮结构胶的商检证；国家指定检测机构出具的硅酮结构胶相容性和剥离黏结性试验报告；石材用密封胶的耐污染性试验报告。

5）后置埋件的现场拉拔强度检测报告。

6）幕墙的抗风压性能、空气渗透性能、雨水渗透性能及平面变形性能检测报告。

7）打胶、养护环境的温度、湿度记录；双组分硅酮结构胶的混匀性试验记录及拉断试验记录。

8）防雷装置测试记录。

9）隐蔽工程验收记录。

10）幕墙构件和组件的加工制作记录；幕墙安装施工记录。

◆金属幕墙

1. 监理巡视与检查

（1）在安装前，应对构件加工精度进行检验，检验合格后才可进行安装。

（2）预埋件安装必须符合设计要求，安装牢固，严禁歪、斜、倾。安装位置偏差控制在允许范围以内。

（3）幕墙立柱与横梁安装应严格控制水平、垂直度以及对角线长度，在安装过程中应反复检查，达到要求后才可进行玻璃的安装。

（4）在金属板安装时，应拉线控制相邻玻璃面的水平度、垂直度及大面平整度；用木模板控制缝隙宽度，若有误差应均分在每一条缝隙中，防止误差积累。

（5）进行密封工作前应对密封面进行清扫，并在胶缝两侧的金属板上粘贴保护胶带，防止注胶时污染周围的板面；注胶应均匀、密实、饱满，胶缝表面应光滑；同时应注意注胶方法，防止气泡产生并避免浪费。

（6）清扫时应选用合适的清洗溶剂，清扫工具禁止使用金属物品，从而防止损坏金属板或构件表面。

2. 监理验收

（1）验收标准。

1）主控项目检验标准应符合表6.60的规定。

表 6.60 主控项目检验

序号	项目	合格质量标准	检验方法	检查数量
1	材料、配件质量	金属幕墙工程所使用的各种材料和配件,应符合设计要求及国家现行产品标准和工程技术规范的规定	检查产品合格证书、性能检测报告、材料进场验收告、材料进场验收	1)每个检验批每 100 m^2 应至少抽查一处,每处不得小于 10 m^2 2)对于异型或有特殊要求的幕墙工程,应根据幕墙的结构和工艺特点,由监理单位(或建设单位)和施工单位协商确定
2	造型和立面分格	金属幕墙的造型和立面分格应符合设计要求	观察;尺量检查	
3	金属面板质量	金属面板的品种、规格、颜色、光泽及安装方向应符合设计要求	观察;检查进场验收记录	
4	预埋件、后置件	金属幕墙主体结构上的预埋件、后置埋件的数量、位置及后置埋件的拉拔力必须符合设计要求	检查拉拔力检测报告和隐蔽工程验收记录	
5	连接与安装	金属幕墙的金属框架立柱与主体结构预埋件的连接、立柱与横梁的连接、金属面板的安装必须符合设计要求,安装必须牢固	手扳检查;检查隐蔽工程验收记录	
6	防火、保温、防潮材料	金属幕墙的防火、保温、防潮材料的设置应符合设计要求,并应密实、均匀、厚度一致	检查隐蔽工程验收记	
7	框架及连接件防腐	金属框架及连接件的防腐处理应符合设计要求	检查隐蔽工程验收记录和施工记录	
8	防雷装置	金属幕墙的防雷装置必须与主体结构的防雷装置可靠连接	检查隐蔽工程验收记录	
9	连接节点	各种变形缝、墙角的连接节点应符合设计要求和技术标准的规定	观察;检查隐蔽工程验收记录	

续表 6.60

序号	项目	合格质量标准	检验方法	检查数量
10	板缝注胶	金属幕墙的板缝注胶应饱满、密实、连续、均匀、无气泡，宽度和厚度应符合设计要求和技术标准的规定	观察；尺量检查；检查施工记录	
11	防水	金属幕墙应无渗漏	在易渗漏部位进行淋水检查	

2)一般项目检验标准应符合表6.61的规定。

表 6.61　一般项目检验

序号	项目	合格质量标准	检验方法	检查数量
1	表面质量	金属板表面应平整、洁净、色泽一致	观察	同主控项目
2	压条安装	金属幕墙的压条应平直、洁净、接口严密、安装牢固	观察；手扳检查	
3	密封胶缝	金属幕墙的密封胶缝应横平竖直、深浅一致、宽窄均匀、光滑顺直	观察	
4	滴水线、流水坡	金属幕墙上的滴水线、流水坡向应正确、顺直	观察；用水平尺检查	
5	表面质量	每平方米金属板的表面质量和检验方法应符合表6.62的规定	见表6.62	
6	安装允许偏差	金属幕墙安装的允许偏差和检验方法应符合表6.62的规定	见表6.62	

表 6.62　每平方米金属板的表面质量和检验方法

项次	项目	质量要求	检验方法
1	明显划伤和长度>100 mm 的轻微划伤	不允许	观察
2	长度≤100 mm 的轻微划伤	≤8 条	用钢尺检查
3	擦伤总面积	≤500 mm^2	用钢尺检查

3)允许偏差应符合表 6.63 的规定。

表 6.63　金属幕墙安装的允许偏差和检验方法

项次	项目		允许偏差/mm	检验方法
1	幕墙垂直度	幕墙高度≤30 m	10	用经纬仪检查
		30 m<幕墙高度≤60 m	15	
		60 m<幕墙高度≤90 m	20	
		幕墙高度>90 m	25	
2	幕墙水平度	层高≤3 m	3	用水平仪检查
		层高>3 m	5	
3	幕墙表面平整度		2	用 2 m 靠尺和塞尺检查
4	板材立面垂直度		3	用垂直检测尺检查
5	板材上沿水平度		2	用 1 m 水平尺和钢直尺检查
6	相邻板材板角错位		1	用钢直尺检查
7	阳角方正		2	用直角检测尺检查
8	接缝直线度		3	拉 5 m 线,不足 5 m 拉通线,用钢直尺检查
9	接缝高低差		1	用钢直尺和塞尺检查
10	接缝宽度		1	用钢直尺检查

(2)验收资料参照本章“玻璃幕墙”部分。

◆石材幕墙

1. 监理巡视与检查

(1)在安装前,应对构件加工精度进行检验,达到设计及规范要求后方可进行安装。

(2)预埋件安装应当符合设计要求,安装牢固,不应出现歪、斜、倾,安装位置偏差控制在允许范围以内。

(3)石材板安装时,应拉线控制相邻板材面的水平度、垂直度及大面平整度;用木模板控制缝隙宽度,若有误差应均分在每一条缝隙中,防止误差积累。

(4)进行密封工作前应对密封面进行清扫,并在胶缝两侧的石板上粘贴保护胶带,防止注胶时污染周围的板面;注胶应均匀、饱满、密实,胶缝表面应光滑;同时应注意注胶方法,避免浪费。

(5)在清扫时,应选用合适的清洗溶剂,清扫工具禁止使用金属物品,以防止磨损石板或构件表面。

2. 监理验收

(1)验收标准。

1)主控项目检验标准应符合表6.64的规定。

表6.64 主控项目检验

序号	项目	合格质量标准	检验方法	检查数量
1	材料质量	石材幕墙工程所用材料的品种、规格、性能和等级,应符合设计要求及国家现行产品标准和工程技术规范的规定。石材的弯曲强度应不小于8.0 MPa;吸水率应小于0.8%。石材幕墙的铝合金挂件厚度应不小于4.0 mm,不锈钢挂件厚度应不小于3.0 mm	观察;尺量检查;检查产品合格证书、性能检测报告、材料进场验收记录和复验报告	

续表 6.64

序号	项目	合格质量标准	检验方法	检查数量
2	外观质量	石材幕墙的造型、立面分格、颜色、光泽、花纹和图案应符合设计要求	观察	每个检验批每 100 m^2 应至少抽查一处,每处不得小于10 m^2 对于异型或有特殊要求的幕墙工程,应根据幕墙的结构和工艺特点,由监理单位(或建设单位)和施工单位协商确定
3	石材孔、槽	石材孔、槽的数量、深度、位置、尺寸应符合设计要求	检查进场验收记录或施工记录	
4	预埋件和后置埋件	石材幕墙主体结构上的预埋件和后置埋件的位置、数量及后置埋件的拉拔力必须符合设计要求	检查拉拔力检测报告和隐蔽工程验收记录	
5	构件连接	石材幕墙的金属框架立柱与主体结构预埋件的连接、立柱与横梁的连接、连接件与金属框架的连接、连接件与石材面板的连接必须符合设计要求,安装必须牢固	手扳检查;检查隐蔽工程验收记录	
6	框架和连接件防腐	金属框架和连接件的防腐处理应符合设计要求	检查隐蔽工程验收记录	
7	防腐装置	石材幕墙的防雷装置必须与主体结构防雷装置可靠连接	观察;检查隐蔽工程验收记录和施工记录	
8	防火、保温、防潮材料	石材幕墙的防火、保温、防潮材料的设置应符合设计要求,填充应密实、均匀、厚度一致	检查隐蔽工程验收记录	
9	结构变形缝、墙角连接点	各种结构变形缝、墙角的连接节点应符合设计要求和技术标准的规定	检查隐蔽工程验收记录和施工记录	

续表 6.64

序号	项目	合格质量标准	检验方法	检查数量
10	表面和板缝处理	石材表面和板缝的处理应符合设计要求	观察	
11	板缝注胶	石材幕墙的板缝注胶应饱满、密实、连续、均匀、无气泡，板缝宽度和厚度应符合设计要求和技术标准的规定	观察;尺量检查;检查施工记录	
12	防水	石材幕墙应无渗漏	在易渗漏部位进行淋水检查	

2)一般项目检验标准应符合表6.65、表6.66的规定。

表6.65　一般项目检验

序号	项目	合格质量标准	检验方法	检查数量
1	表面质量	石材幕墙表面应平整、洁净，无污染、缺损和裂痕。颜色和花纹应协调一致,无明显色差,无明显修痕	观察	同主控项目
2	压条	石材幕墙的压条应平直、洁净、接口严密、安装牢固	观察;手扳检查	
3	细部质量	石材接缝应横平竖直、宽窄均匀;阴阳角石板压向应正确,板边合缝应顺直;凸凹线出墙厚度应一致,上下口应平直;石材面板上洞口、槽边应套割吻合,边缘应整齐	观察;尺量检查	
4	密封胶缝	石材幕墙的密封胶缝应横平竖直、深浅一致、宽窄均匀、光滑顺直	观察	

续表 6.65

序号	项目	合格质量标准	检验方法	检查数量
5	滴水线	石材幕墙上的滴水线、流水坡向应正确、顺直	观察；用水平尺检查	
6	石材表面质量	每平方米石材的表面质量和检验方法应符合表 6.66 的规定	见表 6.66	
7	安装允许偏差	石材幕墙安装的允许偏差和检验方法应符合表 6.67 的规定	见表 6.67	

表 6.66　每平方米石材的表面质量和检验方法

项次	项目	质量要求	检验方法
1	裂痕、明显划伤和长度>100 mm 的轻微划伤	不允许	观察
2	长度≤100 mm 的轻微划伤	≤8 条	
3	擦伤总面积	≤500 mm²	用钢尺检查

3)允许偏差应符合表 6.67 的规定。

表 6.67　石材幕墙安装的允许偏差和检验方法

项次	项目		允许偏差/mm		检验方法
			光面	麻面	
1	幕墙垂直度	幕墙高度≤30 m	10		用经纬仪检查
		30 m<幕墙高度≤60 m	15		
		60 m<幕墙高度≤90 m	20		
		幕墙高度>90 m	25		
2	幕墙水平度		3		用水平仪检查
3	板材立面垂直度		3		用水平仪检查
4	板材上沿水平度		2		用 1 m 水平尺和钢直尺检查
5	相邻板材板角错位		1		用钢直尺检查
6	幕墙表面平整度		2	3	用垂直检测尺检查

续表 6.67

项次	项目	允许偏差/mm		检验方法
		光面	麻面	
7	阳角方正	2	4	用直角检测尺检查
8	接缝直线度	3	4	拉 5 m 线,不足 5 m 拉通线,用钢直尺检查
9	接缝高低差	1	—	用钢直尺和塞尺检查
10	接缝宽度	1	2	用钢直尺检查

(2)验收资料参照本章“玻璃幕墙”部分。

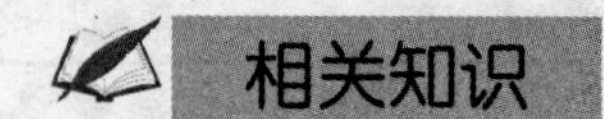

◆幕墙的基本结构类型

(1)根据用途不同,幕墙可以分为外幕墙与内幕墙。外幕墙用作外墙立面主要起围护及装饰作用,内幕墙可以用于室内可起到分隔作用。

(2)根据饰面所用材料不同,幕墙可以分为玻璃幕墙、金属薄板(如铝板、不锈钢)幕墙及石材幕墙等。

(3)根据结构构造组成不同,幕墙划分为型钢框架结构体系、铝合金明框结构体系、铝合金隐框结构体系及无框架结构体系等。

第 7 节　涂饰工程质量监理

要　点

涂料是当今建筑物离不开的建筑装饰材料,但是,若涂料涂饰

施工时达不到有效的控制，就可能产生色差大、脱色、起皮、脱落等质量问题，影响装饰效果。所以，监理员应做好各项涂饰工程的质量监理工作。

解　释

◆水性涂料涂饰

1. 监理巡视与检查

(1)水性涂料涂饰工程的施工环境温度应在5~35 ℃之间。

(2)基层表面应当干净、平整。表面麻面等缺陷应用腻子填平并用砂纸磨平磨光。

(3)对于室外涂饰，同一墙面应用相同的材料和配合比。涂料在施工时，应经常搅拌，每遍涂层不应过厚，涂刷均匀。若分段施工时，其施工缝应留在分格缝、墙的阴阳角处或水落管后。

(4)对于室内涂饰，一面墙每遍必须一次完成，涂饰上部时，溅到下部的浆点，要用铲刀及时铲除掉，以免妨碍平整美观。

(5)涂层与其他装修材料和设备衔接处应吻合，且界面应清晰。

2. 监理验收

(1)验收标准。

1)主控项目检验标准应符合表6.68的规定。

表6.68　主控项目检验

序号	项目	合格质量标准	检验方法	检查数量
1	材料质量	水性涂料涂饰工程所用涂料的品种、型号和性能应符合设计要求	检查产品合格证书、性能检测报告和进场验收记录	室外涂饰工程每100 m^2应至少抽查一处，每处不得小于10 m^2
2	涂饰颜色和图案	水性涂料涂饰工程的颜色、图案应符合设计要求	观察	

续表 6.68

序号	项目	合格质量标准	检验方法	检查数量
3	涂饰综合质量	水性涂料涂饰工程应涂饰均匀、黏结牢固，不得漏涂、透底、起皮和掉粉	观察；手摸检查	室内涂饰工程每个检验批应至少抽查10%，并不得少于3间；不足3间时应全数检查
4	基层处理的要求	水性涂料涂饰工程的基层处理应符合基层处理	观察；手摸检查；检查施工记录	

2)一般项目检验标准应符合表6.69～6.72的规定。

表6.69　一般项目检验

序号	项目	合格质量标准	检验方法	检查数量
1	与其他材料和设备衔接处	涂层与其他装修材料和设备衔接处应吻合，界面应清晰	—	同主控项目
2	薄涂料涂饰质量允许偏差	薄涂料的涂饰质量和检验方法应符合表6.70的规定	见表6.70	
3	厚涂料涂饰质量允许偏差	厚涂料的涂饰质量和检验方法应符合表6.71的规定	见表6.71	
4	复层涂料涂饰质量允许偏差	复层涂料的涂饰质量和检验方法应符合表6.72的规定	见表6.72	

表6.70　薄涂料的涂饰质量和检验方法

项次	项目	普通涂饰	高级涂饰	检验方法
1	颜色	均匀一致	均匀一致	观察
2	泛碱、咬色	允许少量轻微	不允许	
3	流坠、疙瘩	允许少量轻微	不允许	
4	砂眼、刷纹	允许少量轻微砂眼，刷纹通顺	无砂眼，无刷纹	
5	装饰线、分色线直线度允许偏差/mm	2	1	拉5 m线，不足5 m拉通线，用钢直尺检查

表 6.71　厚涂料的涂饰质量和检验方法

项次	项目	普通涂饰	高级涂饰	检验方法
1	颜色	均匀一致	均匀一致	观察
2	泛碱、咬色	允许少量轻微	不允许	
3	点状分布	—	疏密均匀	

表 6.72　复层涂料的涂饰质量和检验方法

项次	项目	质量要求	检验方法
1	颜色	均匀一致	观察
2	泛碱、咬色	不允许	
3	喷点疏密程度	均匀,不允许连片	

(2)验收资料。

1)涂饰工程的施工图、设计说明及其他设计文件。

2)材料的产品合格证书、性能检测报告和进场验收记录。

3)施工记录。

◆溶剂型涂料涂饰

1. 监理巡视与检查

(1)混凝土或抹灰基层涂刷溶剂型涂料时,要求含水率不得大于8%;木材基层的含水率不得大于12%。

(2)基层腻子应平整、坚实、牢固、无粉化、起皮和裂缝;内墙腻子的黏结强度应符合《建筑室内用腻子》(JG/T 3049—1998)的规定。

(3)一般溶剂型涂料涂饰工程施工时的环境温度不应低于10 ℃,相对湿度不应大于60%。遇有大风、雨、雾等情况时,不应施工(特别是面层涂饰,更不宜施工)。

(4)采用机械喷涂油漆时,应将不涂漆部位遮盖,以防污染。

(5)涂层与其他装修材料和设备衔接处应吻合,且界面应清晰。

2. 监理验收

(1)验收标准。

1)主控项目检验标准应符合表6.73的规定。

表 6.73　主控项目检验

序号	项目	合格质量标准	检验方法	检查数量
1	涂料质量	溶剂型涂料涂饰工程所选用涂料的品种、型号和性能应符合设计要求	检查产品合格证书、性能检测报告和进场验收记录	室外涂饰工程每 100 m^2 应至少抽查一处，每处不得小于 10 m^2 室内涂饰工程每个检验批应至少抽查 10%，并不得少于3间；不足3间时应全数检查
2	颜色、光泽、图案	溶剂型涂料涂饰工程的颜色、光泽、图案应符合设计要求	观察	
3	涂饰综合质量	溶剂型涂料涂饰工程应涂饰均匀、黏结牢固，不得漏涂、透底、起皮和反锈	观察；手摸检查	
4	基层处理	溶剂型涂料涂饰工程的基层处理应符合以下要求： 1）新建筑物的混凝土或抹灰基层在涂饰涂料前应涂刷抗碱封闭底漆 2）旧墙面在涂饰涂料前应清除疏松的旧装修层，并涂刷界面剂 3）混凝土或抹灰基层涂刷溶剂型涂料时，含水率不得大于8%；涂刷乳液型涂料时，含水率不得大于10%。木材基层的含水率不得大于12% 4）基层腻子应平整、坚实、牢固，无粉化、起皮和裂缝；内墙腻子的黏结强度应符合《建筑室内用腻子》(JG/T 3049—1998)的规定 5）厨房、卫生间墙面必须使用耐水腻子	观察；手摸检查；检查施工记录	

2)一般项目检验标准应符合表6.74~6.76的规定。

表6.74 一般项目检验

序号	项目	合格质量标准	检验方法	检查数量
1	与其他材料、设备衔接	涂层与其他装修材料和设备衔接处应吻合,界面应清晰	观察	同主控项目
2	色漆涂饰质量	色漆的涂饰质量和检验方法应符合表6.75的规定	见表6.75	
3	清漆涂饰质量	清漆的涂饰质量和检验方法应符合表6.76的规定	见表6.76	

表6.75 色漆的涂饰质量和检验方法

项次	项目	普通涂饰	高级涂饰	检验方法
1	颜色	均匀一致	均匀一致	观察
2	光泽、光滑	光泽基本均匀光滑无挡手感	光泽均匀一致光滑	观察、手摸检查
3	刷纹	刷纹通顺	无刷纹	观察
4	裹棱、流坠、皱皮	明显处不允许	不允许	观察
5	装饰线、分色线直线度允许偏差/mm	2	1	拉5 m线,不足5 m拉通线,用钢直尺检查

表6.76 清漆的涂饰质量和检验方法

项次	项目	普通涂饰	高级涂饰	检验方法
1	颜色	基本一致	均匀一致	观察
2	木纹	棕眼刮平、木纹清楚	棕眼刮平、木纹清楚	
3	光泽、光滑	光泽基本均匀,光滑无挡手感	光泽均匀一致,光滑	观察、手摸检查

续表 6.76

项次	项目	普通涂饰	高级涂饰	检验方法
4	刷纹	无刷纹	无刷纹	观察
5	裹棱、流坠、皱皮	明显处不允许	不允许	观察

(2)验收资料参照本章“水性涂料涂饰”部分。

◆美术涂饰

1. 监理巡视与检查

(1)基层腻子应平整、牢固、坚实、无粉化、无起皮和裂缝。

(2)水溶性、溶剂型涂饰应涂刷均匀、黏结牢固,不得漏涂、透底、起皮和反锈。

(3)一般涂料、油漆施工的环境温度不应低于 10 ℃,相对湿度不应大于60%。

(4)有水房间应采用具有耐水性腻子。

(5)后一遍涂料应当在前一遍涂料干燥后进行。

2. 监理验收

(1)验收标准。

1)主控项目检验标准应符合表 6.77 的规定。

表 6.77　主控项目检验

序号	项目	合格质量标准	检验方法	检查数量
1	材料质量	美术涂饰所用材料的品种、型号和性能应符合设计要求	观察;检查产品合格证书、性能检测报告和进场验收记录	
2	涂饰综合质量	美术涂饰工程应涂饰均匀、黏结牢固,不得漏涂、透底、起皮、掉粉和反锈	观察;手摸检查	

续表 6.77

序号	项目	合格质量标准	检验方法	检查数量
3	基层处理	美术涂饰工程的基层处理应符合以下要求： 1)新建筑物的混凝土或抹灰基层在涂饰涂料前应涂刷抗碱封闭底漆 2)旧墙面在涂饰涂料前应清除疏松的旧装修层,并涂刷界面剂 3)混凝土或抹灰基层涂刷溶剂型涂料时,含水率不得大于8%；涂刷乳液型涂料时,含水率不得大于10%。木材基层的含水率不得大于12% 4)基层腻子应平整、坚实、牢固,无粉化、起皮和裂缝;内墙腻子的黏结强度应符合《建筑室内用腻子》(JG/T 3049—1998)的规定 5)厨房、卫生间墙面必须使用耐水腻子	观察;手摸检查;检查施工记录	室外涂饰工程每 100 m^2 应至少抽查一处,每处不得小于 10 m^2 室内涂饰工程每个检验批应至少抽查 10%,并不得少于3间;不足3间时应全数检查
4	套色、花纹、图案	美术涂饰的套色、花纹和图案应符合设计要求	观察	

2)一般项目检验标准应符合表 6.78 的规定。

表 6.78　一般项目检验

序号	项目	合格质量标准	检验方法	检查数量
1	表面质量	美术涂饰表面应洁净,不得有流坠现象	观察	同主控项目
2	仿花纹理涂饰表面质量	仿花纹涂饰的饰面应具有被模仿材料的纹理		
3	套色涂饰图案	套色涂饰的图案不得移位,纹理和轮廓应清晰		

(2)验收资料参照本章“水性涂料涂饰”部分。

相关知识

◆涂料的涂饰方法

(1)手工涂饰。手工涂饰主要采用滚筒、漆刷及排笔等工具进行，它是一种原始的涂饰方法，具有劳动生产率低、劳动强度高、涂饰质量易受人为因素影响的特点，但因为操作方便、投资少、损耗低、适用范围广，所以目前仍在广泛使用。

(2)气压喷涂。气压喷涂是利用喷枪，借助压缩空气将涂料喷射到物体表面的一种涂饰方法。气压喷涂的喷枪类型与规格有多种，但其基本结构与工作原理是相同的。为了保证喷涂质量，应当注意喷射距离、喷射角度、喷涂方法、压缩空气的纯度和压力大小等。通常先是对被喷面横向平行移动往复喷涂完，接着再竖向平行移动往复喷涂一遍。喷枪移动的速度要均匀，移动速度要根据所喷射的涂层厚度或是否流挂为准则，过厚则快、过薄则慢。

(3)高压喷涂。高压喷涂是利用压缩空气驱动高压泵，使涂料增压到 $1\ 176.8\times104 \sim 1\ 667.1\times104$ Pa，从喷枪的喷嘴喷出后，会立即剧烈膨胀变成极细的涂料微粒而喷涂到被涂物面上的一种涂饰方法。高压喷涂设备由高压泵、蓄压器、过滤器、高压软管及喷枪等组成。

(4)静电喷涂。静电喷涂是指利用异性电荷相互吸引的原理，使涂料微粒带上负电荷，将被涂物放在接地设备上作为正极带上正电荷，这样就在涂料微粒和被涂物之间形成静电场，产生电场力，涂料微粒被电场力吸附到被涂表面形成均匀的涂层。静电喷涂的喷枪类型很多，但基本结构相同，均是由静电发生器、涂料增胜箱、喷具(例如喷杯、喷盘等)、微电机、绝缘轴及绝缘支架组成。

(5)电动喷枪喷涂。电动喷枪喷涂是利用电磁铁驱动衔铁来带动喷枪中的活塞杆进行高速往复运动，将涂料从储漆罐中吸出，并高压从喷嘴喷出形成雾状射流而喷涂到被涂物表面的一种喷涂方法。其优点是喷枪形体轻巧、方便携带、使用灵活、喷涂效率较高、喷涂质量较好、适用范围广，无论制品尺寸大小和形状如何均可进行涂饰，其缺点是贮漆罐容量较小，还必须注意安全防火等技术组织措施。

（6）淋涂、辊涂。淋涂是指液体涂料通过淋漆机头的刀缝形成流体薄膜（漆幕），然后由被涂的板式部件从漆幕中穿过而被涂饰的一种方法，它是涂饰效率最高、质量较好的一种方法。淋涂涂饰的厚度十分均匀，但仅适用于板式部件的正平面，所以是现代板式家具的理想涂饰设备。辊涂是利用辊筒将涂料涂覆到产品表面上的一种机械涂饰方法，其涂饰效率高，特别是能涂饰淋涂和喷涂无法涂饰的高黏度涂料，但其缺点是只能涂饰平整的板式部件表面。

第7章　建筑给水排水及采暖工程质量监理

第1节　室内给、排水系统工程质量监理

要　点

监理员应掌握给水管道及配件、室内消火栓系统、给水设备、排水管道及配件、雨水管道及配件等系统的安装质量监理。

解　释

◆给水管道及配件安装

1. 监理巡视与检查

(1)干管安装。

1)在上管前,地下干管应将各分支口堵好,防止泥沙进入管内;在上主管时,应将各管口清理干净,保证管路的畅通。

2)预制好的管子应小心保护好螺纹,上管时不得碰撞。可用加装临时管件方法加以保护。

3)安装完的干管不得有塌腰、拱起的波浪现象及左右扭曲的蛇弯现象。管道安装应横平竖直。水平管道纵横方向弯曲的允许偏差当管径小于100 mm时为5 mm,当管径大于100 mm时为10 mm,横向弯曲全长25 m以上为25 mm。

4)在高空上管时,应注意防止管钳打滑而发生安全事故。

5)支架应根据图纸要求或管径正确选用,其承重能力应当达到设计要求。

(2)立管安装。

1)在立管安装前,应根据立管位置及支架结构,栽好立管的固定卡。

2)调直后的管道上的零件若有松动,应当重新上紧。

3)立管上的阀门要考虑便于开启和检修。下供式立管上的阀门,当设计未标明高度时,应安装在地坪面上300 mm处,且阀柄应朝向操作者的右侧并与墙面形成45°夹角处,阀门后侧必须安装可拆装的连接件(活接头)。

4)当使用膨胀螺栓时,应先在安装支架的位置用冲击电钻钻孔,孔的直径与套管外径相等,深度与螺栓长度相等。然后将套管套在螺栓上,带上螺母一起打入孔内,到螺母接触孔口时,用扳手拧紧螺母,使螺栓的锥形尾部将开口的套管尾部张开,螺栓便和套管一起固定在孔内。这样就可在螺栓上固定支架或管卡。

5)上管应注意安全,且应保护好末端的螺纹,不得碰坏。

6)多层及高层建筑,每隔一层在立管上要安装一个活接头。

(3)支管安装。

1)在安装支管前,先按立管上预留的管口在墙面上画出(或弹出)水平支管安装位置的横线,并在横线上按图纸要求画出各分支线或给水配件的位置中心线,再根据横线中心线测出各支管的实际尺寸进行编号记录,根据记录尺寸进行预制和组装(组装长度以方便上管为宜),检查调直后进行安装。

2)支管支架应采用管卡作支架。为了保证美观,其支架宜设置于管段中间位置(即管件之间的中间位置)。

3)给水立管和装有3个或3个以上配水点的支管始端,以及给水闸阀后面按水流方向均应设置可装拆的连接件。

(4)支(吊)架安装。

1)支架型式、尺寸、规格应符合设计要求,支架孔、眼应一律采用电钻或冲床加工,其孔径应比管卡或吊杆直径大1~2 mm。管卡的尺寸与管子的配合应能达到接触紧密的要求。

2)管道支架的设置位置应符合设计要求,在设计未规定时,钢管水平安装的支架不应超过所规定的最大间距,且支架应均匀布置,直线管道上的支架应采用拉线检查的方法使支架保持同一直线,从而使管道排列整齐,管道与支架之间紧密接触。

3)立管管卡安装,层高小于或等于5 m,每层应安装一个;层高大于5 m,每层不得少于2个。

4)支架和管座应当设在牢固的结构物上。

(5)阀门安装。

1)截止阀。截止阀的阀体内腔左右两侧不对称,在安装时应当必须注意流体的流动方向,应使管道中流体由下向上流经阀盘。

2)闸阀。闸阀不应倒装,倒装时使介质长期存于阀体提升空间,检修也不方便。闸门吊装时,绳索应拴在法兰上,切勿拴在手轮或阀件上,以防折断阀杆。明杆阀门不能装在地下,以防阀杆锈蚀。

3)止回阀。止回阀有严格的方向性,在安装时除注意阀体所标介质流动方向外,还须注意下列几点:

①安装升降式止回阀时应水平安装,从而保证阀盘升降灵活与工作可靠。

②摇板式止回阀安装时,应注意介质的流向(箭头方向),只要保证摇板的旋转枢轴呈水平,可装在水平或垂直的管道上。

2. 监理验收

(1)验收标准。

1)主控项目检验标准应符合表7.1的规定。

表7.1 主控项目检验

序号	项目	合格质量标准	检验方法	检查数量
1	给水管道水压试验	室内给水管道的水压试验必须符合设计要求。当设计未注明时,各种材质的给水管道系统试验压力均为工作压力的1.5倍,但不得小于0.6 MPa	金属及复合管给水管道系统在试验压力下观测10 min,压力降应不大于0.02 MPa,然后降到工作压力进行检查,应不渗不漏;塑料管给水系统应在试验压力下稳压1 h,压力降不得超过0.05 MPa,然后在工作压力的1.15倍状态下稳压2 h,压力降不得超过0.03 MPa,同时检查各连接处不得渗漏	全数检查

续表 7.1

序号	项目	合格质量标准	检验方法	检查数量
2	给水系统通水试验	给水系统交付使用前必须进行通水试验并做好记录	观察和开启阀门、水嘴等放水	
3	生活给水系统管道冲洗和消毒	生活给水系统管道在交付使用前必须冲洗和消毒，并经有关部门取样检验，符合国家《生活饮用水标准》方可使用	检查有关部门提供的检测报告	
4	直埋金属给水管道防腐	室内直埋给水管道（塑料管道和复合管道除外）应做防腐处理。埋地管道防腐层材质和结构应符合设计要求	观察或局部解剖检查	

2）一般项目检验标准应符合表 7.2 的规定。

表 7.2　一般项目检验

序号	项目	合格质量标准	检验方法	检查数量
1	给排水管道敷设净距	给水引入管与排水排出管的水平净距不得小于1 m。室内给水与排水管道平行敷设时，两管间的最小水平净距不得小于0.5 m；交叉铺设时，垂直净距不得小于0.15 m。给水管应铺在排水管上面，若给水管必须铺在排水管的下面时，给水管应加套管，其长度不得小于排水管管径的3倍	尺量检查	全数检查

续表 7.2

序号	项目	合格质量标准	检验方法	检查数量
2	金属给水管道及管件焊接质量	管道及管件焊接的焊缝表面质量应符合下列要求： 1)焊缝外形尺寸应符合图纸和工艺文件的规定,焊缝高度不得低于母材表面,焊缝与母材应圆滑过渡 2)焊缝及热影响区表面应无裂纹、未熔合、未焊透、夹渣、弧坑和气孔等缺陷	观察检查	
3	给水水平管道坡度坡向	给水水平管道应当有0.2%～0.5%的坡度坡向泄水装置	水平尺和尺量检验	
4	管道与吊架	管道的支、吊架安装应平整牢固	观察、尺量及手扳检查	
5	水表安装	水表应安装在便于检修、不受曝晒、污染和冻结的地方。安装螺翼式水表,表前与阀门应有不小于8倍水表接口直径的直线管段。表外壳距墙表面净距为10～30 mm;水表进水口中心标高按设计要求,允许偏差为±10 mm	观察和尺量检查	

续表 7.2

序号	项目	合格质量标准	检验方法	检查数量
6	给水管道和阀门安装允许偏差	给水管道和阀门安装的允许偏差应符合表7.3的规定	见表7.3	1)水平管道纵、横向弯曲按系统直线管段长度每50 m抽查2段,不足50 m不少于1段,有分隔墙建筑,以隔墙为段数,抽查5%,但不少于5段 2)立管垂直度。一根立管为1段,两层及其以上按楼层分段,各抽查5%,但均不少于10段 3)隔热层。水平管和立管,凡能按隔墙、楼层分段的,均以每一楼层分隔墙内的管段为一个抽查点,抽查数为5%,但不少于5处;不能按隔墙、楼层分段的,每20 m抽查一处,但不少于5处

3)允许偏差应符合表7.3的规定。

表 7.3　管道和阀门安装的允许偏差和检验方法

序号	项目			允许偏差/mm	检验方法
1	水平管道纵横方向弯曲	钢管	每米 (全长25 m以上)	1 ≤25	用水平尺、直尺、拉线和尺量检查
		塑料管复合管	每米 (全长25 m以上)	1.5 ≤25	
		塑料管复合管	每米 (全长25 m以上)	2 ≤25	

续表 7.3

<table>
<tr><th>序号</th><th colspan="3">项目</th><th>允许偏差/mm</th><th>检验方法</th></tr>
<tr><td rowspan="3">2</td><td rowspan="3">立管
垂直度</td><td>钢管</td><td>每米
(5 m 以上)</td><td>3
≤8</td><td rowspan="3">吊线和尺量检查</td></tr>
<tr><td>塑料管
复合管</td><td>每米
(5 m 以上)</td><td>2
≤8</td></tr>
<tr><td>铸铁管</td><td>每米
(5 m 以上)</td><td>3
≤10</td></tr>
<tr><td>3</td><td colspan="2">成排管段和成排阀门</td><td>在同一平面上间距</td><td>3</td><td>尺量检查</td></tr>
</table>

(2)验收资料。

1)材料出厂合格证。

2)设备合格证。

3)阀门试压记录。

4)管道系统水压试验记录。

5)给水管道通水试验记录及消毒检测报告。

6)水箱的满水记录和水压试验记录。

7)水泵基础复测记录。

8)管道吹洗记录。

9)设备试运转记录。

10)隐蔽工程记录。

◆室内消火栓系统安装

1. 监理巡视与检查

(1)消火栓安装。

1)消火栓安装首先应从栓阀位置和标高定出消火栓支管甩口位置,经核定消火栓栓口(注意不是栓阀中心)距地面高度约为1.1 m,然后稳固消火栓箱。

2)消火栓箱体安装在轻体隔墙上应有加固措施。

3)箱体内的配件安装应在交工前进行。

4)建筑物顶层或水箱间内设置的检查阀的试验消火栓处应

装设压力表。

5)若采用暗装或半暗,需在土建砌砖墙时,预留好消火栓箱洞,当消火箱就位安装时,应根据高度和位置尺寸找正找平,从而使箱边沿与抹灰墙保持水平,再用水泥砂浆塞满箱四周空间,将箱稳固。若采用明装,需事先在砖墙上栽好螺丝,然后按螺丝的位置在箱背面钻孔,将箱子就位,再加垫带螺帽拧紧固定。

(2)消防管道安装。自动喷洒和水幕消防系统的管道应有坡度,充水系统应不小于0.2%,充气系统和分支管应不小于0.4%;管道的连接,充水系统可采用螺纹连接或焊接,充气或气水交替系统应采用焊接。

(3)自动喷洒消防装置安装。吊架与喷头的距离应不小于300 mm,距末端喷头的距离不大于750 mm;吊架应设在相邻喷头间的管段上,当相邻喷头间距应不大于3.6 m,可设一个,小于1.8 m,允许隔段设置;在自动喷洒消防系统的控制信号阀前应设阀门,其后不应安装其他用水设备。

2.监理验收

(1)验收标准。

1)主控项目检验标准应符合表7.4的规定。

表7.4　主控项目检验

项目	合格质量标准	检验方法	检查数量
室内消火栓试射试验	室内消火栓系统安装完成后应取屋顶层(或水箱间内)试验消火栓和首层取两处消火栓做试射试验,达到设计要求为合格	实地试射检查	选取有代表性的三处:屋顶(北方一般在屋顶水箱间等室内)试验消火栓和首层取两处消火栓

2)一般项目检验标准应符合表7.5的规定。

表7.5 一般项目检验

序号	项目	合格质量标准	检验方法	检查数量
1	消火栓水龙带安放	安装消火栓水龙带，水龙带与水枪和快速接头绑扎好后，应根据箱内构造将水龙带挂放在箱内的挂钉、托盘或支架上	观察、检查	全数检查
2	箱式消火栓安装	箱式消火栓的安装应符合下列规定： 1)栓口应朝外，并不应安装在门轴侧 2)栓口中心距地面为1.1 m允许偏差±20 mm 3)阀门中心距箱侧面为140 mm，距箱后内表面为100 mm，允许偏差±5 mm 4)消火栓箱体安装的垂直度允许偏差为3 mm	观察和尺量检查	

(2)验收资料参照本章“给水管道及配件安装”部分。

◆给水设备安装

1.监理巡视与检查

(1)水箱安装。水箱的安装高度主要与建筑物高度、配水管道长度、管径及设计流量有关。水箱的安装高度应满足建筑物内最不利配水点所需的流出水头，并经管道的水力计算确定。根据构造上的要求，水箱底距顶层板面的高度最小不得小于0.4 m。

1)安装水箱的支座已按设计图纸要求制作完成，支座的尺寸、位置及标高经检查符合要求。当采用混凝土支座时，应检查其强度是否达到安装要求的60%以上，支座表面应平整、清洁；当采用型钢支座和方垫木时，按要求已做好刷漆和防腐处理。

2)水箱安装时应用水平尺和垂线随时检查水箱的水平和垂直程度。水箱组装完毕，其允许偏差分别为：坐标为15 mm；标高为±5 mm；垂直度为5 mm/m。

(2)水泵安装。

1)泵在就位前应复查基础的尺寸、位置、标高及螺栓孔位置是否符合设计要求，并按图纸位置要求在基础上放出安装基准线。泵安装应在混凝土强度达到设计要求后才能进行。

2)设备就位及找正、找平。

①泵在就位前应复查基础的尺寸、位置、标高及螺栓孔位置是否符合设计要求,并按图纸位置要求在基础上放出安装基准线。泵安装应在混凝土强度达到设计要求后才能进行。

②设备就位及找正、找平。

a. 地脚螺栓安放时,底端不应碰孔底,地脚螺栓离孔边距离应大于 15 mm,螺栓应保持垂直,其垂直度偏差不应超过 1/100。

b. 泵的找平应以水平中开面、轴的外伸部分、底座的水平加工面等处为基准,用水平仪进行测量,泵体的水平度偏差每米不得超过 0.1 mm。

c. 离心水泵联轴器同心度的找正,用水准仪,百分表或测微螺钉或塞尺进行测量和校正,使水泵轴心与电动机轴心保持较高的同轴度,其轴向倾斜每米不得超过 0.8 mm,径向位移不得超过 0.1 mm。

d. 找正找平时应采用垫铁调整安装精度。

③二次灌浆和地脚螺栓紧固。

a. 灌浆处应清洗干净,灌浆应用细石混凝土(或水泥砂浆),其标号应比基础混凝土高一级,灌浆时应捣固密实,并不应使地脚螺栓歪斜和影响设备安装精度。

b. 拧紧地脚螺栓应在灌注的混凝土达到规定强度的 75% 后进行,拧紧螺栓后,螺母与垫圈间和垫圈与设备底座间的接触均应良好,螺栓应当露出螺母 1.5 ~5 牙。

④水泵进出水管连接必须达到如下要求:

a. 管道与水泵法兰之间的连接应是无应力连接,即法兰平行度良好,管道重量不支撑在泵体上。

b. 水泵吸水管的连接应有上平下斜的异径管,从吸水喇叭口接向泵的水平管应有上升坡度,并使吸水管内不积存空气,利于吸水。

c. 泵的出水管上应安装异径管、止回阀及闸阀,并安装压力表。

2. 监理验收

(1)验收标准。

1)主控项目检验标准应符合表 7.6 的规定。

表 7.6　主控项目检验

序号	项目	合格质量标准	检验方法	检查数量
1	水泵基础	水泵就位前的基础混凝土强度、坐标、标高、尺寸和螺栓孔位置必须符合设计规定	对照图纸用仪器和尺量检查	全数检查
2	水泵试运转轴承温升	水泵试运转的轴承温升必须符合设备说明书的规定	温度计实测检查	
3	水箱满水试验或水压试验	敞口水箱的满水试验和密闭水箱(罐)的水压试验必须符合设计与相关规定	满水试验静置 24 h 观察,不渗不漏;水压试验在试验压力下 10 min 压力不降,不渗不漏	

2)一般项目检验标准应符合表 7.7 的规定。

表 7.7　一般项目检验

序号	项目	合格质量标准	检验方法	检查数量
1	水箱支架或底座安装	水箱支架或底座安装,其尺寸及位置应符合设计规定,埋设平整、牢固	对照图纸,尺量检查	全数检查
2	水箱溢流管和泄放管安装	水箱溢流管和泄放管应设置在排水地点附近但不得与排水管直接连接	观察检查	
3	立式水泵减振装置	立式水泵的减振装置不应采用弹簧减振器		
4	安装允许偏差	室内给水设备安装的允许偏差应符合表 7.8 的规定	见表 7.8	
5	保温层允许偏差	管道及设备保温层的厚度和平整度的允许偏差应符合表 7.9 的规定	见表 7.9	水箱保温,每台不少于 5 点

3)允许偏差应符合表 7.8 的规定。

表 7.8　室内给水设备安装的允许偏差和检验方法

序号	项目			允许偏差/mm	检验方法
1	静置设备	坐标		15	经纬仪或拉线、尺量
		标高		±5	用水准仪、拉线和尺量检查
		垂直度(每米)		5	吊线和尺量检查
2	离心式水泵	立式泵体垂直度(每米)		0.1	水平尺和塞尺检查
		卧式泵体水平度(每米)		0.1	水平尺和塞尺检查
		联轴器同心度	轴向倾斜(每米)	0.8	在联轴器互相垂直的四个位置上用水准仪、百分表或测微螺钉和塞尺检查
			径向位移	0.1	

表 7.9　管道及设备保温的允许偏差和检验方法

序号	项目		允许偏差/mm	检验方法
1	厚度		+0.1δ -0.05δ	用钢针刺入
2	表面平整度	卷材	5	用2 m靠尺和楔形塞尺检查
		涂抹	10	

注:δ为保温层厚度。

(2)验收资料参照本章“给水管道及配件安装”部分。

◆排水管道及配件安装

1. 监理巡视与检查

(1)室内立管安装。立管安装应当考虑与支管连接的可能性和排水的畅通、连接的牢固,所有用于立管连接的零件均必须是

45°的斜三通，弯头一律采用45°的，所有立管与排出管连接时，要用两个45°弯头，底部应做混凝土支座。为了防止在多工种交叉施工中有碎砖木块、灰浆等杂物掉入管道内，在安装立管时，不应从±0.000开始，使±0.000到1 m处的管段暂不连接，等抹灰工程完成后，再将该段连接好。

(2)排水支管安装。在安装支管时，应当符合排水设备的位置、标高的具体要求。支管安装需要有一定的坡度，目的是使污水能够畅通地流入立管。支管的连接件，不得使用直角三通、四通和弯头，承口应逆水流向。对地下埋设和楼板下部明装的支管，要事先按照图纸要求多做预制，尽量减少死口。在接管前，应将承口清扫干净，并打掉表面上的毛刺，插口向承口内安装时，要观察周边的间隙是否均匀；在通常情况下，其间隙不能小于8～10 mm。打完口后再用塞刀将其表面压平压光。支管安装的吊钩，可安在墙上或楼板上，其间距不能大于1.5 m。

(3)排水短管安装。短管安装首先应准确定出长度，短管与横支管连接时均有坡度要求，所以，即使卫生器具相同，其短管长度也各不相同，它的尺寸都需要实际量出。大便器的短管要求承口露出楼板30～50 mm；测量时应从伸出长度加上楼板厚度及到横管三通承口内总长计算；对拖布槽、小便斗及洗脸盆等短管长度，也应采用这个方法量出，在地面上切断便可安装。

2. 监理验收

(1)验收标准。

1)主控项目检验标准应符合表7.10的规定。

表7.10　主控项目检验

序号	项目	合格质量标准	检验方法	检查数量
1	排水管道灌水试验	隐蔽或埋地的排水管道在隐蔽前必须做灌水试验，其灌水高度应不低于底层卫生器具的上边缘或底层地面高度	满水15 min水面下降后，再灌满观察5 min，液面不降，管道及接口无渗漏为合格	

续表 7.10

序号	项目	合格质量标准	检验方法	检查数量
2	生活污水铸铁管及塑料管坡度	生活污水铸铁管道的坡度必须符合设计或表《建筑给水排水及采暖工程施工质量验收规范》(GB 50242—2002)表5.2.2的规定	水平尺、拉线尺量检查	全数检查
		生活污水塑料管道的坡度必须符合设计或表《建筑给水排水及采暖工程施工质量验收规范》(GB 50242—2002)表5.2.3的规定	水平尺、拉线尺量检查	
3	排水塑料管安装伸缩节	排水塑料管必须按设计要求及位置装设伸缩节。如设计无要求时,伸缩节间距不得大于4 m,高层建筑中明设排水塑料管道应按设计要求设置阻火圈或防火套管	观察检查	
4	排水主管及水平干管通球试验	排水主立管及水平干管管道均应做通球试验,通球球径不小于排水管道管径的2/3,通球率必须达到100%	通球检查	

2)一般项目检验标准应符合表7.11的规定。

表 7.11　一般项目检验

序号	项目	合格质量标准	检验方法	检查数量
1	生活污水管道上检查口或清扫口设置	在生活污水管道上设置的检查口或清扫口,当设计无要求时应符合下列规定: 1)在立管上应每隔一层设置一个检查口,但在最底层和有卫生器具的最高层必须设置。如为两层建筑时,可仅在底层设置立管检查口;如有乙字弯管时,则在该层乙字弯管的上部设置检查口。检查口中心高度距操作地面一般为1 m,允许偏差±20 mm;检查口的朝向应便于检修。暗装立管,在检查口处应安装检修门 2)在连接2个及2个以上大便器或3个及3个以上卫生器具的污水横管上应设置清扫口。当污水管在楼板下悬吊敷设时,可将清扫口设在上一层楼地面上,污水管起点的清扫口与管道相垂直的墙面距离不得小于200 mm;若污水管起点设置堵头代替清扫口时,与墙面距离不得小于400 mm 3)在转角小于135°的污水横管上,应设置检查口或清扫口 4)污水横管的直线管段,应按设计要求的距离设置检查口或清扫口	观察和尺量检查	全数检查
		埋在地下或地板下的排水管道的检查口,应设在检查井内。井底表面标高与检查口的法兰相平,井底表面应有5%坡度,坡向检查口	尺量检查	

续表 7.11

<table>
<tr><th>序号</th><th>项目</th><th>合格质量标准</th><th>检验方法</th><th>检查数量</th></tr>
<tr><td rowspan="2">2</td><td rowspan="2">金属和塑料管支、吊架安装</td><td>金属排水管道上的吊钩或卡箍应固定在承重结构上。固定件间距:横管不大于2 m;立管不大于3 m。楼层高度小于或等于4 m,立管可安装1个固定件。立管底部的弯管处应设支墩或采取固定措施</td><td>观察和尺量检查</td><td rowspan="5">全数检查</td></tr>
<tr><td>排水塑料管道支、吊架间距应符合表7.12的规定</td><td>尺量检查</td></tr>
<tr><td>3</td><td>排水通气管安装</td><td>排水通气管不得与风道或烟道连接,且应符合下列规定:
1)通气管应高出屋面300 mm,但必须大于最大积雪厚度
2)在通气管出口4 m以内有门、窗时,通气管应高出门、窗顶600 mm或引向无门、窗一侧
3)在经常有人停留的平屋顶上,通气管应高出屋面2 m,并应根据防雷要求设置防雷装置
4)屋顶有隔热层,应从隔热层板面算起</td><td>观察和尺量检查</td></tr>
<tr><td rowspan="2">4</td><td rowspan="2">医院污水处理和饮食业工艺排水</td><td>安装未经消毒处理的医院含菌污水管道,不得与其他排水管道直接连接</td><td>观察检查</td></tr>
<tr><td>饮食业工艺设备引出的排水管及饮用水水箱的溢流管,不得与污水管道直接连接,并应留出不小于100 mm的隔断空间</td><td>观察和尺量检查</td></tr>
</table>

续表 7.11

序号	项目	合格质量标准	检验方法	检查数量
5	室内排水管道安装	通向室外的排水管,穿过墙壁或基础必须下返时,应采用45°三通和45°弯头连接,并应在垂直管段顶部设置清扫口 由室内通向室外排水检查井的排水管,井内引入管应高于排出管或两管顶相平,并有不小于90°的水流转角,如跌落差大于300 mm可不受角度限制 用于室内排水的水平管道与水平管道、水平管道与立管的连接,应采用45°三通或45°四通和90°斜三通或90°斜四通。立管与排出管端部的连接,应采用两个45°弯头或曲率半径不小于4倍管径的90°弯头	观察和尺量检查	全数检查
6	安装允许偏差	室内排水管道安装的允许偏差应符合表7.13的相关规定	见表7.13	

表 7.12　排水塑料管道支吊架最大间距

管径/mm	50	75	110	125	160
立管/m	1.2	1.5	2.0	2.0	2.0
横管/m	0.5	0.75	1.10	1.30	1.60

表 7.13　室内排水和雨水管道安装的允许偏差和检验方法

序号	项目	允许偏差/mm	检验方法
1	坐标	15	
2	标高	±15	

续表 7.13

序号	项目				允许偏差/mm	检验方法
3	横管纵横方向弯曲	铸铁管	每米		≤1	用水准仪(水平尺)、直尺、拉线和尺量检查
			全长(25 m 以上)		≤25	
		钢管	每米	管径小于或等于 100 mm	1	
				管径大于 100 mm	1.5	
			全长(25 m 以上)	管径小于或等于 100 mm	≤25	
				管径大于 100 mm	≤38	
		塑料管	每米		1.5	
			全长(25 m 以上)		≤38	
		钢筋混凝土管、混凝土管	每米		3	
			全长(25 m 以上)		≤75	
4	立管垂直度	铸铁管	每米		3	吊线和尺量检查
			全长(5 m 以上)		≤15	
		钢管	每米		3	
			全长(5 m 以上)		≤10	
		塑料管	每米		3	
			全长(5 m 以上)		≤15	

(2)验收资料。

1)材料出厂合格证。

2)排水管灌水试验记录。

3)隐蔽工程检查记录。

4)排水管道通球试验记录。

◆雨水管道及配件安装

1. 监理巡视与检查

(1)在焊接前,管道应清除接口处的浮锈、污垢及油脂。

(2)当壁厚≤4 mm,直径≤50 mm 时应采用气焊;当壁厚≥

4.5 mm,直径≥70 mm 时应采用电焊。

(3)不同管径的管道焊接,连接时如两管径相差不超过管径的15%,可将大管端部缩口与小管对焊。若两管相差超过小管径15%,应加工异径短管焊接。

(4)管材壁厚在5 mm以上者应对管端焊口部位铲坡口,若用气焊加工管道坡口,应当除去坡口表面的氧化皮,并将影响焊接质量的凹凸不平处打磨平整。

(5)不得开口焊接支管,焊口不得安装在支吊架位置上。

(6)管道穿墙处不得有接口(丝接或焊接),管道穿过伸缩缝处应有防冻措施。

(7)碳素钢管开口焊接时应错开焊缝,并使焊缝朝向易观察和维修的方向上。

(8)焊接时先点焊三点以上,然后检查预留口位置、方向、变径等无误后,找直、找正,再焊接,坚固卡件,拆掉临时固定件。

2. 监理验收

(1)验收标准。

1)主控项目检验标准应符合表7.14的规定。

表7.14 主控项目检验

序号	项目	合格质量标准	检验方法	检查数量
1	室内雨水管道灌水试验	安装在室内的雨水管道安装后应做灌水试验,灌水高度必须到每根立管上部的雨水斗	灌水试验持续1 h,不渗不漏	全部系统或区段
2	塑料雨水管安装伸缩节	雨水管道如采用塑料管,其伸缩节安装应符合设计要求	对照图纸检查	—
3	埋地雨水管道最小坡度	悬吊式雨水管道的敷设坡度不得小于5‰	水平尺、拉线尺量检查	—

2)一般项目检验标准应符合表7.15、表7.16及表7.17的规定。

表 7.15 一般项目检验

序号	项目	合格质量标准	检验方法	检查数量
1	雨水管道不得与生活污水管道相连接	雨水管道不得与生活污水管道相连接	观察检查	全数检查
2	雨水斗安装	雨水斗管的连接应固定在屋面承重结构上。雨水斗边缘与屋面相连处应严密不漏。连接管管径当设计无要求时，不得小于 100 mm	观察和尺量检查	
3	三通间距	悬吊式雨水管道的检查口或带法兰堵口的三通的间距不得大于表 7.16 的规定	拉线、尺量检查	
4	焊缝允许偏差	雨水管道安装的允许偏差应符合表 7.13 的规定	见表 7.13	
5	雨水管道安装允许偏差	雨水钢管管道焊接的焊口允许偏差应符合表 7.17 的规定	见表 7.17	

表 7.16 悬吊管检查口间距

项次	悬吊管直径/mm	检查口间距/m
1	≤150	≤15
2	≥200	≤20

表 7.17 钢管管道焊口允许偏差和检验方法

项次	项目		允许偏差	检验方法
1	焊口平直度	管壁厚 10 mm 以内	管壁厚 1/4	焊接检验尺和游标深度尺检查
2	焊缝加强面	高度	+1 mm	
		宽度		

续表 7.17

<table>
<tr><th>项次</th><th colspan="3">项目</th><th>允许偏差</th><th>检验方法</th></tr>
<tr><td rowspan="3">3</td><td rowspan="3">咬边</td><td colspan="2">深度</td><td>小于 0.5 mm</td><td rowspan="3">直尺检查</td></tr>
<tr><td rowspan="2">长度</td><td>连续长度</td><td>25 mm</td></tr>
<tr><td>总长度(两侧)</td><td>小于焊缝长度的 10%</td></tr>
</table>

(2)验收资料参照本章“排水管道及配件安装”部分。

◆排水用附件

(1)存水弯。存水弯是设置在卫生洁具排水管上和生产污废水受水器的泄水口下方的排水附件(坐便器除外)。水封是指在弯曲段内存有 60 ~ 70 mm 深的水。水封的作用是利用一定高度的静水压力来抵抗排水管内气压变化,隔绝和防止排水管道内所产生的难闻有害气体和可燃气体及小虫等通过卫生器具进入室内而污染环境。存水弯有带清通丝堵和不带清通丝堵两种,按外形不同,还可分为 P 形与 S 形两种。水封高度与管内气压变化、水蒸发率、水量损失、水中杂质的含量及比重有关,不能太大,也不能太小。若水封高度太大,污水中固体杂质容易沉积在存水弯底部,堵塞管道;水封高度太小,管内气体容易克服水封的静水压力进入室内,污染环境。

(2)检查口。检查口是一个带盖板的开口短管,拆开盖板即可进行疏通工作。检查口应设在排水立管上及较长的水平管段上,可双向清通。其设置规定为立管上除建筑最高层及最底层应当设置外,可每隔两层设置 1 个,平顶建筑可用伸顶通气管顶口代替最高层检查口。当立管上有乙字管时,在乙字管的上部应设检查口。若为二层建筑,则可在底层设置。检查口的设置高度一般距地面 1 m,并应高出该层卫生洁具上边缘 0.15 m,与墙面成 45°夹角。

(3)清扫口。当悬吊在楼板下面的污水横管上有2个及2个以上的大便器或3个及3个以上的卫生洁具时,应在横管的起端设清扫口,清扫口顶面应与地面相平,也可采用带螺栓盖板的弯头、带堵头的三通配件作清扫口。清扫口仅单向清通。

(4)检查井。为了便于启用埋地横管上的检查口,在检查口处应设置检查井,要求其直径不得小于0.7 m。对于不散发有害气体或大量蒸汽的工业废水的排水管道,在管道转弯、变径处,坡度改变处与连接支管处,可在建筑物内设检查井。在直线管段上,排除生产废水时,检查井的距离不应小于30 m;在排除生产污水时,检查井的距离不应大于20 m。对于生活污水排水管道,在室内不应设检查井。

(5)地漏。地漏主要设置在厕所、浴室、盥洗室、卫生间及其他需要从地面排水的房间内,用以排除地面积水。通常用铸铁或塑料制成,在排水口处盖有算子,有带水封和不带水封两种,布置在不透水地面的最低处,用来阻止杂物进入排水管道,算子顶面应比地面低5~10 mm,水封深度不得小于50 mm,其周围地面应有不小于0.01的坡度坡向地漏。

(6)通气管。通气管指最高层卫生器具以上至伸出屋顶的一段立管。通气管的作用主要是使室内外排水管道中的各种有害气体排到大气中,从而确保污水流动通畅,避免卫生器具的水封受到破坏。要求生活污水管道和散发有害气体的生产污水管道,均应设通气管。

通气管必须伸出屋面,其高度不得小于0.3 m,但应大于最大积雪厚度。在通气管出口4 m以内有门窗时,通气管应高出窗顶0.6 m或引向无门窗的一侧;在经常有人停留的屋面上,通气管应高出屋面2 m。通气管不得与建筑物的通风道、烟道连接,也不可设在建筑物的屋檐檐口、阳台或雨篷下。若立管接纳卫生器具的数量不多,可将几根通气管接入一根通气管并引出屋顶,从而以减少立管穿过屋面的数量。

在冬季室外采暖温度高于-15 ℃的地区,可设铅丝球;低于-15 ℃的地区可设通气帽,以避免结冰时堵塞通气管口。

对于底层建筑的生活污水系统，在卫生器具不多、横支管不长的情况下，可以将排水立管向上延伸出屋面的部分作为通气管，如图7.1所示。

对于卫生器具在4个以上，且距立管大于12 m或同一横支管连接6个及6个以上大便器时，应设辅助通气管，如图7.2所示。辅助通气管是为了平衡排水管内的空气压力而由排水横管上接出的管段。

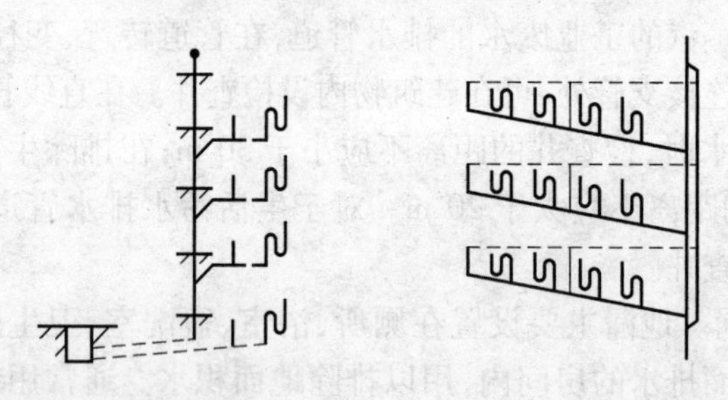

图7.1　通气立管　　　　图7.2　辅助通气管

辅助通气管的管径主要有下列规定：

1）辅助通气管管径应根据污水支管管径确定，当污水支管管径为50 mm、75 mm及100 mm时，可分别采用25 mm、32 mm及40 mm的辅助通气管。

2）辅助通气立管管径应按表7.18规定采用。

表7.18　辅助通气立管管径

污水立管管径/mm	50	75	100	125	150
辅助通气立管管径/mm	40	50	75	75	100

3）专用通气立管管径应比最底层污水立管管径小一号。

第2节　卫生器具安装工程质量监理

卫生器具是建筑物内给水排水系统中重要组成部分，它是收

集和排放建筑物中废水的设备。

解　释

◆卫生器具及给水配件安装

(1)监理巡视与检查。

1)卫生器具安装

①小便器安装。

a. 小便器上水管通常要求暗装,用角阀与小便器连接。

b. 角阀出水口中心应对准小便器进出口中心。

c. 配管前应在墙面上画出小便器安装中心线,根据设计高度确定位置,画出十字线,按小便器中心线打眼、楔入木砖或塑料膨胀螺栓。

d. 用木螺钉加尼龙热圈轻轻将小便器拧靠在木砖上,不得偏斜或离斜。

e. 当小便器排水接口为承插口时,应用油腻子封闭。

②洗脸盆(洗涤盆)安装。

a. 根据洗脸盆中心及洗脸盆安装高度划出十字线,将支架用带有钢垫圈的木螺钉固定在预埋的木砖上。

b. 安装多组洗脸盆时,所有洗脸盆应在同一水平线上。

c. 洗脸盆与排水栓连接处应用浸油石棉橡胶板密封。

d. 洗涤盆下有地漏时,排水短管的下端,应距地漏不小于 100 mm。

③地漏安装。

a. 核对地面标高,按地面水平线采用 0.02 的坡度,再低 5 ~ 10 mm 为地漏表面标高。

b. 地漏安装后,应用 1∶2 水泥砂浆将其固定。

2)给水配件安装。

①管道或附件与卫生器具的陶瓷件连接处,应垫以胶皮、油灰等填料和垫料。

②固定洗脸盆、洗手盆、洗涤盆及浴盆等排水口接头等,应通

过旋紧螺母来实现,不得强行旋转落水口,落水口与盆底相平或略低于盆底。

③需装设冷水和热水龙头的卫生器具,应将冷水龙头装在右手侧,热水龙头装在左手侧。

④安装镀铬的卫生器具给水配件应使用扳手,不得使用管子钳,以保护镀铬表面完好无损。接口应牢固、严密、不漏水。

⑤镶接卫生器具的铜管,弯管时弯曲应均匀,弯管椭圆度应小于8%,并不得有凹凸现象。

⑥给水配件应安装端正,表面洁净并清除外露油麻。

⑦给水配件的启闭部分应灵活,必要时应当调整阀杆压盖螺母及填料。

⑧浴盆软管淋浴器挂钩的高度,若设计无要求,应距地面1.8 m。

⑨安装完毕,监理人员应检查安装得是否符合卫生器具安装的共同要求:平、稳、准、牢、不漏、使用方便、性能良好。

2. 监理验收

(1)验收标准。

1)主控项目检验标准应符合表7.19的规定。

表7.19 主控项目检验

序号	项目	合格质量标准	检验方法	检查数量
1	卫生器具满水试验和通水试验	卫生器具交工前应做满水和通水试验	满水后各连接件不渗不漏;通水试验给、排水畅通	全数检查
2	排水栓与地漏安装	排水栓和地漏的安装应平正、牢固、低于排水表面,周边无渗漏。地漏水封高度不得小于50 mm	试水观察检查	
3	卫生器具给水配件	卫生器具给水配件应完好无损伤、接口严密,启闭部分灵活	观察及手板检查	

2)一般项目检验标准应符合表7.20的规定。

表7.20 一般项目检验

序号	项目	合格质量标准	检验方法	检查数量
1	卫生器具安装允许偏差	卫生器具安装的允许偏差应符合表7.21的规定	见表7.21	全数检查
2	给水配件安装允许偏差	卫生器具给水配件安装标高的允许偏差应符合表7.22的规定	尺量检查	
3	浴盆检修门、小便槽冲洗管安装	有饰面的浴盆,应留有通向浴盆排水口的检修门 小便槽冲洗管,应采用镀锌钢管或硬质塑料管。冲洗孔应斜向下方安装,冲洗水流同墙面成45°角。镀锌钢管钻孔后应进行二次镀锌	观察、检查	—
4	卫生器具的支、托架	卫生器具的支、托架必须防腐良好,安装平整、牢固,与器具接触紧密、平稳	观察和手扳检查	—
5	浴盆淋浴器挂钩高度	浴盆软管淋浴器挂钩的高度,如设计无要求,应距地面1.8 m	尺量检查	—

3)允许偏差应符合表7.21~7.22的规定。

表7.21 卫生器具安装的允许偏差和检验方法

项次	项目		允许偏差/mm	检验方法
1	坐标	单独器具	10	拉线、吊线和尺量检查
		成排器具	5	
2	标高	单独器具	±15	
		成排器具	±10	
3	器具水平度		2	用水平尺和尺量检查
4	器具垂直度		3	吊线和尺量检查

表 7.22　卫生器具给水配件安装标高的允许偏差和检验方法

项次	项目	允许偏差/mm	检验方法
1	大便器高、低水箱角阀及截止阀	±10	尺量检查
2	水嘴	±10	
3	淋浴器喷头下沿	±15	
4	浴盆软管淋浴器挂钩	±20	

(2)验收资料。

1)卫生器具出厂合格证。

2)卫生器具通水检查记录。

3)卫生器具配件出厂合格证。

◆卫生器具排水管道安装

1. 监理巡视与检查

连接卫生器具的铜管应保持平直,尽可能避免弯曲,若需弯曲,应采用冷弯法,并注意其椭圆度不大于10%;卫生器具安装完毕后,应进行通水试验,以无漏水现象为合格。

大便器、小便器的排水出口承插接头应用油灰填充,不得用水泥砂浆填充。

2. 监理验收

(1)验收标准。

1)主控项目检查标准应符合表7.23的规定。

表 7.23　主控项目检验

序号	项目	合格质量标准	检验方法	检查数量
1	器具受水口与主管;管道与楼板接合	与排水横管连接的各卫生器具的受水口和立管均应采取妥善可靠的固定措施;管道与楼板的接合部位应采取牢固可靠的防渗、防漏措施	观察和手扳检查	全数检查
2	排水管接口,其支托架安装	连接卫生器具的排水管道接口应紧密不漏,其固定支架、管卡等支撑位置应正确、牢固,与管道的接触应平整	观察及通水检查	

2)一般项目检验标准应符合表7.24的规定。

表7.24 一般项目检验

序号	项目	合格质量标准	检验方法	检查数量
1	安装允许偏差	卫生器具排水管道安装的允许偏差应符合表7.25的规定	见表7.25	全数检查
2	排水管最小坡度	连接卫生器具的排水管管径和最小坡度,如设计无要求时,应符合表《建筑给水排水及采暖工程施工质量验收规范》(GB 50242—2002)表7.4.4的规定	用水平尺和尺量检查	

3)允许偏差标准应符合表7.25的规定。

表7.25 卫生器具排水管道安装的允许偏差及检验方法

项次	项目		允许偏差/mm	检验方法
1	横管弯曲度	每1 m长	2	用水平尺量检查
		横管长度≤10 m,全长	<8	
		横管长度>10 m,全长	10	
2	卫生器具的排水管口及横支管的纵横坐标	单独器具	10	用尺量检查
		成排器具	5	
3	卫生器具的接口标高	单独器具	±10	用水平尺和尺量检查
		成排器具	±5	

(2)验收资料参照本章“卫生器具及给水配件安装”部分。

◆卫生器具分类

1.便溺用卫生器具

便溺用卫生器具包括坐式大便器、蹲式大便器、大便槽、小便器及小便槽等。

(1)大便器。大便器主要有蹲式与坐式两种形式,蹲式便器的冲洗方式可分为高位水箱式、低位水箱式、延时冲洗阀及冲洗阀加空气隔断器式。蹲便器主要为陶瓷制品,适用于公共建筑卫生间内。

坐式便器按水箱结构形式可分为联体水箱式与分体水箱式;按排水口位置分为前出水与后出水形式;按洗刷排污方式可分为冲洗式和虹吸式,其中虹吸式坐便器又分为喷射虹吸式和旋涡虹吸式。

(2)小便器。陶瓷小便器分为挂式小便器、立式小便器及角式小便器等多种形式。小便器的冲洗方式也由普通角阀、按钮,发展到采用延时自闭式冲洗阀冲洗、红外线自动冲洗阀与光控冲洗阀等先进冲洗方式。

2. 盥洗、淋浴用卫生器具

(1)洗面盆。洗面盆按安装方式有墙架式、立柱式与台式。

(2)淋浴器。淋浴器分为成品型与组装型。

成品型淋浴器主要由镀铬管、管件、阀门及莲蓬头等组成,适用于公共浴室。

组装型淋浴器主要由冷热水管、阀门及淋浴莲蓬头组成,适用于工厂的公共浴室和家用淋浴。

(3)整体浴室。整体浴室由底盘、墙面、浴缸、洗面台、坐便器、梳妆台及五金配件等组成。整体浴室(即盒子卫生间),是现代高科技材料的典范。整体浴室采用2 500 t的巨型数控压机,精密内导热模具,选用SMC材料高温固化成型。

(4)浴缸。按浴缸的支撑方式可分为带腿浴缸与无腿浴缸,按其形状分为浅弧型、深孤型、大型盆、豪华型浴缸以及冲浪浴缸等。与浴盆配合的附件有冷(热)水龙头、混合龙头、带金属软管的莲蓬头,用于高级装修浴室内时,还配置喷头可沿滑杆升降调整的豪华型淋浴器。

3. 洗涤用卫生器具

(1)洗涤盆。洗涤盆广泛用于家庭厨房、医院、旅馆或公寓的配餐间,安装方式有墙挂式与立柱式。可单个或成排安装。

(2)化验盆。化验盆设置在工厂、学校、科研单位试验室内,根据使用要求设置单联、双联与三联龙头。

(3)污水盆。污水盆多设置在厕所或盥洗间内,污水盆多为水磨石制品。

第3节　室内采暖系统安装工程质量监理

要　点

监理员应掌握管道及配件、辅助设备散热器安装、低温热水地板辐射及采暖系统安装的质量监理工作。

解　释

◆管道及配件

1. 监理巡视与检查

(1)室内采暖系统的饱和蒸汽压力应不大于0.7 MPa,热水温度应不超过130 ℃,常用管材及管件有焊接钢管、镀锌钢管、铜管、塑料管与复合管,其规格、型号应符合设计要求,并应有出厂合格证,外观检查合格。

(2)补偿器规格、型号应符合设计要求,应有出厂合格证,外观检查合格。

(3)平衡阀、调节阀、蒸汽减压阀、截止阀、安全阀、热量表、压力表、疏水器、除污器和过滤器等的型号、规格、公称压力应符合设计要求,并应有产品合格证和安装使用说明书。实行生产许可证和安全认证制度的产品,应有许可证编号和安全认证标志,并且外观检查合格。

(4)制作支架的型钢、焊条、油漆、保温材料及接口填料等,应符合设计要求,有产品合格证。

2. 监理验收

(1)验收标准。

1)主控项目检验标准应符合表7.26的规定。

表 7.26 主控项目检验

序号	项目	合格质量标准	检验方法	检查数量
1	管道安装坡度	管道安装坡度,当设计未注明时,应符合下列规定: 1)气、水同向流动的热水采暖管道和汽、水同向流动的蒸汽管道及凝结水管道,坡度应为0.3%,不得小于0.2% 2)气、水逆向流动的热水采暖管道和汽、水逆向流动的蒸汽管道,坡度应不小于0.5% 3)散热器支管的坡度应为1%,坡向应利于排气和泄水	观察,水平尺、拉线、尺量检查	全数检查
2	采暖系统水压试验	采暖系统安装完毕,管道保温之前应进行水压试验。试验压力应符合设计要求。当设计未注明时,应符合下列规定: 1)蒸汽、热水采暖系统,应以系统顶点工作压力加0.1 MPa作水压试验,同时在系统顶点的试验压力不小于0.3 MPa 2)高温热水采暖系统,试验压力应为系统顶点工作压力加0.4 MPa 3)使用塑料管及复合管的热水采暖系统,应以系统顶点工作压力加0.2 MPa作水压试验,同时在系统顶点的试验压力不小于0.4 MPa	使用钢管及复合管的采暖系统应在试验压力下10 min内压力降不大于0.02 MPa,降至工作压力后检查,不渗、不漏 使用塑料管的采暖系统应在试验压力下1h内压力降不大于0.05 MPa,然后降压至工作压力的1.15倍,稳压2 h,压力降不大于0.03 MPa,同时各连接处不渗、不漏	

续表 7.26

序号	项目	合格质量标准	检验方法	检查数量
3	采暖系统冲洗、试运行和调试	系统试压合格后，应对系统进行冲洗并清扫过滤器及除污器 系统冲洗完毕应充水、加热，进行试运行和调试	现场观察、直至排出水不含泥沙、铁屑等杂质，且水色不浑浊为合格 观察、测量室温应满足设计要求	全数检查
4	补偿器的制作、安装及预拉伸	补偿器的型号、安装位置及预拉伸和固定支架的构造及安装位置应符合设计要求。 根据设计图纸的要求进行检查，核对 1)L 形伸缩器的长臂 L 的长度应在 20 ~ 50 m 左右，否则会使短臂移动量过大而失去作用 2)Z 形补偿器的长度，应控制在 40 ~ 50 m 的范围内 3)S 形伸缩器安装应进行隐蔽验收，记录伸缩器在拉伸前及拉伸后的长度值。监理(建设)单位现场专业人员应签认 方形补偿器制作时，应用整根无缝钢管煨制，如需要接口，其接口应设在垂直臂的中间位置，且接口必须焊接 方形补偿器应水平安装，并与管道的坡度一致；如其臂长方向垂直安装必须设排气及泄水装置	对照图纸，现场观察，并查验预拉伸记录	

续表 7.26

序号	项目	合格质量标准	检验方法	检查数量
5	平衡阀、调节阀、减压阀安装	平衡阀及调节阀型号、规格、公称压力及安装位置应符合设计要求。安装完后应根据系统平衡要求进行调试并作出标志 蒸汽减压阀和管道及设备上安全阀的型号、规格、公称压力及安装位置应符合设计要求。安装完毕后应根据系统工作压力进行调试，并做出标志	对照图纸查验产品合格证，并现场查看对照图纸查验产品合格证及调试结果证明书	全数检查

2）一般项目检验标准应符合表7.27的规定。

表 7.27　一般项目检验

序号	项目	合格质量标准	检验方法	检查数量
1	热量表、疏水器、除污器、过滤器及阀门	热量表、疏水器、除污器、过滤器及阀门的型号、规格、公称压力及安装位置应符合设计要求	对照图纸查验产品合查验产品合	全数检查
2	钢管焊接	钢管管道焊口尺寸的允许偏差应符合表7.17的规定	见表7.17	
3	采暖系统入口及分户计量入户装置安装	采暖系统入口装置及分户热计量系统入户装置，应符合设计要求。安装位置应便于检修、维护和观察	现场观察	

续表 7.27

<table>
<tr><th>序号</th><th>项目</th><th>合格质量标准</th><th>检验方法</th><th>检查数量</th></tr>
<tr><td rowspan="4">4</td><td rowspan="4">散热器支管及管道连接</td><td>散热器支管长度超过1.5 m时,应在支管上安装管卡</td><td>尺量和观察检查</td><td rowspan="5">全数检查</td></tr>
<tr><td>上供下回式系统的热水干管变径应顶平偏心连接,蒸汽干管变径应底平偏心连接
在管道干管上焊接垂直或水平分支管道时,干管开孔所产生的钢渣及管壁等废弃物不得残留管内,且分支管道在焊接时不得插入干管内
膨胀水箱的膨胀管及循环管上不得安装阀门。
焊接钢管管径大于32 mm的管道转弯,在作为自然补偿时应使用煨弯。塑料管及复合管除必须使用直角弯头的场合外应使用管道直接弯曲转弯</td><td>观察检查</td></tr>
<tr><td>当采暖热媒为110~130 ℃的高温水时,管道可拆卸件应使用法兰,不得使用长丝和活接头。法兰垫料应使用耐热橡胶板</td><td>观察和查验进料单</td></tr>
<tr style="display:none"></tr>
<tr><td>5</td><td>管道及金属支架的防腐</td><td>管道、金属支架和设备的防腐和涂漆应附着良好,无脱皮、起泡、流淌和漏涂缺陷</td><td>现场观察检查</td></tr>
</table>

续表 7.27

序号	项目	合格质量标准	检验方法	检查数量
6	管道安装允许偏差	采暖管道安装的允许偏差应符合表 7.28 的规定	见表 7.28	1)按系统内直线管段长度为 50 m 抽查工段,不足 50 m,不少于 2 段 2)有分隔墙建筑,以隔墙分为段数,抽查 5%,但不抽查 5%,但不少于 10 段 3)一根主管为一段,二层以上按楼层分段,抽查 5%,但不少于 10 段
7	管道保温允许偏差	管道和设备保温的允许偏差应符合表 7.9 的规定	见表 7.9	

3)允许偏差应符合表 7.28 的规定。

表 7.28　采暖管道安装的允许偏差和检验方法

<table>
<tr><th>项次</th><th colspan="3">项目</th><th>允许偏差</th><th>检验方法</th></tr>
<tr><td rowspan="4">1</td><td rowspan="4" colspan="1">横管道纵、横方向弯曲/mm</td><td rowspan="2" colspan="1">每 1 m</td><td>管径≤100 mm</td><td>1</td><td rowspan="4">用水平尺、直尺、拉线和尺量检查</td></tr>
<tr><td>管径>100 mm</td><td>1.5</td></tr>
<tr><td rowspan="2">全长(25 m 以上)</td><td>管径≤100 mm</td><td>≯13</td></tr>
<tr><td>管径>100 mm</td><td>≯25</td></tr>
<tr><td rowspan="2">2</td><td rowspan="2">立管垂直度/mm</td><td colspan="2">每 1 m</td><td>2</td><td rowspan="2">吊线和尺量检查</td></tr>
<tr><td colspan="2">全长(25 m 以上)</td><td>≯10</td></tr>
<tr><td rowspan="4">3</td><td rowspan="4">弯管</td><td rowspan="2">椭圆率 $\frac{D_{max}-D_{min}}{D_{max}}$</td><td>管径≤100 mm</td><td>10%</td><td rowspan="4">用外卡钳和尺量检查</td></tr>
<tr><td>管径>100 mm</td><td>8%</td></tr>
<tr><td rowspan="2">折皱不平度/mm</td><td>管径≤100 mm</td><td>4</td></tr>
<tr><td>管径>100 mm</td><td>5</td></tr>
</table>

注:D_{max},D_{min} 分别为管子最大外径及最小外径。

(2)验收资料。

1)材料出厂合格证。

2)设备出厂合格证。

3)阀门试压记录。

4)散热设备安装前水压试验记录。

5)管道系统水压试验记录。

6)管道吹洗记录。

7)隐蔽工程记录。

◆辅助设备及散热器安装

1. 监理巡视与检查

(1)水泵、水箱及热交换器等辅助设备,应具有产品合格证,其规格、型号及技术性能应符合设计要求及国家技术标准,应有完整的安装使用说明书;开箱检查,其附件、备件齐全,外观要求合格。

(2)散热器的型号、规格及使用压力应当符合设计要求,应有出厂合格证、安装使用说明书;散热器外观完整,无缺陷,无损坏,涂层良好;组对散热器垫片应为成品,其材质应符合设计要求,当设计无要求时应采用耐热橡胶。支托架及其他材料应符合设计要求,应具有产品合格证。

(3)金属辐射板。金属辐射板的材质应符合设计要求,并应有出厂合格证。

2. 监理验收

(1)验收标准。

1)主控项目检验标准应符合表 7.29 的规定。

表 7.29　主控项目检验

序号	项目	合格质量标准	检验方法	检查数量
1	散热器水压试验	散热器组对后，以及整组出厂的散热器在安装之前应作水压试验。试验压力如设计无要求时应为工作压力的1.5倍，但不小于0.6 MPa	试验时间为2～3 min，压力不降且不渗不漏	全数检查
2	金属辐射板水压试验	辐射板在安装前应作水压试验，如设计无要求时试验压力应为工作压力1.5倍，但不得小于0.6 MPa	试验时间为2～3 min，压力不降且不渗不漏	
3	金属辐射板安装	水平安装的辐射板应有不小于0.5%的坡度坡向回水管	水平尺、拉线和尺量检查	
		辐射板管道及带状辐射板之间的连接，应使用法兰连接	观察检查	
4	水泵、水箱安装	水泵、水箱、热交换器等辅助设备安装的质量检验与验收应按本章相关规定执行	—	

2）一般项目检验标准应符合表7.30的规定。

表 7.30　一般项目检验

序号	项目	合格质量标准	检验方法	检查数量
1	散热器组对	散热器组对应平直紧密，组对后的平直度应符合表7.31规定	拉线和尺量	全数检查
		组对散热器的垫片应符合下列规定： 1）组对散热器垫片应使用成品，组对后垫片外露应不大于1 mm 2）散热器垫片材质当设计无要求时，应采用耐热橡胶	观察和尺量检查	

续表 7.30

序号	项目	合格质量标准	检验方法	检查数量
2	散热器安装	散热器支架、托架安装,位置应准确,埋设牢固。散热器支架、托架数量,应符合设计或产品说明书要求	现场清点检查	全数检查
		散热器背面与装饰后的墙内表面安装距离,应符合设计或产品说明书要求。如设计未注明,应为 30 mm	尺量检查	
3	散热器表面防腐涂漆质量	铸铁或钢制散热器表面的防腐及面漆应附着良好,色泽均匀,无脱落、起泡、流淌和漏涂缺陷	现场观察	
4	散热器允许偏差	散热器安装允许偏差应符合表 7.32 的规定	见表 7.32	

3)允许偏差应符合表 7.31 的规定。

表 7.31 组对后的散热器平直度允许偏差

项次	散热器类型	片数	允许偏差/mm
1	长翼型	2~4	4
		5~7	6
2	铸铁片式	3~15	4
	钢制片式	16~25	6

表 7.32 散热器安装允许偏差和检验方法

项次	项目	允许偏差/mm	检验方法
1	散热器背面与墙内表面距离	3	尺量
2	与窗中心线或设计定位尺寸	20	
3	散热器垂直度	3	吊线和尺量

(2)验收资料参照本节“管道及配件”部分。

◆低温热水地板辐射及采暖系统安装

1. 监理巡视与检查

(1)低温热水地板辐射采暖系统盘管的材质应符合设计要求,并有产品合格证。若设计无要求时,可根据工作压力和热媒温度选用塑料管及复合管。

(2)钢管和铜管的要求与室内给水部分相关内容相同。

(3)分、集水器型号、规格及公称压力应符合设计要求,并应有产品说明书及合格证。

(4)其他材料应符合设计要求,并应具有产品合格证。

2. 监理验收

(1)验收标准。

1)主控项目检验标准应符合表7.33的规定。

表7.33 主控项目检验

序号	项目	合格质量标准	检验方法	检查数量
1	加热盘管埋地	地面下敷设的盘管埋地部分不应有接头	隐蔽前现场查看	全数检查
2	加热盘管水压试验	盘管隐蔽前必须进行水压试验,试验压力为工作压力的1.5倍,但不小于0.6 MPa	稳压1 h内,压力降不大于0.05 MPa且不渗不漏	
3	加热盘管曲率半径	加热盘管弯曲部分不得出现硬折弯现象,曲率半径应符合下列规定: 1)塑料管:应不小于管道外径的8倍 2)复合管:应不小于管道外径的5倍	尺量检查	

2)一般项目检验标准应符合表7.34的规定。

表7.34 一般项目检验

序号	项目	合格质量标准	检验方法	检查数量
1	分、集水器规格及安装	分、集水器型号、规格、公称压力及安装位置、高度等应符合设计要求	对照图纸及产品说明书,尺量检查	
2	加热盘管安装	加热盘管管径、间距和长度应符合设计要求。间距偏差不大于±10 mm	拉线和尺量检查	

续表 7.34

序号	项目	合格质量标准	检验方法	检查数量
3	防潮层、防水层、隔热层、伸缩缝	防潮层、防水层、隔热层及伸缩缝应符合设计要求	填充层浇灌前观察检查	全数检查
4	填充层混凝土强度	填充层强度标号应符合设计要求	作试块抗压试验	

(2)验收资料参照本章“管道及配件”部分。

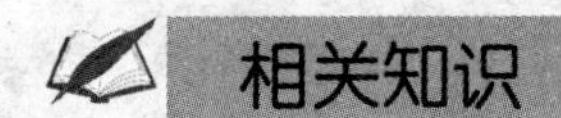

◆采暖系统的分类

(1)按供暖范围大小分为局部采暖、集中供暖及区域供暖三种形式。

(2)按热媒性质分为热水采暖、蒸汽采暖及热风采暖三种形式。

(3)按供、回水立管的布置分为双管系统、单管系统及混合式系统等。

(4)按热媒循环动力分为自然循环热水采暖系统与机械循环热水采暖系统两种系统。

(5)按热媒的压力和温度不同分为低温低压热水采暖与高温高压热水采暖系统;低压蒸汽采暖和高压蒸汽采暖系统。

(6)按供水干管布置位置分上供下回式、上供上回式、下供下回式、中分式及水平串联式等。

(7)按散热设备传热方式不同分为散热器、辐射板及暖风机三种形式。

第4节　室外给、排水管网安装工程质量监理

要　点

监理员应掌握给、排水管道安装、消防水泵接气器及室外消火栓安装、给、排水管沟及井室安装工程的质量监理工作。

解　释

◆给、排水管道安装

1.给水管道安装

(1)监理巡视与检查。

1)管道在安装下管前应先检查管节的内外防腐层,合格才方可下管。

2)管节焊接前应先修口、清根,管端端面的坡口角度、钝边、间隙应符合规定,不得在对口间隙夹焊帮条或用加热法缩小间隙施焊。

3)在热天或昼夜温差较大地区施工时,应在气温较低时施工,冬期宜在午间气温较高时施工,并应采取保温措施。刚性接口填打后,管道不得碰撞及扭转。

4)采用柔性接口在橡胶圈安装就位后不得扭曲。当用探尺检查时,沿周围各点应与承口端面等距,其允许偏差应为±3 mm。

5)当特殊需要采用铅接口施工时,管口表面必须干燥、清洁,严禁水滴落入铅锅内;灌铅时铅液必须沿注孔一侧灌入,一次灌满,不得断流;脱膜后将铅打实,表面应平整,凹入承口应为1~2 mm。

6)铸铁、球墨铸铁压力管安装在高程上的允许偏差为±20 mm,轴线位置的允许偏差为30 mm。

(2)监理验收。

1)验收标准。

①主控项目检验标准应符合表7.35的规定。

表 7.35 主控项目检验

序号	项目	合格质量标准	检验方法	检查数量
1	埋地管道覆土深度	给水管道在埋地敷设时,应在当地的冰冻线以下,如必须在冰冻线以上铺设时,应做可靠的保温防潮措施。在无冰冻地区,埋地敷设时,管顶的覆土埋深不得小于 500 mm,穿越道路部位的埋深不得小于 700 mm	现场观察检查	全数检查
2	给水管道不得直接穿越污染源	给水管道不得直接穿越污水井、化粪池、公共厕所等污染源	观察检查	
3	管道上可拆和易腐件不埋在土中	管道接口法兰、卡扣、卡箍等应安装在检查井或地沟内,不应埋在土壤中	观察检查	
4	井内管道安装	给水系统各种井室内的管道安装,如设计无要求,井壁距法兰或承口的距离:管径小于或等于 450 mm 时,不得小于 250 mm;管径大于 450 mm 时,不得小于 350 mm	尺量检查	

续表 7.35

序号	项目	合格质量标准	检验方法	检查数量
5	管网水压试验	管网必须进行水压试验,试验压力为工作压力的1.5倍,但不得小于0.6 MPa	管材为钢管、铸铁管时,试验压力下10 min内压力降应不大于0.05 MPa,然后降至工作压力进行检查,压力应保持不变,不渗不漏;管材为塑料管时,试验压力下,稳压1 h压力降不大于0.05 MPa,然后降至工作压力进行检查,压力应保持不变,不渗不漏	全数检查
6	埋地管道防腐	镀锌钢管、钢管的埋地防腐必须符合设计要求,卷材与管材间应粘贴牢固,无空鼓、滑移、接口不严等	观察和切开防腐层检查	每50 m抽查一处,不少于5处
7	管道冲洗和消毒	给水管道在竣工后,必须对管道进行冲洗,饮用水管道还要在冲洗后进行消毒,满足饮用水卫生要求	观察冲洗水的浊度,查看有关部门提供的检验报告	

②一般项目检验标准应符合表7.36的规定。

表7.36　一般项目检验

序号	项目	合格质量标准	检验方法	检查数量
1	管道和支架涂漆	管道和金属支架的涂漆应附着良好,无脱皮、起泡、流淌和漏涂等缺陷	现场观察检查	

续表 7.36

序号	项目	合格质量标准	检验方法	检查数量
2	阀门、水表安装位置	管道连接应符合工艺要求，阀门、水表等安装位置应正确。塑料给水管道上的水表、阀门等设施其重量或启闭装置的扭矩不得作用于管道上，当管径≥50 mm 时必须设独立的支撑装置	现场观察检查	每 50 m 抽查一处，不少于 5 处
3	给水与污水管敷设间距	给水管道与污水管道在不同标高平行敷设，其垂直间距在 500 mm 以内时，给水管管径小于或等于200 mm 的，管壁水平间距不得小于1.5 m；管径大于 200 mm 的，不得小于3 m	观察和尺量检查	
4	管道连接	沿曲线敷设，每个接口允许有 2°转角	尺量检查	全数检查
		捻口用的油麻填料必须清洁，填塞后应捻实，其深度应占整个环型间隙深度的1/3 捻口用水泥强度应不低于32.5，接口水泥应密实饱满，其接口水泥面凹入承口边缘的深度不得大于2 mm	观察和尺量检查	
		采用水泥捻口的给水铸铁管，在安装地点有侵蚀性的地下水时，应在接口处涂抹沥青防腐层	观察检查	
5	管道安装允许偏差	管道的坐标、标高、坡度应符合设计要求，管道安装的允许偏差应符合表7.37 的规定	见表7.37	

表 7.37　室外给水管道安装的允许偏差和检验方法

<table>
<tr><th>项次</th><th colspan="3">项目</th><th>允许偏差/mm</th><th>检验方法</th></tr>
<tr><td rowspan="4">1</td><td rowspan="4">坐标</td><td rowspan="2">铸铁管</td><td>埋地</td><td>100</td><td rowspan="12">拉线和尺量检查</td></tr>
<tr><td>敷设在沟槽内</td><td>50</td></tr>
<tr><td rowspan="2">钢管、塑料管、复合管</td><td>埋地</td><td>100</td></tr>
<tr><td>敷设在沟槽内或架空</td><td>40</td></tr>
<tr><td rowspan="4">2</td><td rowspan="4">标高</td><td rowspan="2">铸铁管</td><td>埋地</td><td>±50</td></tr>
<tr><td>敷设在沟槽内</td><td>±30</td></tr>
<tr><td rowspan="2">钢管、塑料管、复合管</td><td>埋地</td><td>±50</td></tr>
<tr><td>敷设在沟槽内或架空</td><td>±30</td></tr>
<tr><td rowspan="2">3</td><td rowspan="2">水平管纵横向弯曲</td><td>铸铁管</td><td>直段(25m 以上)
起点～终点</td><td>40</td></tr>
<tr><td>钢管、塑料管、复合管</td><td>直段(25m 以上)
起点～终点</td><td>30</td></tr>
</table>

2)验收资料。

①管材合格证。

②管道回土前,做好试压工作后,应做好试压记录。

③应及时做好各类管道的隐蔽验收记录。

④给水管道应做好吹洗记录。

⑤收集好管道及各类阀门合格证。

⑥应做好管道试压及阀门试压记录,施工各方签证应及时。

⑦应做好管沟的坐标,标高等隐蔽验收。

2. 排水管道安装

(1)监理巡视与检查。

1)排水铸铁管外壁在安装前应除锈,并涂两遍石油沥青漆。承插接口的排水管道安装时,管道和管件的承口应与水流方向相反。

排水管道安装的要求与给水管道安装要求相似,只是在材质、通过介质和压力上有所不同,所以可参照给水管道安装的相关要求执行。

②管道埋没前应当做灌水试验和通水试验，排水应畅通、无堵塞，管接口无渗漏。按排水检查井分段试验，试验水头应以试验段上游管顶加 1 m，时间不少于 30 min，逐段从上游向下游观察。

(2)监理验收。

1)验收标准。

①主控项目检验标准应符合表 7.38 的规定。

表 7.38 主控项目检验

序号	项目	合格质量标准	检验方法	检查数量
1	管道坡度	排水管道的坡度必须符合设计要求，严禁无坡或倒坡	用水准仪、拉线和尺量检查	全数检查
2	灌水试验和通水试验	管道埋设前必须做灌水试验和通水试验，排水应畅通，无堵塞，管接口无渗漏	按排水检查井分段试验，试验水头应以试验段上游管顶加 1 m，时间不少于 30 min，逐段观察	

②一般项目检验标准应符合表 7.39 的规定。

表 7.39 一般项目检验

序号	项目	合格质量标准	检验方法	检查数量
1	排水铸铁管的水泥捻口	排水铸铁管采用水泥捻口时，油麻填塞应密实，接口水泥应密实饱满，其接口面凹入承口边缘且深度不得大于 2 mm	观察和尺量检查	全数检查
2	排水铸铁管除锈、涂漆	排水铸铁管外壁在安装前应除锈，涂二遍石油沥青漆	观察检查	
3	承插接口安装方向	承插接口的排水管道安装时，管道和管件的承口应与水流方向相反	观察检查	

续表 7.39

序号	项目	合格质量标准	检验方法	检查数量
4	抹带接口要求	混凝土管或钢筋混凝土管采用抹带接口时，应符合下列规定： 1)抹带前应将管口的外壁凿毛，扫净，当管径小于或等于500 mm时，抹带可一次完成；当管径大于500 mm时，应分两次抹成，抹带不得有裂纹 2)钢丝网应在管道就位前放入下方，抹压砂浆时应将钢丝网抹压牢固，钢丝网不得外露 3)抹带厚度不得小于管壁的厚度，宽度宜为80～100 mm	观察和尺量检查	全数检查
5	安装允许偏差	管道的坐标和标高应符合设计要求，安装的允许偏差应符合表7.40的规定	见表7.40	

③允许偏差应符合表7.40的规定。

表7.40　室外排水管道安装的允许偏差和检验方法

项次	项目		允许偏差/mm	检验方法
1	坐标	埋地	100	拉线尺量
		敷设在沟槽内	50	
2	标高	埋地	±20	用水平仪、拉线和尺量
		敷设在沟槽内	±20	
3	水平管道纵横向弯曲	每5 m长	10	拉线尺量
		全长(两井间)	30	

2)验收资料。

①使用材料合格证。

②各类管道出厂合格证。

③管道坡度测量记录。

④管道施工等各类隐蔽验收记录。

⑤混凝土管、钢筋混凝土管的渗水量记录。

◆消防水泵接气器及室外消火栓安装

1. 监理巡视与检查

(1)应严格检查消火栓的各处开关是否灵活、严密、吻合,所配带的附属设备配件是否齐全。

(2)室外地下消火栓应砌筑消火栓井,室外地上消火栓应砌筑消火栓闸门井。在高级路面和一般路面上,井盖上表面同路面相平,允许偏差为±5 mm,无正规路时,井盖高出室外设计标高为50 mm,并应在井口周围以0.02的坡度向外做护坡。

(3)室外地下消火栓与主管连接的三通或弯头下部带座和无座的,均应先稳固在混凝土支墩上,管下皮距井底不应小于0.2 m,消火栓顶部距井盖底面,不应大于0.4 m,若超过0.4 m应增加短管。

(4)进行法兰闸阀、双法兰短管及水龙带接扣安装,接出的直管高于1 m时,应加固定卡子一道,井盖上铸有明显的“消火栓”字样。

(5)室外消火栓地上安装时,通常距地面高度为640 mm,首先应将消火栓下部的弯头带底座安装在混凝土支墩上,安装应稳固。

(6)安装消火栓开闭闸门,两者距离不应超过2.5 m。

(7)地下消火栓安装时,若设置闸门井,应当将消火栓自身的放水口堵死,在井内另设放水门。

(8)使用的闸门井井盖上应有消火栓字样。

(9)管道穿过井壁处,应严密不漏水。

2. 监理验收

(1)验收标准。

1)主控项目检验标准应符合表7.41的规定。

表 7.41 主控项目检验

序号	项目	合格质量标准	检验方法	检查数量
1	系统水压试验	系统必须进行水压试验，试验压力为工作压力的1.5倍，但不得小于0.6 MPa	试验压力下，10 min内压力降不大于0.05 MPa，然后降至工作压力进行检查，压力保持不变，不渗不漏	全数检查
2	管道冲洗	消防管道在竣工前，必须对管道进行冲洗	观察冲洗出水的浊度	
3	消防水泵接合器和消火栓位置标志及栓口安装高度	消防水泵接合器和消火栓的位置标志应明显，栓口的位置应方便操作。消防水泵接合器和室外消火栓当采用墙壁式时，如设计未要求，进、出水栓口的中心安装高度距地面应为1.10 m，其上方应设有防坠落物打击的措施	观察和尺量检查	

2）一般项目检验标准应符合表7.42的规定。

表 7.42 一般项目检验

序号	项目	合格质量标准	检验方法	检查数量
1	地下式消防水泵接合器、消火栓安装	地下式消防水泵接合器顶部进水口或地下式消火栓的顶部出水口与消防井盖底面的距离不得大于400 mm，井内应有足够的操作空间，并设爬梯。寒冷地区井内应做防冻保护	观察和尺量检查	全数检查
2	阀门安装	消防水泵接合器的安全阀及止回阀安装位置和方向应正确，阀门启闭应灵活	现场观察和手扳检查	
3	室外消火栓和消防泵结合器栓口安装高度允许偏差	室外消火栓和消防水泵接合器的各项安装尺寸应符合设计要求，栓口安装高度允许偏差为±20 mm	尺量检查	

(2)验收资料。

1)管材合格证。

2)管道回土前,做好试压工作后,应做好试压记录。

3)应及时做好各类管道的隐蔽验收记录。

4)给水管道应做好吹洗记录。

5)收集好管道及各类阀门合格证。

6)应做好管道试压及阀门试压记录,施工各方签证应及时。

7)应做好管沟的坐标,标高等隐蔽验收。

◆给、排水管沟及井室

1.监理巡视与检查

(1)给水管沟井室。

1)管沟(井室)的坐标、位置、沟底标高应符合设计要求。管沟(井室)土方开挖前应做好定位放线工作,从而保证管沟(井室)的位置、尺寸和走向正确。

2)管沟的基层处理和井室的地基必须符合设计要求:

①管沟(井室)土方开挖完成后应认真做好验底工作,并应做好隐蔽验收记录。

②管沟的沟底层应是原土层,或是夯实的回填土,沟底应平整,坡度应顺畅,不得有尖硬的物体、块石等。

③若沟基为岩石、不易清除的块石或为砾石层时,沟底应下挖100~200 mm,填铺细砂或粒径不大于5 mm的细土,夯实到沟底标高后,才可进行管道敷设。

3)井室的砌筑应按设计或给定的标准图施工。

①井室的底标高在地下水位以上时,基层应为素土夯实;在地下水位以下时,基层应浇100 mm厚的混凝土底板。

②井室砌筑应采用水泥砂浆,砌筑方法和要求应当符合砌体工程的规定;井室内表面抹灰后应严密不透水。

③管道穿过井壁处,应用水泥砂浆分两次填塞严密、抹平,不得渗漏。

4)井室的井盖应符合设计要求,应有明显的文字标识,且各种井盖不得混用。

5)管沟回填土:在管顶上部200 mm以内应用沙子或无块石及冻土块的土,并不得用机械回填;管顶上部500 mm以内不得回填直径大于100 mm的块石和冻土块;500 mm以上部分回填土中的块石或冻土块不得集中,上部采用机械回填时,机械不得在管沟上行走。

(2)排水管沟及井池。

1)各种排水井池应按设计给定的标准图施工,各种排水井和化粪池应用混凝土做底板(雨水井除外),其厚度应不小于100 mm。

施工时应保证井池的规格、尺寸与位置正确,砌筑和抹灰应符合要求,不得渗漏。

2)沟基的处理和井池底板强度必须符合设计要求。若沟基夯实和支墩大小、尺寸、距离、强度等应符合设计要求;井池底板混凝土强度等级、配筋情况等应符合设计要求。

3)排水检查井、化粪池的底板及进出水管的标高,应当符合设计,其允许偏差为±15 m。

4)检查井、雨水口及其他井室周围的回填,应与管道沟槽的回填同时进行,井室周围回填夯实应对称进行,不得漏夯。

2. 监理验收

(1)给水管沟井室。

1)验收标准。

①主控项目检验标准应符合表7.43的规定。

表7.43 主控项目检验

序号	项目	合格质量标准	检验方法	检查数量
1	管沟的基层处理和井室的地基	管沟的基层处理和井室的地基必须符合设计要求	现场观察检查	全数检查
2	井盖标识及其使用	各类井室的井盖应符合设计要求,应有明显的文字标识,各种井盖不得混用		

续表 7.43

序号	项目	合格质量标准	检验方法	检查数量
3	各类井盖安装	设在通车路面下或小区道路下的各种井室,必须使用重型井圈和井盖,井盖上表面应与路面相平,允许偏差为±5 mm。绿化带上和不通车的地方可采用轻型井圈和井盖,井盖的上表面应高出地坪50 mm,并在井口周围以2%的坡度向外做水泥砂浆护坡	观察和尺量检查	全数检查
4	重型井圈与墙体结合部处理	重型铸铁或混凝土井圈,不得直接放在井室的砖墙上,砖墙上应做不少于80 mm厚的细石混凝土垫层		

②一般项目检验标准应符合表7.44的规定。

表 7.44　一般项目检验

序号	项目	合格质量标准	检验方法	检查数量
1	管沟坐标、位置和沟底标高	管沟的坐标、位置、沟底标高应符合设计要求	观察和尺量检查	全数检查
2	管沟沟底要求	管沟的沟底层应是原土层,或是夯实的回填土,沟底应平整,坡度应顺畅,不得看尖硬的物体、块石等	观察检查	
3	特殊管沟基底处理	如沟基为岩石、不易清除的块石或为砾石层时,沟底应下挖100~200 mm,填铺细砂或粒径不大于5 mm的细土,夯实到沟底标高后,方可进行管道敷设	观察和尺量检查	

续表 7.44

序号	项目	合格质量标准	检验方法	检查数量
4	管沟回填土要求	管沟回填土，管顶上部 200 mm 以内应用砂子或无块石及冻土块的土，并不得用机械回填；管顶上部 500 mm 以内不得回填直径大于 100 mm 的块石和冻土块；500 mm 以上部分回填土中的块石或冻土块不得集中。上部用机械回填时，机械不得在管沟上行走	观察和尺量检查	每 50m 抽查 2 处，每处不得少于 10 m
5	井室内施工要求	井室的砌筑应按设计或给定的标准图施工。井室的底标高在地下水位以上时，基层应为素土夯实；在地下水位以下时，基层应打 100 mm 厚的混凝土底板。砌筑应采用水泥砂浆，内表面抹灰后应严密不透水		
6	管道穿越井壁	管道穿过井壁处，应用水泥砂浆分两次填塞严密、抹平，不得渗漏	观察检查	

2)验收资料参照本章“消防水泵接气器及室外消火栓安装部分。

(2)排水管沟及井池。

1)验收标准。

①主控项目检验标准应符合表 7.45 的规定。

表 7.45 主控项目检验

序号	项目	合格质量标准	检验方法	检查数量
1	沟基处理和井池底板强度	沟基的处理和井池的底板强度必须符合设计要求	现场观察和尺量检验，检查混凝土强度报告	全数检查
2	检查井、化粪池的底板及进出口水管安装	排水检查井、化粪池的底板及进、出水管的标高，必须符合设计，其允许偏差为±15 mm	用水准仪及尺量检查	

②一般项目检验标准应符合表 7.46 的规定。

表 7.46　一般项目检验

序号	项目	合格质量标准	检验方法	检查数量
1	井、池要求	井、池的规格、尺寸和位置应正确,砌筑和抹灰符合要求	观察、尺量检查	按总数 20% 抽检,且不得少于 3 处
2	井盖标识、标高及选用	井盖选用应正确,标志应明显,标高应符合设计要求		

2)验收资料。

①使用材料合格证。

②各类管道出厂合格证。

③管道坡度测量记录。

④管道施工等各类隐蔽验收记录。

⑤混凝土管、钢筋混凝土管的渗水量记录。

◆室外给、排水系统的组成

1. 室外给水系统

室外给水系统主要由水源、取水工程、净水工程、输配水工程和泵站五部分组成。

(1)水源。给水水源可分为两大类:一类为地面水,例如江水、河水、湖水、水库及海水等;另一类为地下水,例如井水、泉水、喀斯特溶洞水等。

1)地面水。地面水是指存在于地壳表面、暴露于大气,例如江、河、湖泊和水库等的水源。地面水易受到污染,含杂质较多,水质和水温都不稳定,但水量充沛。

2)地下水。地下水源有潜水、承压水和泉水等。由于地下水埋藏于地表以下的地层之中,水质受污染少,比较清洁,水温低而且水质较稳定,通常不需净化或稍加净化就能满足生活饮用水水质标准的要求。

(2)取水工程。根据水源的不同,取水工程大致可分为如下两类:

1)地面水取水构筑物的形式很多,常见的有河床式、岸边式及浮船式、缆车式等。在仅有山溪小河的地方取水,常用低栏栅、低坝等取水构筑物。

2)地下水取水构筑物的形式,与地下水埋深、含水层厚度等水文地质条件有关。

(3)净水工程。水源水中往往含有各种杂质,例如地下水常含有各种矿物盐类;而地面水则常含有泥沙、溶解性气体、各种盐类、水草腐殖质、细菌及病原菌等,所以未经处理的水不能直接送往用户。

(4)输配水工程。输配水工程通常包括配水管网、输水管道及调节构筑物等。

1)配水管网的任务是将输水管送来的水分配到用户,它是根据用水地区的地形及最大用水户分布情况并结合城市规划来进行布置。

2)输水管是把净水厂和配水管网联系起来的管道,其特点是只输水而不配水。允许间断供水的给水工程或多水源供水的给水工程一般只设一条输水管;不允许间断供水的给水工程通常应设两条或两条以上的输水管。

3)水塔或高位水池和清水池是给水系统的调节设施,其作用是调节供水量与用水量之间的不平衡状况,并保证管网所需水压。

(5)泵站。泵站是把整个给水系统连为一体的枢纽,是保证给水系统正常运行的关键。在给水系统中,一级泵站是指把水源的取水泵站,二级泵站是指连接清水池和输配水系统的送水泵站。

2. 室外排水系统

室外排水系统通常可分为雨水排除系统与污水排除系统。

(1)污水排除系统。污水排除系统是用来排除城镇的生活污水和生产污水的系统。它主要由污水管道、污水泵站、污水处理厂及出水口组成。

(2)雨水排除系统。雨水排除系统主要用来排除城镇雨(雪)水、消防用水及街道清洗用水,通常由雨水口、雨水管道、雨水泵站及出水口组成。

由于雨水水质接近地表水水质(降雨初期除外),所以可不经处理直接排入水体。有时,工业废水也会并入该系统,随雨(雪)水等直接排入水体。

第5节　室外供热管网安装工程质量监理

要　点

室外供热管道连接均应采用焊接连接,监理员应掌握各项安装的质量监理。

解　释

◆监理巡视与检查

(1)疏水器安装。疏水器安装应在管道和设备的排水线以下;若凝结水管高于蒸汽管道和设备排水线,应安装止回阀;或在垂直升高的管段之前,或在能积集凝结水的蒸汽管道的闭塞端,以及每隔50 m左右长的直管段上。蒸汽管道安装时,应高于凝结水管道,其高差应大于或等于安装疏水装置时所需要的尺寸。因为蒸汽管道内所产生的凝结水,需要通过疏水装置排入凝结水管中去。

(2)排气阀安装。热水管网中,也要设置排气与放水装置。排气点应放置在管网中的高位点。通常排气阀门直径值选用15 ~25 mm。在管网的低位点设置放水装置,放水阀门的直径一般选用热水管直径的1/10左右,但是最小不应小于20 mm。

(3)伸缩器(胀力弯)安装。方形伸缩器(胀力弯)水平安装,应当与管道坡度一致;垂直安装,应有排气装置。

伸缩器安装前应作预拉。方形伸缩器预拉伸长度等于 1/2Δx,预拉伸长的允许差为+10 mm。

管道预拉伸长度应按下列公式计算:

$$\Delta x=0.012(t_1-t_2)L \tag{7.1}$$

式中 Δx——管道热伸长(mm);

t_1——热媒温度(℃);

t_2——安装时环境温度(℃);

L——管道长度(m)。

(4)减压阀安装。

1)减压阀的阀体应垂直安装在水平管道上,前后应装法兰截止阀。通常未经减压前的管径与减压阀的公称直径相同。安装在减压阀后的管径比减压阀的公称直径大两个号码,减压阀安装应注意方向,不得装反;薄膜式减压阀的均压管应安装在管道的低压侧,检修更换减压阀应打开旁通管。

2)减压器安装完后,应根据使用压力进行调试,并作出调试后的标志。

◆监理验收

(1)验收标准。

1)主控项目检验标准应符合表 7.47 的规定。

表 7.47 主控项目检验

序号	项目	合格质量标准	检验方法	检查数量
1	平衡阀、调节阀选用、安装及调试	平衡阀及调节阀型号、规格及公称压力应符合设计要求。安装后应根据系统要求进行调试,并作出标志	对照设计图纸及产品合格证,并现场观察调试结果	全数检查
2	直埋无补偿供热管道敷设	直埋无补偿供热管道预热伸长及三通加固应符合设计要求。回填前应注意检查预制保温层外壳及接口的完好性。回填应按设计要求进行	回填前现场验核和观察	

续表 7.47

序号	项目	合格质量标准	检验方法	检查数量
3	补偿器位置和预拉置和预拉置和构造	补偿器的位置必须符合设计要求,并应按设计要求或产品说明书进行预拉伸。管道固定支架的位置和构造必须符合设计要求	对照图纸,并查验预拉伸记录	
4	检查井、入口管道布置	检查井室、用户入口处管道布置应便于操作及维修、支、吊、托架稳固,并满足设计要求	对照图纸,观察检查	
5	直埋管道及接口现场发泡保温处理	直埋管道的保温应符合设计要求,接口在现场发泡时,接头处厚度应与管道保温层厚度一致,接头处保护层必须与管保护层成一体,符合防潮防水要求	对照图纸,观察检查	
6	管道水压试验	供热管道的水压试验压力应为工作压力的1.5倍,但不得小于0.6 MPa 供热管道作水压试验时,试验管道上的阀门应开启,试验管道与非试验管道应隔断	在试验压力下10 min内压力降不大于0.05 MPa,然后降至工作压力下检查,不渗不漏 开启和关闭阀门检查	
7	管道冲洗	管道试压合格后,应进行冲洗	现场观察,以水色不浑浊为合格	
8	通热试运行及调试	管道冲洗完毕应通水、加热,进行试运行和调试。当不具备加热条件试运行和调试。当不具备加热条件	测量各建筑物热力入口处供回水温度及压力	

2)一般项目检验标准应符合表 7.48 的规定。

表 7.48　一般项目检验

序号	项目	合格质量标准	检验方法	检查数量
1	管道坡度	管道水平敷设其坡度应符合设计要求	对照图纸，用水准仪(水平尺)、拉线和尺量检查	全数检查
2	除污器构造、安装位置	除污器构造应符合设计要求，安装位置和方向应正确。管网冲洗后应清除内部污物	打开清扫口检查	
3	管道焊接	管道及管件焊接的焊缝表面质量应符合下列规定： 1)焊缝外形尺寸应符合图纸和工艺文件的规定，焊缝高度不得低于母材表面，焊缝与母材应圆滑过渡 2)焊缝及热影响区表面应无裂纹、未熔合、未焊透、夹渣、弧坑和气孔等缺陷	见表 7.17	
4	管道安装要求	供热管道的供水管或蒸汽管，如设计无规定时，应敷设在载热介质前进方向的右侧或上方	对照图纸，观察检查	全数检查
		地沟内的管道安装位置，其净距(保温层外表面)应符合下列规定： 1)与沟壁：100～150 mm 2)与沟底：100～200 mm 3)与沟顶(不通行地沟)：50～100 mm(半通行和通行地沟)：200～300 mm	尺量检查	
		架空敷设的供热管道安装高度，如设计无规定时，应符合下列规定(以保温层外表面计算)： 1)人行地区，不小于 2.5 m 2)通行车辆地区，不小于 4.5 m 3)跨越铁路，距轨顶不小于 6 m	尺量检查	

续表 7.48

<table>
<tr><th>序号</th><th>项目</th><th>合格质量标准</th><th>检验方法</th><th>检查数量</th></tr>
<tr><td>5</td><td>管道防锈漆质量要求</td><td>防锈漆的厚度应均匀，不得有脱皮、起泡、流淌和漏涂等缺陷</td><td>保温前观察检查</td><td rowspan="3">全数检查</td></tr>
<tr><td>6</td><td>安装允许偏差</td><td>室外供热管道安装的允许偏差应符合表 7.49 的规定</td><td>见表 7.49</td></tr>
<tr><td>7</td><td>管道保温允许偏差</td><td>管道保温层的厚度和平整度的允许偏差应符合表 7.9 的规定</td><td>见表 7.9</td></tr>
</table>

3）允许偏差应符合表 7.49 的规定

表 7.49 室外供热管道安装的允许偏差和检验方法

<table>
<tr><th>项次</th><th colspan="3">项目</th><th>允许偏差</th><th>检验方法</th></tr>
<tr><td rowspan="2">1</td><td colspan="2" rowspan="2">坐标/mm</td><td>敷设在沟槽内及架空</td><td>20</td><td rowspan="2">用水准仪（水平尺）、直尺、拉线检查</td></tr>
<tr><td>埋地</td><td>50</td></tr>
<tr><td rowspan="2">2</td><td colspan="2" rowspan="2">标高/mm</td><td>敷设在沟槽内及架空</td><td>±10</td><td rowspan="2">尺量检查</td></tr>
<tr><td>埋 地</td><td>±15</td></tr>
<tr><td rowspan="4">3</td><td rowspan="4">水平管道纵、横方向弯曲/mm</td><td rowspan="2">每米</td><td>管径≤100 mm</td><td>1</td><td rowspan="4">用水准仪（水平尺）、直尺、拉线和尺量检查</td></tr>
<tr><td>管径>100 mm</td><td>1.5</td></tr>
<tr><td rowspan="2">全长（25m 以上）</td><td>管径≤100 mm</td><td>≤13</td></tr>
<tr><td>管径>100 mm</td><td>≤25</td></tr>
<tr><td rowspan="5">4</td><td rowspan="5">弯管</td><td rowspan="2">椭圆率 $\frac{D_{max}-D_{min}}{D_{max}}$</td><td>管径≤100 mm</td><td>8%</td><td rowspan="5">用外卡钳和尺量检查</td></tr>
<tr><td>管径>100 mm</td><td>5%</td></tr>
<tr><td rowspan="3">褶皱不平度/mm</td><td>管径≤100 mm</td><td>4</td></tr>
<tr><td>管径 125～200 mm</td><td>5</td></tr>
<tr><td>管径 250～400 mm</td><td>7</td></tr>
</table>

(2)验收资料。

1)管材、配件、保温材料出厂合格证。

2)管道试压记录。

3)减压器调压记录。

4)伸缩器预拉伸记录。

5)系统吹洗记录。

相关知识

◆室外供热管网的划分

1. 按管道布置形状划分

(1)枝状。用户只在室外供热管道的一个方向获取热源,其优点在于投资费用低,一般用户多采用此种敷设方式。

(2)环状。用户可在两个以上的方向取得热源,其优点为热源有更可靠的保障,多用于要求标准较高的用户,但投资费用较高。

2. 按管道敷设方式划分

(1)架空敷设。多用于工厂区,可分为高支架、中支架及低支架。

1)高支架。多用于主要干道,管底净高应不低于4.0 m;跨越铁路时,管底净高应不低于6.0 m。多为钢或钢筋混凝土结构,造价较高。

2)中支架。用于人行通道处,通常高度为2.0~2.5 m。

3)低支架。通常高度为0.3~1.0 m,其优点在于节省材料、施工维修方便。

(2)地沟敷设。

1)通行地沟。用于管径大、管道多、管道垂直排列超过1.5 m时的管道敷设。地沟净高不低于1.8 m,通道宽度应不窄于0.7 m,地沟内应适当设出入口,特别在阀门和管道分支处,其沟内温度不应超过45 ℃。

2)半通行地沟。沟的净高通常为1.2~1.4 m,通道宽度通常为0.6~0.7 m,管道配件处通常设检查井。

3)不通行地沟。地沟尺寸只考虑管道安装需要,但在有配件的地方应设检查井。

(3)直埋敷设。具有占地少、施工周期短及管道寿命长等优点，目前在供热外线中应用较多。

第6节　供热锅炉及辅助设备安装工程质量监理

要　点

监理员应掌握锅炉安装、辅助设备安装及管道安全附件安装的质量监理工作。

解　释

◆监理巡视与检查

1. 锅炉安装

(1)锅炉就位后应进行找正，找正和测量工具可使用千斤顶、撬棒和线锤、水平尺、液体连通器及卷尺等。

(2)锅炉横向水平可在总汽阀法兰座上(除去毛刺不洁物，保持平滑)用水平尺测量，也可用软管水平仪(液体连通器)测量两侧水位表。

(3)锅炉本体的找正与找平应达到下列要求：

1)锅炉的纵向中心线与基础的纵向中心线相吻合，误差应不大于10 mm。

2)锅炉炉排前轴中心线与基础上画出的前轴中心线相吻合，误差应不大于2 mm。

3)锅炉的横向水平偏差不大于5 mm。

4)锅炉纵向水平的找正，若制造时已有排污坡度的锅炉，找正时应水平。制造时无排污坡度的锅炉，找正时应将锅炉前端较后端高出25~35 mm，以利排污。但此时应校核炉排前轴和后轴的组对标高，其误差应不大于5 mm。

2. 辅助设备安装

(1)风管安装要求。

1)砖砌地下风道,风道内壁用水泥砂浆抹平,表面光滑、严密;风机出口与风管之间、风管与地下风道之间连接要严密,防止漏风。

2)安装烟道时应使之自然吻合,不得强行连接,更不允许将烟道重量压在风机上。当采用钢板风道时,风道法兰连接要严密,应设置安装防护装置。

3)安装调节风门时应注意不要装反,应标明开、关方向。

4)安装调节风门后试拨转动,检查是否灵活,定位是否可靠。

(2)安装冷却水管。冷却水管应干净畅通。排水管应安装漏斗以便于直观出水的大小,出水大小可用阀门调节。安装后应按要求进行水压试验,若无规定,试验压力应不低于0.4 MPa,其他要求可参考给水管安装要求。

(3)轴承箱清洗加油。

(4)安装安全罩,安全罩的螺栓应拧紧。

(5)风机试运行。试运行前用手转动风机,检查是否灵活。试运转应时关闭调节阀门,接通电源,进行点试,检查风机转向是否正确,有无摩擦和振动现象。启动后再稍开调节门,调节门的开度应使电动机的电流不超过额定电流。运转时应检查电动机和轴承升温是否正常。风机试运行应不小于2 h,并作好运行记录。

◆监理验收

(1)验收标准。

1)锅炉安装。

①主控项目检验标准应符合表7.50的规定。

表7.50 主控项目检验

序号	项目	合格质量标准	检验方法	检查数量
1	锅炉基础验收	锅炉设备基础的混凝土强度必须达到设计要求,基础的坐标、标高、几何尺寸和螺栓孔位置应符合相关规定	相关规定	全数检查

续表 7.50

序号	项目	合格质量标准	检验方法	检查数量
2	非承压锅炉安装	非承压锅炉,应严格按设计或产品说明书的要求施工。锅筒顶部必须敞口或装设大气连通管,连通管上不得安装阀门	对照设计图纸或产品说明书检查	全数检查
		以天然气为燃料的锅炉的天然气释放管或大气排放管不得直接通向大气,应通向贮存或处理装置	对照设计图纸检查	
		两台或两台以上燃油锅炉共用一个烟囱时,每一台锅炉的烟道上均应配备风阀或挡板装置,并应具有操作调节和闭锁功能	观察和手扳检查	
3	锅炉烘炉和试运行	锅炉火焰烘炉应符合下列规定: 1)火焰应在炉膛中央燃烧,不应直接烧烤炉墙及炉拱 2)烘炉时间一般不少于 4 d,升温应缓慢,后期烟温不应高于 160 ℃,且持续时间应不少于 24 h 3)链条炉排在烘炉过程中应定期转动 4)烘炉的中、后期应根据锅炉水水质情况排污	计时测温、操作观察检查	
		烘炉结束后应符合下列规定: 1)炉墙经烘烤后没有变形、裂纹及塌落现象 2)炉墙砌筑砂浆含水率达到7%以下	测试及观察检查	
		锅炉在烘炉、煮炉合格后,应进行 48 h 的带负荷连续试运行,同时应进行安全阀的热状态定压检验和调整	检查烘炉、煮炉及试运行全过程	
4	排污管和排污阀安装	锅炉的锅筒和水冷壁的下集箱及后棚管的后集箱的最低处排污阀及排污管道不得采用螺纹连接	观察检查	

续表 7.50

序号	项目	合格质量标准	检验方法	检查数量
5	锅炉汽、水系统水压试验	锅炉的汽、水系统安装完毕后，必须进行水压试验。	1)在试验压力下10 min内压力降不超过0.02 MPa；然后降至工作压力进行检查，压力不降，不渗、不漏 2)观察检查，不得有残余变形，受压元件金属壁和焊缝上不得有水珠和水雾	全数检查
6	机械炉排冷态试运行	机械炉排安装完毕后应做冷态运转试验，连续运转时间应不少于8 h	观察运转试验全过程	
7	本体管道及管件焊接	锅炉本体管道及管件焊接的焊缝质量应符合下列规定： 1)焊缝表面质量应符合表7.48表项3的规定 2)管道焊口尺寸的允许偏差应符合表7.17的规定 3)无损探伤的检测结果应符合锅炉本体设计的相关要求	观察和检验无损探伤检测报告	

②一般项目检验标准应符合表7.51的规定。

表 7.51　一般项目检验

序号	项目	合格质量标准	检验方法	检查数量
1	锅炉煮炉	煮炉时间一般应为2~3 d,如蒸汽压力较低,可适当延长煮炉时间。非砌筑或浇筑保温材料保温的锅炉,安装后可直接进行煮炉。煮炉结束后,锅筒和集箱内壁应无油垢,擦去附着物后金属表面应无锈斑	打开锅筒和集箱检查孔检查	逐台检查
2	铸铁省煤器肋片破损限值	铸铁省煤器破损的肋片数应不大于总肋片数的5%,有破损肋片的根数应大于总根数的10%	观察	
3	锅炉本体安装坡度要求	锅炉本体安装应按设计或产品说明书要求布置坡度并坡向排污阀	用水平尺或水准仪检查	
4	锅炉炉底风室密封	锅炉由炉底送风的风室及锅炉底座与基础之间必须封、堵严密	观察检查	
5	省煤器出入口管道及阀门	省煤器的出口处(或入口处)应按设计或锅炉图纸要求安装阀门和管道	对照设计图纸检查	
6	电动调节阀安装	电动调节阀门的调节机构与电动执行机构的转臂应在同一平面内动作,传动部分应灵活、无空行程及卡阻现象,其行程及伺服时间应满足使用要求	操作时观察检查	
7	锅炉安装允许偏差	锅炉安装的坐标、标高、中心线和垂直度的允许偏差应符合表7.52的规定	见表7.52	

③允许偏差应符合表7.52的规定。

表7.52 锅炉安装的允许偏差和检验方法

项次	项目		允许偏差/mm	检验方法
1	坐 标		10	经纬仪、拉线和尺量
2	标 高		±5	水准仪、拉线和尺量
3	中心线垂直度	卧式锅炉炉体全高	3	吊线和尺量
		立式锅炉炉体全高	4	吊线和尺量

2)辅助设备安装。

①主控项目检验标准应符合表7.53的规定。

表7.53 主控项目检验

序号	项目	合格质量标准	检验方法	检查数量
1	辅助设备基础验收	辅助设备基础的混凝土强度必须达到设计要求,基础的坐标、标高、几何尺寸和螺栓孔位置必须符合表《建筑给水排水及采暖工程施工质量验收规范》(GB 50242—2002)中表13.2.1的规定	见表《建筑给水排水及采暖工程施工质量验收规范》(GB 50242—2002)中表13.2.1	全数检查
2	风机试运转	风机试运转,轴承温升应符合下列规定: 1)滑动轴承温度最高不得超过60 ℃ 2)滚动轴承温度最高不得超过80 ℃	用温度计检查	逐台检查
		轴承径向单振幅应符合下列规定: 1)风机转速小于1 000 r/min时,不应超过0.10 mm 2)风机转速为1 000~1 450 r/min时,不应超过0.08 mm	用测振仪表检查	

续表 7.53

序号	项目	合格质量标准	检验方法	检查数量
3	分汽缸(分水器、集水器)水压试验	分汽缸(分水器、集水器)安装前应进行水压试验,试验压力为工作压力的1.5倍,但不得小于0.6 MPa	试验压力下10 min内无压降、无渗漏	全数检查
4	箱、罐水压试验	敞口箱、罐安装前应做满水试验;密闭箱、罐应以工作压力的1.5倍做水压试验,但不得小于0.4 MPa	满水试验满水后静置24 h不渗不漏;水压试验在试验压力下10 min内无压降,不渗不漏	
5	地下直埋油罐气密性试验	地下直埋油罐在埋地前应做气密性试验,试验压力降应不小于0.03 MPa	试验压力下观察30 min不渗、不漏,无压降	
6	操作通道	各种设备的主要操作通道的净距如设计不明确时应不小于1.5 m,辅助的操作通道净距应不小于0.8 m	尺量检查	

②一般项目检验标准应符合表7.54的规定。

表7.54　一般项目检验

序号	项目	合格质量标准	检验方法	检查数量
1	斗式提升机安装	单斗式提升机安装应符合下列规定: 1)导轨的间距偏差不大于2 mm 2)垂直式导轨的垂直度偏差不大于0.1%;倾斜式导轨的倾斜度偏差不大于0.2% 3)料斗的吊点与料斗垂心在同一垂线上,重合度偏差不大于10 mm 4)行程开关位置应准确,料斗运行平稳,翻转灵活	吊线坠、拉线及尺量检查	逐台检查

续表 7.54

序号	项目	合格质量标准	检验方法	检查数量
2	风机传动部位安全防护装置	安装锅炉送、引风机，转动应灵活无卡碰等现象；送、引风机的传动部位，应设置安全防护装置	观察和启动检查	逐台检查
3	手摇泵、注水器安装高度	手摇泵应垂直安装。安装高度如设计无要求时，泵中心距地面为800 mm	吊线和尺量检查	
		注水器安装高度，如设计无要求时，中心距地面为1.0～1.2 m	尺量检查	
4	水泵安装及试运转	水泵安装的外观质量检查；泵壳不应有裂纹、砂眼及凹凸不平等缺陷；多级泵的平衡管路应无损伤或折陷现象；蒸汽往复泵的主要部件、活塞及活动轴必须灵活	观察和启动检查	
		水泵试运转、叶轮与泵壳不应相碰，进、出口部位的阀门应灵活。轴承温升应符合产品说明书的要求	通电、操作和测温检查	
5	除尘器安装	除尘器安装应平稳牢固，位置和进、出口方向应正确。烟管与引风机连接时应采用软接头，不得将烟管重量压在风机上	观察检查	
6	除氧器排汽管	热力除氧器和真空除氧器的排汽管应通向室外，直接排入大气	观察检查	
7	软化水设备安装	软化水设备罐体的视镜应布置在便于观察的方向。树脂装填的高度应按设备说明书要求进行	对照说明书，观察检查	
8	安装允许偏差	锅炉辅助设备安装的允许偏差应符合表7.55的规定	见表7.55	

表 7.55　锅炉辅助设备安装的允许偏差和检验方法

<table>
<tr><th>项次</th><th colspan="3">项目</th><th>允许偏差
/mm</th><th>检验方法</th></tr>
<tr><td rowspan="2">1</td><td rowspan="2">送、引风机</td><td colspan="2">坐标</td><td>10</td><td>经纬仪、拉线和尺量</td></tr>
<tr><td colspan="2">标高</td><td>±5</td><td>水准仪、拉线和尺量</td></tr>
<tr><td rowspan="3">2</td><td rowspan="3">各种静置设备(各种容器、箱、罐等)</td><td colspan="2">坐标</td><td>15</td><td>经纬仪、拉线和尺量</td></tr>
<tr><td colspan="2">标高</td><td>±5</td><td>水准仪、拉线和尺量</td></tr>
<tr><td colspan="2">垂直度/m</td><td>2</td><td>吊线和尺量</td></tr>
<tr><td rowspan="3">3</td><td rowspan="3">离心式水泵</td><td colspan="2">泵体水平度/m</td><td>0.1</td><td>水平尺和塞尺检查</td></tr>
<tr><td rowspan="2">联轴器同心度</td><td>轴向倾斜/m</td><td>0.8</td><td rowspan="2">水准仪、百分表(测微螺钉)和塞尺检查</td></tr>
<tr><td>径向位移</td><td>0.1</td></tr>
</table>

3)管道安装。

①主控项目检验标准应符合表 7.56 的规定。

表 7.56　主控项目检验

<table>
<tr><th>序号</th><th>项目</th><th>合格质量标准</th><th>检验方法</th><th>检查数量</th></tr>
<tr><td>1</td><td>工艺管道水压试验</td><td>连接锅炉及辅助设备的工艺管道安装完毕后,必须进行系统的水压试验,试验压力为系统中最大工作压力的 1.5 倍</td><td>在试验压力 10 min内压力降不超过0.05 MPa,然后降至工作压力进行检查,不渗不漏</td><td rowspan="3">全数检查</td></tr>
<tr><td>2</td><td>仪表、阀门安装</td><td>管道连接的法兰、焊缝和连接管件以及管道上的仪表、阀门的安装位置应便及管道上的仪表、阀门的安装位置应便</td><td>观察检查</td></tr>
<tr><td>3</td><td>管道焊接</td><td>1)焊缝外形尺寸应符合图纸和工艺文件的规定,焊缝高度不得低于母材表面,焊缝与母材应圆滑过渡。
2)焊缝及热影响区表面应无裂纹、未熔合、未焊透、夹渣、弧坑和气孔等缺陷</td><td>见表 7.17</td></tr>
</table>

②一般项目检验标准应符合表7.57的规定。

表7.57　一般项目检验

序号	项目	合格质量标准	检验方法	检查数量
1	管道及设备表面涂漆	在涂刷油漆前,必须清除管道及设备表面的灰尘、污垢、锈斑、焊渣等物。涂漆的厚度应均匀,不得有脱皮、起泡、流淌和漏涂等缺陷	现场观察检查	全数检查
2	安装允许偏差	连接锅炉及辅助设备的工艺管道安装的允许偏差应符合表7.58的规定	见表7.58	
3	管道及设备保温	管道及设备保温层的厚度和平整度的允许偏差应符合表7.9的规定	见表7.9	

③允许偏差应符合表7.58的规定。

表7.58　工艺管道安装的允许偏差和检验方法

项次	项目		允许偏差/mm	检验方法
1	坐标	架空	15	水准仪、拉线和尺量
		地沟	10	
2	标高	架空	±15	水准仪、拉线和尺量
		地沟	±10	
3	水平管道纵、横方向弯曲	$D_N \leq 100$ mm	0.2%,最大50	直尺和拉线检查
		$D_N > 100$ mm	0.3%,最大70	
4	立管垂直		0.2%,最大15	吊线和尺量
5	成排管道间距		3	直尺尺量
6	交叉管的外壁或绝热层间距		10	

4)安全附件安装。

①主控项目检验标准应符合表7.59的规定。

表 7.59　主控项目检验

序号	项目	合格质量标准	检验方法	检查数量
1	锅炉和省煤器安全阀定压	锅炉上装有两个安全阀时，其中的一个按表中较高值定压，另一个按较低值定压。装有一个安全阀时，应按较低值定压	检查定压合格证书	全数检查
2	压力表刻度极限、表盘直径	压力表的刻度极限值，应大于或等于工作压力的 1.5 倍，表盘直径不得小于 100 mm	现场观察和尺量检查	
3	水位表安装	安装水位表应符合下列规定： 1)水位表应有指示最高、最低安全水位的明显标志，玻璃板(管)的最低可见边缘应比最低安全水位低 25 mm；最高可见边缘应比最高安全水位 25 mm 2)玻璃管式水位表应有防护装置 3)电接点式水位表的零点应与锅筒正常水位重合 4)采用双色水位表时，每台锅炉只能装设一个，另一个装没普通水位表 5)水位表应有放水旋塞(或阀门)和接到安全地点的放水管		
4	报警器及连锁保护装置安装	锅炉的高、低水位报警器和超温、超压报警器及联锁保护装置必须按设计要求安装齐全和有效	启动、联动试验并作好试验记录	
5	安全阀排汽阀、泄水管安装	蒸汽锅炉安全阀应安装通向室外的排汽管。热水锅炉安全阀泄水管应接到安全地点。在排汽管和泄水管上不得装设阀门	观察检查	

②一般项目检验标准应符合表 7.60 的规定。

表 7.60　一般项目检验

序号	项目	合格质量标准	检验方法	检查数量
1	压力表安装	安装压力表必须符合下列规定： 1)压力表必须安装在便于观察和吹洗的位置，并防止受高温、冰冻和振动的影响，同时要有足够的照明 2)压力表必须设有存水弯管。存水弯管采用钢管煨制时，内径应不小于 10 mm；采用铜管煨制时，内径应不小于 6 mm 3)压力表与存水弯管之间应安装三通旋塞	观察和尺量检查	全数检查
2	测压仪表取源部件安装	测压仪表取源部件在水平工艺管道上安装时，取压口的方位应符合下列规定： 1)测量液体压力的，在工艺管道的下半部与管道的水平中心线成 0°～45°夹角范围内 2)测量蒸汽压力的，在工艺管道的上半部或下半部与管道水平中心线成 0°～45°夹角范围内 3)测量气体压力的，在工艺管道的上半部		
3	温度计安装	安装温度计应符合下列规定： 1)安装在管道和设备上的套管温度计，底部应插入流动介质内，不得装在引出的管段上或死角处 2)压力式温度计的毛细管应固定好并有保护措施，其转弯处的弯曲半径应不小于 50 mm，温包必须全部浸入介质内 3)热电偶温度计的保护套管应保证规定的插入深度	观察和尺量检查	
4	温度计与压力表在管道上相对位置	温度计与压力表在同一管道上安装时，按介质流动方向温度计应在压力表下游处安装，如温度计需在压力表的上游安装时，其间距应不小于 300 mm		

5)换热站安装。

①主控项目检验标准应符合表7.61。

表7.61 主控项目检验

序号	项目	合格质量标准	检验方法	检查数量
1	热交换器水压试验	热交换器应以最大工作压力的1.5倍作水压试验,蒸汽部分应不低于蒸汽供汽压力加0.3 MPa;热水部分应不低于0.4 MPa	在试验压力下,保持10 min压力不降	全数检查
2	高温循环泵与换热器核对位置	高温水系统中,循环水泵和换热器的相对安装位置应按设计文件施工	对照设计图纸检查	
3	壳管式热交换器的安装	壳管式热交换器的安装,如设计无要求时,其封头与墙壁或屋顶的距离不得小于换热管的长度	观察和尺量检查	

②一般项目检验标准应符合表7.62的规定。

表7.62 一般项目检验

序号	项目	合格质量标准	检验方法	检查数量
1	设备、阀门及仪表安装	换热站内的循环泵、调节阀、减压器、疏水器、除污器、流量计等安装应符合本规范的相关规定	观察检查	观察检查
2	换热站内设备安装允许偏差	换热站内设备安装的允许偏差应符合表7.55的规定	见表7.55	
3	换热站内管道安装允许偏差	换热站内管道安装的允许偏差应符合表7.58的规定	见表7.58	
4	管道设备保温允许偏差	管道及设备保温层的厚度和平整度的允许偏差应符合表7.9的规定	见表7.9	

(2)验收资料。

1)设备、材料出厂合格证。

2)土建移交的基础交接记录。

3)锅炉、省煤器承压试验记录。

4)机械炉排冷态试运转记录。

5)省煤器安装检验记录。

6)泵、风机试运转、轴承温度测试记录。

7)敞口水箱罐的满水试验和密闭箱、罐水压试验记录。

8)安全阀、减压阀检查调试记录。

9)管道试压记录。

10)锅炉烘炉记录。

11)锅炉煮炉记录。

12)锅炉试运行记录。

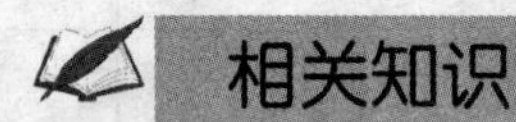

◆常用水泵的结构形式

1. 汽动活塞式给水泵

汽动活塞式给水泵(即蒸汽往复泵),是由蒸汽机、水泵及传动机构三部分组成。

汽动活塞式给水泵的工作原理为:当水缸中活塞作前后运动时,缸内空气被抽出,形成真空,在大气压力作用下,水沿着吸水管流入水缸内,再冲开水缸的压水阀,沿着压水管路进入锅炉。水缸的活塞是由蒸汽机带动的,当蒸汽从进汽口进入汽缸时,则推动汽缸的活塞做往复运动。汽缸的活塞杆和水缸的活塞杆是在一起的,两个活塞的行程相同,并且用曲柄传动机构带动进汽门和排汽门的启闭动作。

2. 电动离心式给水泵

在工业锅炉房常用的有单吸单级悬臂式离心泵与单吸多级离心泵两类。电动离心式给水泵广泛应用于大中容量的锅炉房。在提泵的出力时,泵的压头减少,给水管的阻力增大,所以在选用时应按最大出力和对应最大出力下的压头为准。

第8章　建筑电气工程质量监理

第1节　配线系统质量监理

要　点

监理员应掌握架空线路及杆上电气设备、裸母线、封闭母线、插接式母线、电缆桥架安装和桥架内电缆敷设、电缆沟内和电缆竖井内电缆敷设安装工程质量监理。

解　释

◆架空线路及杆上电气设备安装

1.监理巡视与检查

(1)电杆组立。

1)电杆坐标位置应正确;电杆埋设深度应符合表8.1的要求;电杆坑、拉线坑的深度允许偏差应不深于设计坑深100 mm,不浅于设计坑深50 mm。

2)钢筋混凝土电杆钢圈的焊接应由经考试合格的焊工进行,并在焊缝处打上钢印代号;焊口缝隙应为2~5 mm,钢圈厚度大于6 mm时应采用V形剖口,焊缝中严禁用焊条或其他金属堵塞;多层焊缝接口应错开,收口处熔池应填满;焊缝表面应无缺陷,咬边深度不应大于0.5 mm,当钢圈厚度超过10 mm时,咬边深度不应大于110 mm。

表8.1　电杆埋设深度

杆长/m	7	8	9	10	11	12	13	15
埋深/m	1.4	1.5	1.6	1.7	1.8	1.9	2.0	2.3

3)电杆组立应正直,直线杆的横向位移不应大于50 mm,杆梢偏移不应大于梢径的1/2,直线杆顺线路方向位移不得超过设计的电杆挡距的5%;转角杆应向外角预偏置,等紧线后回正,且不向内角倾斜,向外角倾斜不应大于1个梢径;双杆竖立后应平直,双杆中心线与中心桩之间横向位移小于50 mm,两杆高低差小于20 mm。

4)电杆坑底要铲平夯实,通常在9 m以上的电杆应采用底盘;杆坑回填土时应分层夯实,并应有防沉台,台高应超过地面300 mm。

(2)电杆埋设。架空线路的杆型、拉线设置及两者的埋设深度,在施工设计时是依据所在地的气象条件、土壤特性及地形情况等因素加以考虑决定的。埋设深度是否足够,涉及线路的抗风能力和稳固性,太深会材料浪费。

单回路的配电线路,电杆埋深不应小于表8.1所列数值。一般电杆的埋深基本上(除15 m杆以外),可为电杆高度的1/10加0.7 m;拉线坑的深度不应小于1.2 m。

电杆坑、拉线坑的深度允许偏差应不深于设计坑深100 mm、不浅于设计坑深50 mm。

(3)横担安装。导线为水平排列时,上层横担距杆顶距离应大于200 mm。直线杆单横担应装于受电侧,90°转角杆及终端杆单横担应装于拉线侧,同杆架设的双回路或多回路线路。

(4)导线架设。导线架设时,其线路的相序排列应统一,对设计、施工、安全运行都是有利的,高压线路面向负荷,从左侧起,导线排列相序为L1、L2、L3相;低压线路面向负荷,从左侧起,导线排列相序为L1、N、L2、L3相。电杆上的中性线(N)应靠近电杆,若线路沿建筑物架设时,应靠近建筑物。

1)导线无断股、扭绞和死弯,与绝缘子固定可靠,金具齐全且应与导线规格适配。

2)导线连接,同一挡距内,同一根导线的接头不得超过一个,不同金属、不同规格及不同绞向的导线严禁在挡距内连接。

铜芯线连接时必须采用搪锡法处理,小截面铜芯线应采用绞线接法连接,大截面铜芯线,应采用压接、铰结、复卷或统卷法进行连接,其搭接长度不应小于导线直径的25倍。

导线采用压接连接时,压接后的接续管弯曲度,不应大于管长的2%,若大于2%时应给予校直。压接或校直后的接续管不应有裂纹。导线端头绑扣线钳压后不应拆除,露出长度不应小于20 mm。

3)架空导线的弧垂值,允许偏差为设计弧垂值的±5%。水平排列的同档导线间弧垂值偏差为±50 mm。

(5)杆上电气设备安装。

1)变压器导管表面应光洁,不应有裂纹、破损等现象,一、二次引线应排列整齐,绑扎牢固。变压器外壳应可靠接地。

2)跌落式熔断器的瓷件、铸件不应有裂纹、砂眼,排列应整齐、高低一致。熔管轴线与地面的垂线夹角为15°~30°,上下引线与导线的连接应紧密可靠。

3)不得用线材代替保险丝(片),在安装时接触应紧密,不应出现弯折、压扁、伤痕等现象。

4)杆上油断器安装时,水平倾斜度不应大于托架上度的1%,引线的绑扎连接处应留有防水弯,绑扎长度不应小于150 mm,绑扎应紧密,外壳应可靠接地,并调好三相同期。

5)杆上避雷器安装要排列整齐、高低一致,相间距离不小于350 mm。引下线应短而直,电源侧引线铜线截面积应不小于16 mm^2,铝线截面积应不小于25 mm^2;接地侧引线铜线截面积应不小于25 mm^2,铝线截面积应不小于35 mm^2。与接地装置引出线连接可靠。

2. 监理验收

(1)验收标准。

1)主控项目检验标准应符合表8.2的规定。

表8.2 主控项目检验

序号	项目	合格质量标准	检验方法	检查数量
1	变压器中性点的接地及接地电阻值测试	变压器中性点应与接地装置引出干线直接连接，接地装置的接地电阻值必须符合设计要求	查阅测试记录或测试时旁站	—
2	杆上高压电气设备的交接试验	杆上变压器和高压绝缘子、高压隔离开关、跌落式熔断器、避雷器等必须交接试验合格	查阅试验记录或试验时旁站	全数检查
3	杆上低压配电装置和馈电线路的交接实验	杆上低压配电箱的电气装置和馈电线路交接试验应符合下列规定： 1）每路配电开关及保护装置的规格、型号，应符合设计要求 2）相间和相对地间的绝缘电阻值应大于0.5 MΩ 3）电气装置的交流工频耐压试验电压为1 kV，当绝缘电阻值大于10 MΩ时，可采用2 500 V兆欧表摇测替代，试验持续时间1 min，无击穿闪络现象	查阅试验记录或试验时旁站	全数检查
4	电杆坑、拉线坑深度允许偏差	电杆坑、拉线坑的深度允许偏差，应不深于设计坑深100 mm、不浅于设计坑深50 mm	用钢尺测量	抽查10%，少于5档，全数检查
5	架空导线的弧垂值允许偏差及水平排列的同档导线间弧垂值偏差	架空导线的弧垂值，允许偏差为设计弧垂值的±5%，水平排列的同档导线间弧垂值偏差为±50 mm	用钢尺测量	抽查10%，少于5档，全数检查

2)一般项目检验标准应符合表8.3的规定。

表8.3　一般项目检验

序号	项目	合格质量标准	检验方法	检查数量
1	拉线及其绝缘子、金具安装	拉线的绝缘子及金具应齐全,位正确,承力拉线应与线路中心线方向一致,转角拉线应与线路分角线方向一致。拉线应收紧,收紧程度与杆上导线数量规格及弧垂值相适配	目测或用适配表测量	抽查10%,少于5付,全数检查
2	电杆组立	电杆组立应正直,直线杆横向位移应不大于50 mm,杆梢偏移应不大于梢径的1/2,转角杆紧线后不向内角倾斜,向外角倾斜应不大于1个梢径	钢尺或用适配仪表测量	抽查10%,少于5组,全数检查,其中转角杆应全数检查
3	横担安装及防腐处理	直线杆单横担应装于受电侧,终端杆、转角杆的单横担应装于拉线侧。横担的上下歪斜和左右扭斜,从横担端部测量应不大于20 mm。横担等镀锌制品应热浸镀锌	用钢尺测量	抽查10%,少于5付,全数检查
4	导线架设	导线无断股、扭绞和死弯,与绝缘子固定可靠,金具规格应与导线规格适配	目测检查	
5	线路安全距离	线路的跳线、过引线、接户线的线间和线对地间的安全距离,电压等级为6~10 kV的,应大于300 mm;电压等级为1 kV及以下的,应大于150 mm;用绝缘导线架设的线路,绝缘破口处应修补完整	钢尺测量和目测	全数检查

续表 8.3

序号	项目	合格质量标准	检验方法	检查数量
6	杆上电气设备安装	杆上电气设备安装应符合下列规定: 1)固定电气设备的支架、紧固件为热浸镀锌制品,紧固件及防松零件齐全 2)变压器油位正常、附件齐全、无渗油现象、外壳涂层完整 3)跌落式熔断器安装的相间距离不小于500 mm,熔管试操动能自然打开旋下 4)杆上隔离开关分、合操动灵活,操动机构机械锁定可靠,分合时三相同期性好,分闸后,刀片与静触头间空气间隙距离不小于200 mm地面操作杆的接地(PE)可靠,且有标识 5)杆上避雷器排列整齐,相间距离不小于350 mm,电源侧引线铜线截面积不小于16 mm^2、铝线截面积不小于25 mm^2,接地侧引线铜线截面积不小于25 mm^2,铝线截面积不小于35 mm^2。与接地装置引出线连接可靠	钢尺测量和目测	全数检查

(2)验收资料。

1)材料出厂合格证或实验报告。

2)变压器出厂试验记录。

3)绝缘子耐压试验记录。

4)电气设备试验调整记录。

5)绝缘电阻测试记录。

6)交叉跨越距离记录及有关文件。

◆裸母线、封闭母线、插接式母线安装

1. 监理巡视与检查

(1)绝缘子安装。母线固定金具与支持绝缘子的固定应平整牢固,不应使其所支持的母线受到额外应力。安装在同一平面或垂直面

上的支柱绝缘子或穿墙套管的顶面，应位于同一平面上，中心线位置应符合设计要求，母线直线段的支柱绝缘子安装中心线应在同一直线上；电压为10 kV及以上时，母线穿墙时应装有穿墙套管，套管孔径应比嵌入部分至少大5 mm；套管垂直安装时，法兰应在上，从上向下安装；套管水平安装时，法兰应在外，从外向内安装；在同一室内，套管应从供电侧向受电侧方向安装。支柱绝缘子和穿墙套管的底座或法兰盘均不得埋入混凝土或抹灰层内，支柱绝缘子的底座、套管的法兰及保护罩（网）等不带电的金属构件，均应接地。母线在支柱绝缘子上的固定点应位于母线全长或两个母线补偿器的中心处。

（2）母线安装。

1）母线敷设应按设计要求装设补偿器（伸缩节），在设计未规定时，应每隔下列长度设一个：铝母线-20～30 m，铜母线-30～50 m；钢母线-35～60 m。

2）硬母线跨柱、梁或跨屋架敷设时，母线在终端及中间分段处应分别采用终端及中间拉紧装置。终端或中间拉紧固定支架宜装有调节螺栓的拉线，拉线的固定点应能承受拉线张力，且同一档距内，母线的各相弛度最大偏差应小于10%。母线长度超过300～400 m而需换位时，换位不应小于一个循环。槽形母线换位段处可用矩形母线连接，换位段内各相母线的弯曲程度应对称一致。

3）母线与母线或母线与电器接线端子的螺栓搭接面的安装，应符合下列要求：

①母线接触面加工后应当保持清洁，并涂以电力复合脂。

②母线平置时，贯穿螺栓应由下往上穿，其余情况下，螺母应置于维护侧，螺栓长度宜露出螺母2～3扣。

③贯穿螺栓连接的母线两外侧均应有平垫圈，相邻螺栓垫圈间应有3 mm以上的净距，螺母侧应装有弹簧垫圈或锁紧螺母。

④螺栓受力应均匀，不应使电器的接线端子受到额外应力。

4）插接线母线槽的安装，还应当符合下列要求：

①悬挂式母线槽的吊钩应有调整螺栓，固定点间距离不得在于3 m。

②母线槽的端头应装封闭罩，引出线孔的盖子应完整。

③各段母线槽的外壳的连接应是可拆的，外壳之间应有跨接线，并应接地可靠。

5）母线的相序排列，当设计无规定时应符合下列规定：

母线相序排列，若设计无规定时，应遵守下列规定，以设备正视方向为准，对上下布置的母线，交流A、B、C相或直流正、负极应由上而下；对水平布置的母线，交流A、B、C相或直流正、负极应由内向外；引下线的母线，交流A、B、C相或直流正、负极应由左向右。

2. 监理验收

（1）验收标准。

1）主控项目检验标准应符合表8.4的规定。

表8.4 主控项目检验

序号	项目	合格质量标准	检验方法	检查数量
1	可接近裸露导体的接地或接零	绝缘子的底座、套管的法兰、保护网（罩）及母线支架等可接近裸露导体应接地（PE）或接零（PEN）可靠。不应作为接地（PE）或接零（PEN）的接续导体	目测检查	抽查10处，少于10处，全数检查
2	母线与母线、母线与电器接线端子的螺栓搭接	母线与母线或母线与电器接线端子，当采用螺栓搭接连接时，应符合下列规定： 1）母线的各类搭接连接的钻孔直径和搭接长度符合《建筑电气工程施工质量验收规范》（GB 50303—2002）附录C的规定，用力矩扳手拧紧钢制连接螺栓的力矩值符合《建筑电气工程施工质量验收规范》（GB 50303—2002）附录D的规定 2）母线接触面保持清洁，涂电力复合脂，螺栓孔周边无毛刺 3）连接螺栓两侧有平垫圈，相邻垫圈间有大于3 mm的间隙，螺母侧装有弹簧垫圈或锁紧螺母 4）螺栓受力均匀，不使电器的接线端子受额外应力	目测检查或用适配工具做拧动试验	抽查10处，少于10处，全数检查

续表 8.4

序号	项目	合格质量标准	检验方法	检查数量
3	封闭、插接式母线的组对连接	封闭、插接式母线安装应符合下列规定： 1)当段与段连接时，两相邻段母线及外壳对准，连接后不使母线及外壳受额外应力 2)母线的连接方法符合产品技术文件要求	目测检查或查阅施工记录	抽查10处，少于10处，全数检查
4	室内裸母线的最小安全净距	室内裸母线的最小安全净距应符合《建筑电气工程施工质量验收规范》(GB 50303—2002)附录E的规定	拉线尺量	
5	高压母线交流工频耐压试验	高压母线交流工频耐压试验必须按交接试验合格	查阅试验记录或试验旁站	全数检查
6	低压母线交接试验	低压母线交接试验应合格		
7	封闭、插接式母线与外壳同心允许偏差	封闭、插接式母线与外壳同心，允许偏差为±5 mm	查阅试验记录或试验旁站	

2)一般项目检验标准应符合表8.5的规定。

表 8.5　一般项目检验

序号	项目	合格质量标准	检验方法	检查数量
1	母线支架的固定	母线的支架与预埋铁件采用焊接固定时,焊缝应饱满;采用膨胀螺栓固定时,选用的螺栓应适配,连接应牢固	目测或用适配工具做拧动试验	抽查10%,少于5处,全数检查
2	母线与母线、母线与电器接线端子搭接面处理	母线与母线、母线与电器接线端子搭接,搭接面的处理应符合下列规定: 1)铜与铜:室外、高温且潮湿的室内,搭接面搪锡;干燥的室内,不搪锡 2)铝与铝:搭接面不做涂层处理 3)钢与钢:搭接面搪锡或镀锌 4)铜与铝:在干燥的室内,铜导体搭接面搪锡;在潮湿场所,铜导体搭接面搪锡,且采用铜铝过渡板与铝导体连接 5)钢与铜或铝:钢搭接面搪锡	目测检查	抽查10%,少于5处,全数检查
3	母线的相序排列及涂色	母线的相序排列及涂色,当设计无要求时应符合下列规定: 1)上、下布置的交流母线,由上至下排列为A、B、C相;直流母线正极在上,负极在下 2)水平布置的交流母线,由盘后向盘前排列为A、B、C相;直流母线正极在后,负极在前 3)面对引下线的交流母线,由左至右排列为A、B、C相;直流母线正极在左,负极在右 4)母线的涂色:交流,A相为黄色、B相为绿色、C相为红色;直流,正极为赭色、负极为蓝色;在连接处或支持件边缘两侧10 mm以内不涂色	目测检查	抽查5处,少于5处,全数检查

续表 8.5

序号	项目	合格质量标准	检验方法	检查数量
4	母线在绝缘子上的固定	母线在绝缘子上安装应符合下列规定: 1)金具与绝缘子间的固定平整牢固,不使母线受额外应力 2)交流母线的固定金具或其他支持金具不形成闭合铁磁回路 3)除固定点外,当母线平置时,母线支持夹板的上部压板与母线间有 1~1.5 mm 的间隙;当母线立置时,上部压板与母线间有 1.5~2 mm 的间隙 4)母线的固定点,每段设置 1 个,设置于全长或两母线伸缩节的中点 5)母线采用螺栓搭接时,连接处距绝缘子的支持夹板边缘不小于50 mm	目测或用适配工具抽检	抽查 10%,少于 5 处,全数检查
5	封闭、插接式母线的组装和固定	封闭、插接式母线组装和固定位置应正确,外壳与底座间、外壳各连接部位和母线的连接螺栓应按产品技术文件要求选择正确,连接紧固	目测或查阅施工记录或用适配工具做拧动试验	抽查 10%,少于 5 处,全数检查

(2)验收资料。

1)产品合格证,出厂试验记录和技术文件。

2)高压绝缘子、高压穿墙套管和母线交流工频耐压试验记录。

3)母线安装技术记录。

4)绝缘电阻测试记录。

5)接地(接零)测试记录。

◆电缆桥架安装和桥架内电缆敷设

1. 监理巡视与检查

(1)电缆桥架安装。

1)电缆桥架水平敷设时,跨距通常为 1.5~3.0 m;垂直敷设时其固定点间距不应大于2.0 m。当支撑跨距≤6 m 时,需要选用大跨距电缆桥架;当跨距>6 m时,应当进行特殊加工订货。

2)电缆桥架在竖井中穿越楼板外,在孔洞周边抹5 cm高的水泥防水台,等桥架布线安装完后,洞口用难燃物件封堵死。电缆桥架穿墙或楼板孔洞时,不应将孔洞抹死,桥架进出口孔洞收口平整,并留有桥架活动的余量。若孔洞需封堵时,可采用难燃的材料封堵好墙面抹平。电缆桥架在穿过防火隔墙及防火楼板时,应采取隔离措施。

3)电缆桥架、托盘水平敷设时距地面高度不应低于2.5 m,垂直敷设时不低于1.8 m,低于上述高度时应加装金属盖板保护,但敷设在电气专用房间(例如配电室、电气竖井、电缆隧道、设备层)内除外。

4)电缆梯架、托盘多层敷设时其层间距离通常为控制电缆间不小于0.2 m,电力电缆间应不小于0.3 m,弱电电缆与电力电缆间应不小于0.5 m,若有屏蔽盖板(防护罩)可减少到0.3 m,桥架上部距顶棚或其他障碍物应不小于0.3 m。

5)电缆梯架、托盘上的电缆可无间距敷设。电缆在梯架、托盘内横断面的填充率,电力电缆应不大于40%,控制电缆不应大于50%。电缆桥架经过伸缩沉降缝时应断开,断开距离以100 mm左右为宜。其桥架两端用活动插铁板连接不应固定。电缆桥架内的电缆应在首端、尾端、转弯及每隔50 m处设有注明电缆编号、型号、规格及起止点等标记牌。

6)下列不同电压,不同用途的电缆如:1 kV以上和1 kV以下电缆;向一级负荷供电的双路电源电缆;应急照明和其他照明的电缆;强电和弱电电缆等不宜敷设在同一层桥架上,若受条件限制,应当安装在同一层桥架上时,应用隔板隔开。

7)强腐蚀或特别潮湿等环境中的梯架及托盘布线应采取可靠而有效的防护措施。同时,敷设在腐蚀气体管道和压力管道的上方及腐蚀性液体管道的下方的电缆桥架应采用防腐隔离措施。

(2)桥架内电缆敷设。

1)在桥架内电力电缆的总截面(包括外护层)不应大于桥架

有效横断面的40%，控制电缆不应大于50%。

2）电缆桥架内敷设的电缆，在拐弯处电缆的弯曲半径应以最大截面电缆允许弯曲半径为准。

3）室内电缆桥架布线时，为了防止发生火灾时火焰蔓延，电缆不应有黄麻或其他易燃材料外护层。

4）电缆桥架内敷设的电缆，应在电缆的首端、尾端、转弯及每隔50 m处，设有编号、型号及起止点等标记，标记应清晰齐全，挂装整齐无遗漏。

5）桥架内电缆敷设完成后，应及时清理杂物，有盖的可盖好盖板，并进行最后调整。

2. 监理验收

（1）验收标准。

1）主控项目检验标准应符合表8.6的规定。

表8.6　主控项目检验

序号	项目	合格质量标准	检验方法	检查数量
1	金属电缆桥架、支架和引入或引出的金属导管的接地或接零	金属电缆桥架及其支架和引入或金属电缆桥架及其支架和引入或或接零(PEN)可靠，且必须符合下列规定： 1）金属电缆桥架及其支架全程应不少于2处，与接地(PE)或接零(PEN)干线相连接 2）非镀锌电缆桥架间连接板的两端跨接铜芯接地线，接地线最小允许截面积不小于4 mm^2 3）镀锌电缆桥架间连接板的两端不跨接接地线，但连接板两端不少于2个有防松螺母或防松垫圈的连接固定螺栓	目测检查或查阅测试记录	与接地干线连接处，全数检查，其余抽查20%，少于5处，全数检查
2	电缆敷设检查	电缆敷设严禁有绞拧、铠装压扁，护层断裂和表面严重划伤等缺陷	目测检查	抽查全长的10%

2）一般项目检验标准应符合表8.7的规定。

表 8.7　一般项目检验

序号	项目	合格质量标准	检验方法	检查数量
1	电缆桥架检查	电缆桥架安装应符合下列规定： 1)直线段钢制电缆桥架长度超过30 m、铝合金或玻璃钢制电缆桥架长度超过15 m设有伸缩节;电缆桥架跨越建筑物变形缝处设置补偿装置 2)电缆桥架转弯处的弯曲半径,不小于桥架内电缆最小允许弯曲半径 3)当设计无要求时,电缆桥架水平安装的支架间距为1.5~3 m;垂直安装的支架间距不大于2 m 4)桥架与支架间螺栓、桥架连接板螺栓固定紧固无遗漏,螺母位于桥架外侧;当铝合金桥架与钢支架固定时,有相互间绝缘的防电化腐蚀措施 5)电缆桥架敷设在易燃易爆气体管道和热力管道的下方 6)敷设在竖井内和穿越不同防火区的桥架,按设计要求位置,有防火隔堵措施 7)支架与预埋件焊接固定时,焊缝饱满;膨胀螺栓固定时,选用螺栓适配,连接紧固防松零件齐全	目测检查和拉线尺量或用适配工具做拧动试验	抽查的10%,少于5处,全数检查
2	桥架内电缆敷设和固定	桥架内电缆敷设应符合下列规定： 1)大于45°倾斜敷设的电缆每隔2 m处设固定点 2)电缆出入电缆沟、竖井、建筑物、柜(盘)、台处以及管子管口处查阅施工记录等做密封处理 3)电缆敷设排列整齐,水平敷设的电缆,首尾两端、转弯两侧及每隔5~10 m处设固定点	目测检查和拉线尺量或用适配工具做拧动试验	抽查的10%,少于5处,全数检查

续表 8.7

序号	项目	合格质量标准	检验方法	检查数量
3	标志牌设立	电缆的首端、末端和分支处应设标志牌	目测检查或查阅施工记录	抽查的10%,少于5处,全数检查

(2)验收资料。

1)产品合格证和出厂试验报告。

2)电缆绝缘电阻测量:直流耐压试验、泄漏电流测量及相位检查等记录。

◆电缆沟内和电缆竖井内电缆敷设

1. 监理巡视与检查

电缆敷设应符合以下规定:

(1)在三相四线制系统中使用的电力电缆,不应采用三芯电缆另加一根单芯电缆或导线,以电缆金属护套等作中性线等方式。在三相系统中,不得将三芯电缆中的一芯接地运行。

(2)三相系统中使用的单芯电缆应组成紧贴的正三角形排列(充油电缆及水底电缆可除外),并且每隔1 m应用绑带扎牢。并联运行的电力电缆,其长度应相等。

(3)电缆敷设时,电缆应从盘的上端引出,应当避免电缆在支架上及地面摩擦拖拉。电缆上不得有未消除的机械损伤(例如铠装压扁、电缆绞拧、护层折裂等)。

(4)油浸纸绝缘电力电缆在切断后应将端头立即铅封;塑料绝缘电力电缆,也应有可靠的防潮封端。充油电缆在切断后应符合下列要求:

1)在任何情况下,充油电缆的任一段均应设有压力油箱,以保持油压。

2)连接油管路时应排除管内空气,并采用喷油连接。

3)充油电缆的切断处应当高于邻近两侧的电缆,避免电缆内进气。

4)切断电源时应防止金属屑及污物侵入电缆。

(5)电力电缆接头盒的布置应符合下列要求:

1)并列敷设电缆的接头盒的位置应相互错开。

2)电缆明敷时的接头盒,应用托板(例如石棉板等)托置,并用耐电弧隔板与其他电缆隔开,托板及隔板应伸出接头两端的长度各不小于0.6 m。

3)直埋电缆接头盒外面应有防止机械损伤的保护盒(环氧树脂接头盒除外)。位于冻土层的保护盒,盒内应注以沥青,以防水分进入盒内因冻胀而损坏电缆接头。

(6)电缆敷设时,不应交叉,电缆应排列整齐,加以固定,并及时装设标志牌。标志牌的装设应符合下列要求:

1)在下列部位,电缆上应装设标志牌:电缆终端头、电缆中间接头处;隧道及竖井的两端;入井内。

2)标志牌上应注明线路编号(当设计无编号时,则应写明电缆型号、规格及起讫地点);并联使用的电缆应有顺序号;字迹应清晰,且不易脱落。

3)标志牌的规格应统一;标志牌应能防腐,且挂装应牢固。

(7)电缆固定时应符合下列要求:

1)在下列地方应将电缆加以固定:

①垂直敷设或超过45°倾斜敷设的电缆,在每一个支架上。

②水平敷设的电缆,在电缆首末两端及转弯、电缆接头两端处。

2)充油电缆的固定应符合设计要求。

3)电缆夹具的形式应统一。

4)使用于交流的单芯电缆或分相铅套电缆在分相后的固定,其夹具的所有铁件不应构成闭合磁路。

5)裸铅(铝)套电缆的固定处,应加软垫保护。

2. 监理验收

(1)验收标准。

1)主控项目检验标准应符合表8.8的规定。

表8.8 主控项目检验

序号	项目	合格质量标准	检验方法	检查数量
1	金属支架、导管的接地或接零	金属电缆支架、电缆导管必须接地(PE)或接零(PEN)可靠	目测检查或查阅导通测试记录	抽查20%,少于10处,全数检查
2	电缆敷设检查	电缆敷设严禁有绞拧、铠装压扁、护层断裂和表面严重划伤等缺陷	目测检查	

2)一般项目检验标准应符合表8.9的规定。

表8.9 一般项目检验

序号	项目	合格质量标准	检验方法	检查数量
1	电缆支架安装	电缆支架安装应符合下列规定: 1)当设计无要求时,电缆支架最上层至竖井顶部或楼板的距离不小于150~200 mm;电缆支架最下层至沟底或地面的距离不小于50~100 mm 2)支架与预埋件焊接固定时,焊缝饱满;用膨胀螺栓固定时,选用螺缝饱满;用膨胀螺栓固定时,选用螺	拉线尺量或用适配工具做拧动试验	抽查10%,少于5处,全数检查
2	电缆的弯曲半径	电缆在支架上敷设,转弯处的最小允许弯曲半径应符合相关规定	拉线尺量或用适配工具抽测	抽查10%,少于5处,全数检查

续表 8.9

序号	项目	合格质量标准	检验方法	检查数量
3	电缆敷设固定和防火措施	电缆敷设固定应符合下列规定: 1)垂直敷设或大于45°倾斜敷设的电缆在每个支架上固定 2)交流单芯电缆或分相后的每相电缆固定用的夹具和支架,不形成闭合铁磁回路 3)电缆排列整齐,少交叉 4)当设计无要求时,电缆与管道的最小净距,符合本章表的规定,且敷设在易燃易爆气体管道和热力管道的下方 5)敷设电缆的电缆沟和竖井,按设计要求位置,有防火隔堵措施	目测及尺量检查	抽查10%,少于5处,全数检查
4	标志牌设立	电缆的首端、末端和分支处应设标志牌	目测检查	抽查10%,少于5处,全数检查

(2)验收资料。

1)产品合格证和出厂试验报告。

2)电缆绝缘电阻测量、直流耐压试验,泄漏电流测试与相位检查报告。

3)隐蔽工程验收记录。

4)直埋电缆输电线路敷设位置图,电缆实际敷设长度清单。

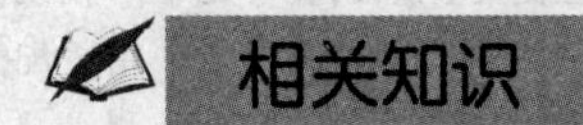

相关知识

◆插接母线槽配线时母线矫直

运到施工现场的母线通常不是很平直的,所以,在安装前应当矫正平直,矫直的方法有机械矫直与手工矫直两种。

(1)机械矫直。对于大截面短型母线多用机械矫直。在矫正施工时,可将母线的不平整部分放在矫正机的平台上,然后转动操作圆盘,利用丝杠的压力将母线矫正平直,机械矫直较手工矫直更为简单便捷。

(2)手工矫直。手工矫直时可将母线放在平台或平直的型钢上。对于铜、铝母线应用硬质木槌直接敲打,而不能用铁锤直接敲打。若母线弯曲过大,可用木槌或垫块(铝、铜、木板)垫在母线上,再用铁锤间接敲打平直。在敲打时,用力要适当,不能过猛,否则会引起母线再次变形。

棒型母线矫直时应先锤击弯曲部位,再沿长度轻轻地一面转动一面锤击,依靠视力来检查,直至成直线为止。

第2节 供配电系统安装质量监理

要 点

监理员应掌握变压器、箱式变电所安装、成套配电柜、控制柜(屏、台)和动力、照明配电箱(盘)安装、低压电动机、电加热器及电动执行机构检查接线、低压电气动力设备试验和试运行等安装工程的质量监理。

解 释

◆变压器、箱式变电所安装

1. 监理巡视与检查

(1)变压器安装。

1)变压器本体及附体安装。变压器的安装位置应正确,变压器基础的轨道应水平,轮距与轨距应配合;装有气体继电器的变压器、电抗器,应使其顶盖沿气体继电器气流方向有1% ~1.5%的升高坡度(制造厂规定不需要安装坡度者除外)。当需要与封闭母线连接时,其套管中心线应与封闭母线安装中心线相符。

2)变压器与线路连接。

①变压器一、二次引线施工不应使变压器的套管直接承受应力。

②变压器工作零线与中性接地线应分别敷设,工作零线应用绝缘导线。

③所有螺栓应紧固,连接螺栓的锁紧装置应齐全,并固定牢固。变压器零线沿器身向下接至接地装置的线段,应固定牢靠。

④器身各附件间连接的导线,应连接牢固,并应有保护措施。

⑤与变压器连接的母线、支架、保护管、接零线均应便于拆卸,便于变压器检修,各连接螺栓的螺纹应露出螺母2~3扣。

⑥所有支架防腐应齐全、完整。

⑦油浸变压器附件的控制线,应用具有耐油性能的绝缘导线,靠近箱壁的导线,应加金属软管保护。

(2)箱式变电所安装。

①箱式变电所及落地式配电箱的基础应高于室外地坪,周围排水通畅。箱式变电所的固定形式有两种:一种是用地脚螺栓固定的螺帽齐全,拧紧牢固;另一种是自由安放的应垫平放正。

②箱式变电所内外涂层应完整、无损伤,有通风口的风口防护网完好。

③箱式变电所的高低压柜内部接线完整、低压每个输出回路标记清晰,回路名称准确。

④金属箱式变电所及落地式配电箱,箱体应与PE线或PEN线连接可靠,且有标识。

2. 监理验收

(1)验收标准。

1)主控项目检验标准就符合表8.10的规定。

表 8.10　主控项目检验

序号	项目	合格质量标准	检验方法	检查数量
1	变压器安装及外观检查	变压器安装应位置正确,附件齐全,油浸变压器油位正常,无渗油现象	目测检查	全数检查
2	变压器中性点、箱式变电所N和PE母线的接地连接及支架或外壳接地	接地装置引出的接地干线与变压器的低压侧中性点直接连接;接地干线与箱式变电所的N母线和PE母线直接连接;变压器箱体、干式变压器的支架或外壳应接地(PE)。所有连接应可靠,紧固件及防松零件齐全	目测和用适配仪表测量	
3	变压器交接试验	变压器必须交接试验合格	查阅试验记录或试验时旁站	
4	箱式变电所及落地配电箱的固定及箱体接地或接零	箱式变电所及落地式配电箱的基础应高于室外地坪,周围排水通畅。用地脚螺栓固定的螺母齐全,拧紧牢固;自由安放的应垫平放正。金属箱式变电所及落地式配电箱,箱体应接地(PE)或接零(PEN)可靠,且有标识	用铁水平尺测量或目测	
5	箱式变电所的交接试验	箱式变电所的交接试验,必须符合下列规定: 1)由高压成套开关柜、低压成套开关柜和变压器三个独立单元组合成的箱式变电所高压电气设备部分,按交接试验合格 2)高压开关、熔断器等与变压器组合在同一个密闭油箱内的箱式变电所,交接试验按产品提供的技术文件要求执行 3)低压成套配电柜交接试验必须合格	查阅试验记录或试验时旁站	

2)一般项目检验标准应符合表 8.11 的规定。

表 8.11　一般项目检验

序号	项目	合格质量标准	检验方法	检查数量
1	有载调压开关检查	有载调压开关的传动部分润滑应良好，动作灵活，点动给定位置与开关实际位置一致，自动调节符合产品的技术文件要求	查阅实验记录或试验	全数检查
2	绝缘件和测温仪表检查	绝缘件应无裂纹、缺损和瓷件瓷釉损坏等缺陷，外表清洁，测温仪表指示准确	目测检查	
3	装有滚轮的变压器固定	装有滚轮的变压器就位后，应将滚轮用能拆卸的制动部件固定	目测检查或查阅施工记录	
4	变压器的器身检查	变压器应按产品技术文件要求进行检查器身，当满足下列条件之一时，可不检查器身： 1）制造厂规定不检查器身者 2）就地生产仅做短途运输的变压器，且在运输过程中有效监督，无紧急制动、剧烈振动、冲撞或严重颠簸等异常情况者	目测检查	
5	箱式变电所内外涂层和通风口检查	箱式变电所内外涂层完整、无损伤，有通风口的风口防护网完好		
6	箱式变电所柜内接线和线路标记	箱式变电所的高低压柜内部接线完整、低压每个输出回路标记清晰，回路名称准确		
7	装有气体继电器的变压器顶盖坡度	装有气体继电器的变压器顶盖，沿气体继电器的气流方向有1.0%~1.5%的升高坡度	用铁水平尺测量	

(2)验收资料。

1)设备出厂合格证、相关试验报告及技术条件。

2)器具、材料出厂合格证。

3)电力变压器试验调整记录和绝缘油化验报告。

◆成套配电柜、控制柜(屏、台)和动力、照明配电箱(盘)安装

1. 监理巡视与检查

(1)盘柜安装。盘柜安装宜在土建室内装饰完工后开始进行。

1)柜(盘)在室内的位置按图施工。

2)在距离配电柜顶和底各 200 mm 高处,按一定的位置绷两根尼龙线作为基准线,将柜(盘)按规定的顺序比照基准线安装就位,其四角或采用开口钢垫板找平找正[钢垫板尺寸通常为 40 mm×40 mm×1(2,5)mm]。

3)找平找正完成后,即可将柜体与基础槽钢、柜体与柜体、柜体与两侧挡板固定牢固。柜体与柜体,柜体与两侧挡板采用螺栓连接。柜体与基础槽钢最好采用螺栓连接,若图纸说明是采用点焊时,按图纸制作。

4)配电柜(盘)上的电器安装。

①规格、型号应符合设计要求,外观应完整,且附件完全、排列整齐,固定可靠,密封良好。

②各电器应能单独拆装更换而不影响其他电器及导线束的固定。

③发热元件应安装于柜顶。

④熔断器的熔体规格应符合设计要求。

⑤电流试验柱及切换压板装置应接触良好;相邻压板间应有足够距离,在切换时不应碰及相邻的压板。

⑥信号装置回路应显示准确,工作可靠。

⑦柜(盘)上的小母线应采用直径不小于 6 mm 的铜棒或铜管,小母线两侧应有标明其代号或名称的标志牌,字迹应清晰且不易脱色。

(2)照明配电箱盘安装。

①弹线定位:根据设计要求找出配电箱(盘)位置,并按照箱

(盘)外形尺寸进行弹线定位。配电箱安装底口距地通常为1.5 m,明装电度表板底口距地不小于1.8 m。在同一建筑物内,同类箱盘高度应一致,允许偏差10 mm。

②安装配电箱(盘)的木砖及铁件等均应预埋,挂式配电箱(盘)应采用膨胀螺栓固定。

③铁制配电箱(盘)均需应先刷一遍防锈漆,再刷灰油漆两道。

④配电箱(盘)带有器具的铁制盘面和装有器具的门均应有明显可靠的裸软铜线PE线接地。

⑤配电箱(盘)安装应牢固、平正,其允许偏差不应大于3 mm,配电箱体高应不大于50 cm,允许偏差为1.5 mm。

⑥配电箱(盘)上配线应排列整齐,并绑扎成束,在活动部位应用长钉固定。盘面引出及引进导线应留有适当余度,以便于检修。

⑦导线剥削处不应损伤芯线和芯线过长,导线接头应牢固可靠,多股导线应挂锡后再压接,不得减少导线股数。

⑧配电箱(盘)的盘面上安装的各种刀闸及自动开关等,当处于断路状态时刀片可动部分和动触头均不应带电。

⑨垂直装设的刀闸及熔断器等电器上端接电源,下端接负荷。在横装时,左侧(面对盘面)接电源,右侧接负荷。

⑩配电箱(盘)上的电源指示灯,其电源应接至总开关外侧,并应装单独熔断器。盘面闸具位置应与支路相对应,其下面应装设卡片标明线路及容量。

⑪TN - C中的零线应在箱体(盘面上)进户线处做好重复接地。

⑫零母线在配电箱(盘)上应用零线端子板分路,零线端子板分支路排列位置应与熔断器对应。

⑬配电箱内母线相序排列一致,母线色标正确,均匀完整,二次结线应排列整齐,回路编号应清晰齐全。

⑭采用钢板盘面或木制盘面的出线孔应装绝缘嘴,通常情况一孔只穿一线。

⑮明装配电箱(盘)的固定:在混凝土墙上固定时,有暗配管及暗分线盒与明配管两种方式。若有分线盒,先将分线盒内杂物

清理干净,然后将导线理顺,分清支路和相序,按支路绑扎成束。等箱(盘)找准位置后,将导线端头引至箱内或盘上,逐个剥削导线端头,再逐个压接在器具上。同时将保护地线压在明显的地方,并将箱(盘)调整平直后用钢架或金属膨胀螺栓固定。在电器、仪表较多的盘面板安装完毕后,应先用仪表核对有无差错,调整无误后试送电,并将卡片框内的卡片填写好部位,编上号。

⑯暗装配电箱的固定。在预留孔洞中将箱体找好标高及水平尺寸。先稳住箱体,然后用水泥砂浆填实周边并抹平齐,等水泥砂浆凝固后再安装盘面和贴脸。若箱底与外墙平齐时,应在外墙固定金属网后再做墙面抹灰,不得在箱底板上直接抹灰。安装盘面要求平整,周边间隙均匀对称,贴脸(门)平正,不歪斜,螺丝垂直受力均匀。

⑰绝缘摇测:配电箱(盘)全部电器安装完毕后,用500V兆欧表对线路进行绝缘摇测。摇测项目主要包括相线与相线之间,相线与零线之间,相线与地线之间,零线与地线之间,两人进行摇测,同时做好记录,做技术资料存档。

2. 监理验收

(1)验收标准。

1)主控项目检验标准应符合表8.12的规定。

表8.12　主控项目检验

序号	项目	合格质量标准	检验方法	检查数量
1	金属框架及基础型钢的接地或接零	柜、屏、台、箱、盘的金属框架及基础型钢必须接地(PE)或接零(PEN)可靠;装有电器的可开启门,门和框架的接地端子间应用裸编织铜线连接,且有标识	查阅测试记录或测试时旁站或用适配仪表进行抽测	全数检查

续表 8.12

序号	项目	合格质量标准	检验方法	检查数量
2	手车式柜的推拉和动、静触头检查	手车、抽出式成套配电柜推拉应灵活，无卡阻碰撞现象。动触头与静触头的中心线应一致，且触头接触紧密，投入时，接地触头先于主触头接触；退出时，接地触头后于主触头脱开	查阅测试记录或测试时旁站	抽查10%，少于5台，全数检查
3	成套配电柜的交接试验	高压成套配电柜必须交接试验合格，且应符合下列规定： 1）继电保护元器件、逻辑元件、变送器和控制用计算机等单体校验合格，整组试验动作正确，整定参数符合设计要求 2）凡经法定程序批准，进入市场投入使用的新高压电气设备和继电保护装置，按产品技术文件要求交接试验	查阅测试记录或测试时旁站	全数检查
4	柜间线路绝缘电阻测试	柜、屏、台、箱、盘间线路的线间和线对地间绝缘电阻值，馈电线路必须大于 0.5 MΩ；二次回路必须大于 1 MΩ	查阅测试记录或测试时旁站或用适配仪表进行抽测	抽查10%，少于5台，全数检查
5	柜间二次回路耐压试验	柜、屏、台、箱、盘间二次回路交流工频耐压试验，当绝缘电阻值大于 10 MΩ 时，用 2 500 V 兆欧表摇测 1 min，应无闪络击穿现象；当绝缘电阻值在 1 ~ 10 MΩ时，做。1 000 V 交流工频耐压试验，时间 1 min，应无闪络击穿现象	查阅测试记录或测试时旁站	抽查10%，少于5台，全数检查

2）一般项目检验标准应符合表 8.13 的规定。

表 8.13　一般项目检验

序号	项目	合格质量标准	检验方法	检查数量
1	柜同或基础型钢的连接	柜、屏、台、箱、盘相互间或与基础型钢应用镀锌螺栓连接且防松零件齐全	目测检查	抽查10%,少于5处,全数检查
2	柜间安装接缝、成列安装盘面偏差	柜、屏、台、箱、盘相互间接缝应不大于2 mm,成列盘面偏差应不大于5 mm	用塞尺、钢尺并结合拉线检查	抽查10%,少于5处(台),全数检查
3	柜内部检查试验	柜、屏、台、箱、盘内检查试验应符合下列规定: 1)控制开关及保护装置的规格、型号符合设计要求 2)闭锁装置动作准确、可靠 3)主开关的辅助开关切换动作与主开关动作一致 4)柜、屏、台、箱、盘上的标识器件标明被控设备编号及名称,或操作位置,接线端子有编号,且清晰、工整、不易脱色 5)回路中的电子元件不应参加交流工频耐压试验;48 V 及以下回路可不做交流工频耐压试验	目测检查,并查阅试验记录或试验时旁站	抽查10%,少于5台,全数检查

续表 8.13

序号	项目	合格质量标准	检验方法	检查数量
4	低压电器组合	低压电器组合应符合下列规定： 1)发热元件安装在散热良好的位置 2)熔断器的熔体规格、自动开关的整定值符合设计要求 3)切换压板接触良好，相邻压板间有安全距离，切换时，不触及相邻的压板 4)信号回路的信号灯、按钮、光字牌、电铃、电笛、事故电钟等动作和信号显示准确 5)外壳需接地(PE)或接零(PEN)的，连接可靠 6)端子排安装牢固，端子有序号，强电、弱电端子隔离布置，端子规格与芯线截面积大小适配	目测检查，并查阅设计图纸或文件	抽查10%，少于5处(台)，全数检查
5	柜、屏等面板上电器及控制台、板等可动部位配线	连接柜、屏、台、箱、盘面板上的电器及控制台、板等可动部位的电线应符合下列规定： 1)采用多股铜芯软电线，敷设长度留有适当裕量 2)线束有外套塑料管等加强绝缘保护层 3)与电器连接时，端部绞紧，且有不开口的终端端子或搪锡，不松散、断股 4)可转动部位的两端用卡子固定	目测检查	抽查10%，少于5台，全数检查

续表 8.13

序号	项目	合格质量标准	检验方法	检查数量
6	基础型钢安装允许偏差	基础型钢安装应符合表 8.14 的规定	用线锤吊线尺和铁水平尺量测	全数检查
7	盘、柜等安装垂直度允许偏差	柜、屏、台、箱、盘安装垂直度允许偏差为 0.15%	用钢尺和线锤吊线尺量	抽查 10%,少于 5 台,全数检查

3)允许偏差应符合表 8.14 的规定。

表 8.14　基础型钢安装允许偏差

项目	允许偏差	
	mm/m	mm/全长
不直度	1	5
水平度	1	5
不平行度	—	5

(2)验收资料。

1)产品合格证,试验记录。

2)柜(盘)内设备的主控项目测试记录。

3)柜(屏、台、箱、盘)安装数据记录。

◆低压电动机、电加热器及电动执行机构检查接线

1. 监理巡视与检查

(1)电动机安装。

1)电动机安装、接线完毕后,在试车前,电动机还应检查电动机的电源进线和接地线是否符合要求。通常在接近电动机一端的电源线,要采用金属软管连接(要有专用接头)。同时,电动机必须有效接地(或接零),接地线应固定在电动机的接地螺钉上,不得接在电动机的机座上。接地线的截面只作为干线时,通常为电动机的进线截面积的 30%,铝芯线截面最大不超过 35 mm^2,铜芯线最大不超过 25 mm^2。若采用橡皮绝缘导线时,铝芯线最小为

$4\ mm^2$，铜芯线为 $2.5\ mm^2$。

2）设备安装用的紧固件，除了地脚螺栓之外，应用镀锌制品。电机性能应符合电机周围工作环境的要求。

3）注意电动机在接线盒内的接线不能接错。若发生错误，或因绕组首末端弄错，都会给电动机的使用带来不良后果，轻则不能正常启动，长时间通电造成启动电流过大，电动机发热严重，影响寿命；重则烧毁电动机绕组，或者造成电路短路。

（2）电动机安装试运行。

1）电动机试运行前的检查：

①土建工程全部结束，并应符合建筑工程施工及验收规范中的规定。

②电机本体安装检查结束，现场清扫整理完毕。

③冷却、调速及润滑等附属系统安装完毕，验收合格，分部试运行情况良好。

④电机的保护、控制、测量、信号励磁等回路的调试完毕，运行正常。

⑤测定电机定子线圈、转子线圈及励磁回路的绝缘电阻应符合要求；对有绝缘的轴承座，其绝缘板、轴承座及台板的接触面应清洁干燥，用 1 000 V 兆欧表测量，绝缘电阻值不小于 0.5 MΩ。

⑥电刷与换向器或集电环的接触应良好。

⑦盘动电机转子时应转动灵活，无碰卡现象。

⑧电机引出线应相位正确，固定牢固，并连接紧密。

⑨电机外壳油漆完整，接地良好。

⑩照明、通讯、消防装置应齐全。

2）电动机试运行中的检查，应符合下列规定：

①电动机的旋转方向符合要求，无异声。

②电动机的换向器、集电环及电刷的工作情况正常。

③检查电动机各部温度，不应超过产品技术条件的规定。

④滑动轴承温度不应超过 80 ℃，滚动轴承温度不应超过 95 ℃。

2. 监理验收

(1)验收标准。

1)主控项目检验标准应符合表 8.15 的规定。

表 8.15　主控项目检验

序号	项目	合格质量标准	检验方法	检查数量
1	可接近的裸露导体接地或接零	电动机、电加热器及电动执行机构的可接近裸露导体必须接地(PE)或接零(PEN) 建筑电气的低压动力工程采用何种供电系统,由设计选定,但可接近目测检查全数检查的裸露导体(即原规范中的非带电金属部分)必须接地或接零,以确保使用安全。本条为强制性标准,应严格执行	目测检查	全数检查
2	绝缘电阻值测试	电动机、电加热器及电动执行机构绝缘电阻值应大于 0.5 MΩ 建筑电气工程中电动机容量一般不大,其启动控制也不甚复杂,所以交接试验内容也不多,主要是绝缘电阻检测	用适配仪表抽测	抽查 30%,少于 5 台,全数检查
3	100 kW 以上的电动机直流电阻测试	100 kW 以上的电动机,应测量各相直流电阻值,相互差应不大于最小值的 2%;无中性点引出的电动机,测量线间直流电阻值,相互差应不大于最小值的 1% 本条是交接试验的主要内容,用来测定电动机直流电阻,以保障电动机能够安全稳定运行	查阅测试记录或测试时旁站或用适配仪表抽测	全数检查

2)一般项目检验标准应符合表 8.16 的规定。

表 8.16　一般项目检验

序号	项目	合格质量标准	检验方法	检查数量
1	设备安装和防水防潮处理	电气设备安装应牢固,螺栓及防松零件齐全,不松动。防水防潮电气设备的接线入口及接线盒盖等应做密封处理	目测检查或用适配工具做拧动试验	抽查30%,少于5处,全数检查
2	电动机抽,芯检查前的条件确认	除电动机随带技术文件说明不允许在施工现场抽芯检查外,有下列情况之一的电动机,应抽芯检查: 1)出厂时间已超过制造厂保证期限,无保证期限的已超过出厂时间一年以上 2)外观检查、电气试验、手动盘转和试运转,有异常情况	查阅试验记录和电动机出厂合格证	全数检查
3	电动机的抽芯检查	电动机抽芯检查应符合下列规定: 1)线圈绝缘层完好、无伤痕,端部绑线不松动,槽楔固定、无断裂,引线焊接饱满,内部清洁,通风孔道无堵塞 2)轴承无锈斑,注油(脂)的型号、规格和数量正确,转子平衡块紧固,平衡螺钉锁紧,风扇叶片无裂纹 3)连接用紧固件的防松零件齐全完整 4)其他指标符合产品技术文件的特有要求	抽芯旁站或查阅抽芯检查记录	抽查30%,少于5台(处),全数检查
4	接线盒内裸露导线的距离,防护措施	在设备接线盒内裸露的不同相导线间和导线对地间最小距离应大于8 mm,否则应采取绝缘防护措施	—	全数检查

(2)验收资料。

1)设备的产品合格证、试验记录、产品安装使用说明书。

2)电机抽芯检查、安装记录。

3)设备试验记录。

◆低压电气动力设备试验和试运行

1. 监理巡视与检查

(1)低压电气动力设备试验。

1)线路校对时应注意下列几点:

①二次接线在端子上的压接应紧固,在同一螺钉上通常不压接三个及三个以上的线头。

②所有二次接线端子上应有设计编号,盘内盘外线应在端子板上分开。

③二次接线必须经过端子板的中间接头。

④盘上配线应有绝缘物与接地金属部分隔开。

⑤所有螺丝上的平垫圈和弹簧垫圈应齐全,线头的绕向及其垫圈的大小应符合要求。

2)调整时所用的仪器仪表应当良好,其误差应符合规定范围,至少使用在满刻度的20%以上部分。

3)属于容易受外部磁场影响的仪表(例如电动式与电磁式仪表),应注意放置在离大电流导线一米以外进行测量。

4)作绝缘试验时应选择良好的天气。

5)校表所用电源应是稳定的,而且要满足下列要求:在读取数字的时间内,调定的电压或电流的变化值,不得大于标准表级别的一半。若遇到电源的稳定性较差,便应采取稳压措施,直到满足时为止。

6)电气设备和元件除了按规定的项目进行试验之外,在出厂资料中提出了特殊要求的应按厂家规定进行试验。

7)若产品质量不好,经调整后仍达不到制造厂的规定标准(例如继电器),不得采用。

8)凡反映一次电流的继电保护,均应做一次最大电流系统试验。

9)回路中的电子元件不应参加交流工频耐压试验;48 V及以下回路可不做交流工频耐压试验。

10)对所有继电保护用的继电器,在整定好以后应加铅封。

11)调整试验后复查所有的端子连接处应保证接触良好。

(2)低压电气动力设备试运行。

1)成套配电(控制)柜、台、箱及盘的运行电压、电流应正常,各种仪表指示正常。

2)电动机应试通电,检查转向和机械转动有无异常情况;可空载试运行的电动机,时间通常为2 h记录空载电流,且检查机身和轴承的温升。

3)交流电动机在空载状态下(不投料)可启动次数及间隔时间应符合产品技术条件的要求;无要求时,连续启动2次的时间间隔不应小于5 min,再次启动应在电动机冷却至常温下。空载状态(不投料)运行,应记录电流、电压、温度及运行时间等有关数据,且应符合建筑设备或工艺装置的空载状态运行(不投料)要求。

4)大容量(630A及以上)导线或母线连接处,在设计计算负荷运行情况下应做温度抽测记录,温升值稳定且不大于设计值。

5)电动执行机构的动作方向及指示,应与工艺装置的设计要求保持一致。

2. 监理验收

(1)验收标准。

1)主控项目检验标准应符合表8.17的规定。

表8.17 主控项目检验

序号	项目	合格质量标准	检验方法	检查数量
1	试运行电气设备和线路的试验	试运行前,相关电气设备和线路应按本章的规定试验合格	查阅试验记录或试验时旁站	功率40 kW及以上全数检查 功率小于40 kW,抽查20%,少于5台(件),全数检查
2	现场单独安装的低压电器交接试验	现场单独安装的低压电器交接试验项目应符合《建筑电气工程施工质量验收规范》(GB 50303—2002)附录B的规定		

2）一般项目检验标准应符合表8.18的规定。

表8.18　一般项目检验

序号	项目	合格质量标准	检验方法	检查数量
1	运行电压、电流及其指示仪表检查	成套配电（控制）柜、台、箱、盘的运行电压、电流应正常，各种仪表指示正常	目测检查或查阅巡检记录	功率为40 kW及以上全数检查；功率小于40 kW，抽查20%，少于5台（件），全数检查
2	电动机试通电检查	电动机应试通电，检查转向和机械转动有无异常情况；可空载试运行的电动机，时间一般为2 h，记录空载电流，且检查机身和轴承的温升	查阅试运转巡检记录，或用适配仪表抽测	
3	交流电动机空载启动及运行状态记录	交流电动机在空载状态下（不投料）可启动次数及间隔时间应符合产品技术条件的要求；无要求时，连续启动2次的时间间隔应不小于5 min，再次启动应在电动机冷却至常温下。空载状态（不投料）运行，应记录电流、电压、温度、运行时间等有关数据，且应符合建筑设备或工艺装置的空载状态运行（不投料）要求	查阅试验记录或试验时旁站	
4	大容量（630A及以上）导线或母线连接处的温升检查	大容量（630A及以上）导线或母线连接处，在设计计算负荷运行情况下应做温度抽测记录，温升值稳定且不大于设计值	查阅检查记录或用适配仪表抽测	
5	电动机执行机构的动作方向及指示检查	电动执行机构的动作方向及指示，应与工艺装置的设计要求保持一致	目测检查	

(2)验收资料。

1)电气仪表指示记录。

2)试通电、空载试运行记录。

3)负荷运行温度抽测记录。

4)联动运行记录。

相关知识

◆箱式变电所的交接试验

(1)由高压成套开关柜、低压成套开关柜及变压器三个独立单元组合成的箱式变电所高压电气设备部分,应当符合国家标准《电气装置安装工程　电气设备交接试验标准》(GB 50150—2006)的规定。

(2)高压开关、熔断器等与变压器组合在同一个密闭油箱内的变电所,交接试验应按产品提供的技术文件要求执行。

(3)低压成套配电柜交接试验应符合下列规定:

1)每路配电开关及保护装置的规格、型号符合设计要求。

2)相间和相对地间的绝缘电阻值大于0.5 MΩ。

3)电气装置的交流工频耐压试验电压为1 kV,当绝缘电阻值大于10 MΩ时,可采用2 500 V绝缘电阻表摇测替代,试验持续时间应为1 min,应无击穿闪络现象。

第3节　电气照明安装质量监理

要　点

监理员应掌握普通灯具安装及开关、插座、风扇安装工程的质量监理工作。

解　释

◆普通灯具安装

1. 监理巡视与检查

(1)灯具安装。

1)嵌入顶棚的装饰灯具应固定在专设的框架上,灯具的电源线不应贴近灯具外壳,灯线应留有余量,固定灯罩的边框、边缘应紧贴在顶棚面上;矩形灯具的边缘应与顶棚的装饰直线平行,若灯具对称安装时,其纵横中心轴线应在同一条直线上,偏斜不应大于5 mm;日光灯管组合的开启式灯具,灯管排列要整齐,金属隔片不应有弯曲扭斜等缺陷。

2)通常灯具的安装高度应高于2.5 m;灯具安装应牢固,灯具通过元木木台与墙面楼面固定,用木螺丝固定时,螺丝进木榫长度不应少于20~25 mm,固定灯具用螺栓不得少于2个,木台直径不大于75 mm时,可用一个螺钉或螺栓固定,现浇混凝土楼板应采用尼龙膨胀栓,灯具应装在木台中心,偏差不超过1.5 mm;灯具重量超过3 kg时,应固定在预埋的吊钩或螺栓上,吸顶灯具与木台过近时应有隔热措施。

3)每一接线盒应供应一具灯具,门口第一个开关应开门口的第一只灯具,灯具与开关应相对应,事故照明灯具应有特殊标志,并有专用供电电源,每个照明回路均应通电校正,做到灯亮,开启自如。

4)采用钢管灯具的吊杆,钢管内径通常不小于10 mm;吊链灯具用于小于1 kg的灯具,灯线不应受到拉力,灯线应与吊链编叉在一起;软线吊灯软线的两端应作保险扣;日光灯与高压水银灯及其附件应配套使用,安装位置便于检查;成排室内安装灯具,中心偏差不应大于5 mm;若弯管灯杆长度超过350 mm,应加装拉攀固定;变配电所高低压盘及母线上方不得安装灯具。

(2)花灯及组合式灯具安装。

1)花饰灯具的金属构件,应做好保护接地(PE)或保护接零(PEN)。

2)花灯的吊钩应采用镀锌件，并要作5倍以上灯具重量的试验。通常情况下采用型钢做吊钩时，圆钢最小规格应不小于12 mm；扁钢应不小于50 mm×5 mm。

3)在吊顶夹板上开孔装灯时，应先钻成小孔，小孔对准灯头盒，等吊顶夹板钉上后，再根据花灯法兰盘大小，扩大吊顶夹板眼孔，使法兰盘能盖住夹板孔洞，保证法兰、吊杆在分格中心位置。

4)凡是在木结构上安装吸顶组合灯、面包灯、半圆球灯及日光灯具时，应在灯爪子与吊顶直接接触的部位。垫上3 mm厚的石棉布（纸）隔热，防止火灾事故发生。

2. 监理验收

(1)验收标准。

1)主控项目检验标准应符合表8.19的规定。

表8.19 主控项目检验

序号	项目	合格质量标准	检验方法	检查数量
1	灯具固定	灯具的固定应符合下列规定： 1)灯具重量大于3 kg时，固定在螺栓或预埋吊钩上 2)软线吊灯，灯具重量在0.5 kg及以下时，采用软电线自身吊装；大于0.5 kg的灯具采用吊链，且软电线编叉在吊链内，使电线不受力 3)灯具固定牢固可靠，不使用木楔。每个灯具固定用螺钉或螺栓不少于2个；当绝缘台直径在75 mm及以下时，采用1个螺钉或螺栓固定	目测检查或查阅施工记录	抽查10%，少于10套，全数检查

续表 8.19

序号	项目	合格质量标准	检验方法	检查数量
2	花灯吊钩选用、固定及悬吊装置的过载试验	花灯吊钩圆钢直径应不小于灯具挂销直径，且应不小于 6 mm。大型花灯的固定及悬吊装置，应按灯具重量的 2 倍做过载试验	目测和尺量检查或查阅过载试验记录	全数检查
3	钢管吊灯灯杆检查	当钢管做灯杆时，钢管内径应不小于 10 mm，钢管厚度应不小于 1.5 mm	尺量检查	抽查 10%，少于 10 套，全数检查
4	灯具的绝缘材料耐火检查	固定灯具带电部件的绝缘材料以及提供防触电保护的绝缘材料，应耐燃烧和防明火	查阅材料和施工记录	
5	灯具的安装高度和使用电压等级	当设计无要求时，灯具的安装高度和使用电压等级应符合下列规定： 1）一般敞开式灯具，灯头对地面距离不小于下列数值（采用安全电压时除外） ①室外：2.5 m（室外墙上安装） ②厂房：2.5 m ③室内：2 m ④软吊线带升降器的灯具在吊线展开后 0.8 m 2）危险性较大及特殊危险场所，当灯具距地面高度小于2.4 m时，使用额定电压为 36 V 及以下的照明灯具，或有专用保护措施	拉线尺量	全数检查
6	灯具金属外壳的接地或接零	当灯具距地面高度小于 2.4 m 时，灯具的可接近裸露导体必须接地（PE）或接零（PEN）可靠，并应有专用接地螺栓，且有标识	目测检查	

2)一般项目检验标准应符合表8.20的规定。

表8.20　一般项目检验

序号	项目	合格质量标准	检验方法	检查数量
1	电线线芯最小截面积	引向每个灯具的导线线芯最小截面积应符合表《建筑电气工程施工质量验收规范》(GB 50303—2002)表19.2.1的规定	查阅施工记录	抽查10%,少于10套,全数检查
2	灯具的外形、灯头及其接线检查	灯具的外形、灯头及其接线应符合下列规定: 1)灯具及其配件齐全,无机械损伤、变形、涂层剥落和灯罩破裂等缺陷 2)软线吊灯的软线两端做保护扣,两端芯线搪锡;当装升降器时,套塑料软管,采用安全灯头 3)除敞开式灯具外,其他各类灯具灯泡容量在100 W及以上者采用瓷质灯头 4)连接灯具的软线盘扣、搪锡压线,当采用螺口灯头时,相线接于螺口灯头中间的端子上 5)灯头的绝缘外壳不破损和漏电;带有开关的灯头,开关手柄无裸露的金属部分	目测检查	抽查10%,少于10套,全数检查
3	变电所内灯具的安装位置要求	变电所内,高低压配电设备及裸母线的正上方不应安装灯具	目测	全数检查

续表 8.20

序号	项目	合格质量标准	检验方法	检查数量
4	装有白炽灯泡的吸顶灯具隔热检查	装有白炽灯泡的吸顶灯具,灯泡不应紧贴灯罩;当灯泡与绝缘台间距离小于 5 mm 时,灯泡与绝缘台间应采取隔热措施	目测及尺量	抽查 10%,少于 10 套,全数检查
5	大型灯具的玻璃罩安全措施	安装在重要场所的大型灯具的玻璃罩,应采取防止玻璃罩碎裂后向下溅落的措施	目测并查阅施工记录	全数检查
6	投光灯的固定检查	投光灯的底座及支架应固定牢固,枢轴应沿需要的光轴方向拧紧固定	用适配工具做拧动试验	
7	室外壁灯的防水检查	安装在室外的壁灯应有泄水孔,绝缘台与墙面之间应有防水措	目测检查	抽查 10%,少于 10 套,全数检查

(2)验收资料。

1)材料、器具及设备的产品合格证、安装使用说明书。

2)安装自检记录。

3)工序交接确认记录。

4)电气绝缘电阻测试记录。

5)电气器具通电安全检查记录。

6)隐蔽工程验收记录。

◆开关、插座、风扇安装

1. 监理巡视与检查

(1)开关安装。

1)在巡视时注意进开关的导线是否是相线,首先从颜色上判定，通电后可用电笔验证，从而保证维修人员操作安全。

2)注意开关通断位置是否一致，从而保证使用方便及维修人员的安全。

3)在巡视时注意开关边缘距门框边缘的距离及开关距地面的高度是否符合设计及规范要求。若发现误差较大者，应立即通知承包单位及时整改，以免墙面粉刷造成损失加大。

(2)插座安装。

1)注意检查同一场所，装有交、直流或不同电压等级的插座，是否按规范要求选择了不同结构、不同规格和不能互换的插座，以便用电时不会插错，从而保证人身安全与设备不受损坏。

2)在巡视时应用试电笔或其他专用工具、仪表，抽查插座的接线位置是否符合规范要求。也可根据接地(PE)或接零(PEN)线、零线(N)、相线的色标要求查验插座接线位置是否正确。通电时再用工具、仪表确认，从而保证人身与设备的安全。

3)注意插座间的接地(PE)或接零(PEN)线有无不按规范要求进行串联连接的现象，若发现应及时提出并督促整改。

4)巡视时注意电源插座与弱电信号插座(例如电视、电脑等)的配合，要求二者尽量靠近，而且标高一致，以便使用方便、整齐、美观。

(3)风扇安装。

1)吊扇安装。

①吊扇为转动的电气器具，运转时有轻微的振动。为了保证安全，在巡视时应重点注意吊钩安装是否牢固，吊钩直径及吊扇安装高度、防松零件是否符合要求。

②吊扇试运转时应检查有无明显颤动和异常声响。

③吊扇吊钩挂上吊扇后，一定要使吊扇的重心和吊钩的直线部分处在同一条直线上。

④吊钩杆伸出建筑物的长度应以盖上风扇吊杆护罩后能将整个吊钩全部遮蔽为宜。

⑤吊扇的各种零配件必须齐全。叶片应完好,无损坏及变形等现象。

⑥吊扇安装时应将吊扇托起,把预埋的吊钩将吊扇的耳环挂牢,再接好电源接头并包扎紧密,向上推起吊杆上的扣碗,将接头扣于其内,使扣碗边缘紧贴建筑物的表面,然后拧紧固定螺丝。

⑦吊扇安誉后,涂膜应完整,表面应无划痕,无污染,吊杆上、下扣碗安装牢固到位。同一室内并列安装的吊扇开关高度应一致,控制有序不错位。

2)壁扇安装。

①巡视时应重点注意壁扇固定是否可靠,底座采用尼龙塞或膨胀螺栓固定时,应检查数量与直径是否符合要求。

②巡视时应注意壁扇防护罩是否扣紧,运转时扇叶和防护罩有无明显颤动和异常声响。若发现异常情况,应当督促承包单位停机整改。

2. 监理验收

(1)验收标准。

1)主控项目检验标准应符合表8.21的规定。

表8.21 主控项目检验

序号	项目	合格质量标准	检验方法	检查数量
1	插座及其插头的区别使用	当交流、直流或不同电压等级的插座安装在同一场所时,应有明显的区别,且必须选择不同结构、不同规格和不能互换的插座;配套的插头应按交流、直流或不同电压等级区别使用	目测或查阅施工记录	按不同用途的插座抽查10个,少于5个,全数检查

续表 8.21

序号	项目	合格质量标准	检验方法	检查数量
2	插座接线	插座接线应符合下列规定: 1)单相两孔插座,面对插座的右孔或上孔与相线连接,左孔或下孔与零线连接;单相三孔插座,面对插座的右孔与相线连接,左孔与零线连接 2)单相三孔、三相四孔及三相五孔插座的接地(PE)或接零(PEN)线接在上孔。插座的接地端子不与零线端子连接。同一场所的三相插座,接线的相序一致 3)接地(PE)或接零(PEN)线在插座间不串联连接	用测电笔测试或查阅施工记录	抽查10%,少于5个,全数检查
3	特殊情况下插座的安装	特殊情况下插座安装应符合下列规定: 1)当接插有触电危险家用电器的电源时,采用能断开电源的带开关插座,开关断开相线 2)潮湿场所采用密封型并带保护地线触头的保护型插座,安装高度不低于1.5 m	用测电笔测试或拉线尺量	
4	照明开关的安装要求	照明开关安装应符合下列规定: 1)同一建筑物、构筑物的开关采用同一系列的产品,开关的通断位置一致,操作灵活、接触可靠 2)相线经开关控制;民用住宅无软线引至床边的床头开关	目测检查	

续表 8.21

序号	项目	合格质量标准	检验方法	检查数量
5	吊扇的安装规定	吊扇安装应符合下列规定： 1)吊扇挂钩安装牢固,吊扇挂钩的直径不小于吊扇挂销直径,且不小于 8 mm 有防振橡胶垫;挂销的防松零件齐全、可靠 2)吊扇扇叶距地高度不小于 2.5 m 3)吊扇组装不改变扇叶角度,扇叶固定螺栓防松零件齐全 4)吊杆间、吊杆与电机间螺纹连接,啮合长度不小于 20 mm,且防松零件齐全紧固 5)吊扇接线正确,当运转时扇叶无明显颤动和异常声响	目测或拉线尺量或试运转观察	抽查 10%,少于 5 个,全数检查
6	壁扇安装	壁扇安装应符合下列规定： 1)壁扇底座采用尼龙塞或膨胀螺栓固定;尼龙塞或膨胀螺栓的数量不少于 2 个,且直径不小于 8 mm。固定牢固可靠 2)壁扇防护罩扣紧,固定可靠,当运转时扇叶和防护罩无明显颤动和异常声响	目测检查	

2)一般项目检验标准应符合表 8.22 的规定。

表 8.22　一般项目检验

序号	项目	合格质量标准	检验方法	检查数量
1	插座安装和外观检查	插座安装应符合下列规定： 1)当不采用安全型插座时，托儿所、幼儿园及小学等儿童活动场所安装高度不小于1.8 m 2)暗装的插座面板紧贴墙面，四周无缝隙，安装牢固，表面光滑整洁、无碎裂、划伤，装饰帽齐全 3)车间及试(实)验室的插座安装高度距地面不小于0.3 m；特殊场所暗装的插座不小于0.15 m；同一室内插座安装高度一致 4)地插座面板与地面齐平或紧贴地面，盖板固定牢固，密封良好	拉线尺量	抽查10%
2	照明开关的安装	照明开关安装应符合下列规定： 1)开关安装位置便于操作，开关边缘距门框边缘的距离0.15～0.2 m，开关距地面高度1.3 m；拉线开关距地面高度2～3 m，层高小于3 m时，拉线开关距顶板不小于100 mm，拉线出口垂直向下 2)相同型号并列安装及同一室内开关安装高度一致，且控制有序不错位。并列安装的拉线开关的相邻间距不小于20 mm 3)暗装的开关面板应紧贴墙面，四周无缝隙，安装牢固，表面光滑整洁、无碎裂、划伤，装饰帽齐全		
3	吊扇的吊杆开关和表面检查	吊扇安装应符合下列规定： 1)涂层完整，表面无划痕、无污染，吊杆上下扣碗安装牢固到位 2)同一室内并列安装的吊扇开关高度一致，且控制有序不错位	目测检查	

续表 8.22

序号	项目	合格质量标准	检验方法	检查数量
4	壁扇的高度和表面检查	壁扇安装应符合下列规定： 1)壁扇下侧边缘距地面高度不小于 1.8 m 2)涂层完整，表面无划痕、无污染，防护罩无变形	目测检查和拉线尺量	抽查 10%

(2)验收资料。

1)材料、器具及设备的出厂合格证，产品安装使用说明书。

2)试验数据和安装数据记录。

3)隐蔽工程验收记录。

◆开关的主要参数

(1)额定电压。主要是指开关在正常工作时所允许的安全电压，加在开关两端的电压大于此值时，会造成两个触点之间打火击穿。

(2)额定电流。主要是指开关接通时所允许通过的最大安全电流，当超过此值时，开关的触点会因电流太大而烧毁。

(3)绝缘电阻。主要是指开关的导体部分与绝缘部分的电阻值，绝缘电阻值应在 100 mg 以上。

(4)接触电阻。主要是指开关在导通状态下，每对触点之间的电阻值，通常要求在 0.1 ~0.5 Ω 以下，此值越小越好。

(5)耐压。主要是指开关对导体及地之间所能承受的最低电压。

(6)寿命。主要是指开关在正常工作条件下，能操作的次数，通常要求在 5 000 ~35 000 次左右。

第4节 防雷接地与等电位联结质量监理

要 点

监理员应掌握防雷接地装置安装和建筑物等电位连接的质量监理工作。

解 释

◆防雷接地装置安装

1. 监理巡视与检查

(1)接地体安装。

1)接地体、埋地接地线应当采用镀锌件,通常采用50 mm×50 mm×5 mm的镀锌角钢或大于Φ40 mm壁厚大于3.5 mm的镀锌钢管。

2)接地体顶面埋设深度不应小于0.6 m,角钢或钢管接地体应垂直配置,为减少相邻接地体的屏蔽作用,垂直接地体的间距不宜小于其长度的两倍,水平接地体的间距应根据设计规定,不应小于5 m,局部深度应在1 m以上,接地体与建筑物的距离不应小于1.5 m。

3)利用各种金属构件、金属管道等作接地线时,应保证其全长为完好的电气通路;利用串联的金属构件、管道作接地线时,应在其串联部位焊接金属跨接线;接至电气设备、器具和可拆卸的其他非带电金属部件接地(接零)的分支线,应当直接与接地干线相连,严禁串联连接。

4)接地体(线)的连接通常应采用焊接,扁钢的搭接焊长度应为扁钢宽度的2倍(至少三边焊接),对圆钢的搭接焊长度应为圆钢直径的6倍,圆钢与扁钢连接时,搭接焊长度为圆钢直径的6倍,扁钢与钢管或角铁焊接时,为了连接可靠,除应在其接触部位两侧进行焊接外,并应焊以由钢带弯成的弧形(或直角形)卡子,或由钢带本身直接弯成弧形(或直角形)与钢管(或角钢)焊接。焊接处应进行防腐处理。

5)螺栓连接的接触面应作表面处理,连接应紧密、牢固。

(2)接地线安装。

1)接地干线至少应在不同的两点处与接地网相连接,自然接地体至少应在不同的两点与接地干线相连接;电气装置的每个接地部分应以单独的接地线与接地干线相连接,不得在一个接地线中串接几个需要接地部分;接零保护回路中不得串装熔断器、开关等设备,并应有重复(至少二点)的接地,车间周长超过 400 m 时,每 200 m 处应有一点接地,架空线终端,分支线长度超过 200 m 的分支线处以及沿线每 1 000 m 处应加设重复接地装置,接地线明敷时应按水平或垂直敷设,但也与建筑物倾斜结构平行,在直线段不应有高低起伏及弯曲等情况,在直线段水平距离支持件间距通常为 1 ~1.5 m,垂直部分支持件间距通常为 1.5 ~2 m,转弯之处支持件间距通常为 0.5 m。同一供电系统中,不允许部分电气设备保护接零,另一部分电气设备保护接地。

2)接地线应防止发生机械损伤和化学腐蚀,在公路、铁路或管道等交叉及其他可能使接地线遭受机械损伤之处,均应用管子或角钢等加以保护;接地线在穿过墙壁时应通过明孔、钢管或其他坚固的保护管进行保护;明敷接地线敷设位置不应妨碍设备的拆卸与检修;接地线沿建筑物墙壁水平敷设时,离地面应保持 250 ~300 mm 的距离,接地线与建筑物墙壁间应有 10 ~15 mm 的间隙;在接地线跨越建筑物伸缩缝、沉降缝处时,应加设补偿器,补偿器可用接地线本身弯成弧状代替;接至电气设备上的接地线应用螺栓连接,有色金属接地线不能采用焊接时,也可用螺栓连接。

3)明敷的接地线表面应涂黑漆;若因建筑物的设计要求,需涂其他颜色时,则应在连接处及分支处涂以各宽为 15 mm 的两条黑带,其间距为 150 mm;中性点接于接地网的明敷接地线,应涂以紫色带黑色条纹;在三相四线网络中,在接有单相分支线并用其零线作接地线时，零线在分支点应涂黑色带以便识别。

2. 监理验收

(1)验收标准。

1)主控项目检验标准应符合表8.23的规定。

表8.23 主控项目检验

序号	项目	合格质量标准	检验方法	检查数量
1	接地装置测试点的设置	人工接地装置或利用建筑物基础钢筋的接地装置必须在地面以上按设计要求位置设测试点	目测检查	全数检查
2	接地电阻测试	测试接地装置的接地电阻值必须符合设计要求	用摇表测量检查	
3	防雷接地的人工接地装置的接地干线埋设	防雷接地的人工接地装置的接地干线埋设，经人行通道处埋地深度应不少于1 m，且应采取均压措施或在其上方铺设卵石或沥青地面	查阅施工记录	
4	接地模块的埋设深度、间距和基坑尺寸	接地模块顶面埋深应不小于0.6 m，接地模块间距应不小于模块长度的3～5倍。接地模块埋设基坑，一般为模块外形尺寸的1.2～1.4倍，且在开挖深度内详细记录地层情况		
5	接地模块应垂直或水平就位	接地模块应垂直或水平就位，不应倾斜设置，保持与原土层接触良好		

2)一般项目检验标准应符合表8.24的规定。

表 8.24　一般项目检验

序号	项目	合格质量标准	检验方法	检查数量
1	接地装置埋设深度、间距和搭接长度	当设计无要求时，接地装置顶面埋设深度应不小于 0.6 m。圆钢、角钢及钢管接地极应垂直埋入地下，间距应不小于 5 m。接地装置的焊接应采用搭接焊，搭接长度应符合下列规定： 1）扁钢与扁钢搭接为扁钢宽度的 2 倍，不小于三面施焊 2）圆钢与圆钢搭接为圆钢直径的 6 倍，双面施焊 3）圆钢与扁钢搭接为圆钢直径的 6 倍，双面施焊 4）扁钢与钢管，扁钢与角钢焊接，紧贴角钢外侧两面，或紧贴 3/4 钢管表面，上下两侧施焊 5）除埋设在混凝土中的焊接接头外，有防腐措施	查阅施工记录	抽查 10 处，少于 10 处，全数检查
2	接地装置的材质和最小允许规格，尺寸	当设计无要求时，接地装置的材料采用为钢材，热浸镀锌处理，最小允许规格、尺寸应符合表 8.25 的规定	查阅施工记录	全数检查
3	接地模块与干线的连接和干线材质选用	接地模块应集中引线，用干线把接地模块并联焊接成一个环路，干线的材质与接地模块焊接点的材质应相同，钢制的采用热浸镀锌扁钢，引出线不少于 2 处		

表8.25　最小允许规格、尺寸

<table>
<tr><td rowspan="3" colspan="2">种类、规格及单位</td><td colspan="4">敷设位置及使用类别</td></tr>
<tr><td colspan="2">地上</td><td colspan="2">地下</td></tr>
<tr><td>室内</td><td>室外</td><td>交流电流回路</td><td>直流电流回路</td></tr>
<tr><td colspan="2">圆钢直径/mm</td><td>6</td><td>8</td><td>10</td><td>12</td></tr>
<tr><td rowspan="2">扁钢</td><td>截面/mm²</td><td>60</td><td>100</td><td>100</td><td>100</td></tr>
<tr><td>厚度/mm</td><td>3</td><td>4</td><td>4</td><td>6</td></tr>
<tr><td colspan="2">角钢厚度/mm</td><td>2</td><td>2.5</td><td>4</td><td>6</td></tr>
<tr><td colspan="2">钢管管壁厚度/mm</td><td>2.5</td><td>2.5</td><td>3.5</td><td>4.5</td></tr>
</table>

(2)验收资料。

1)材料、器具及设备的出厂合格证,产品安装使用说明书。

2)试验数据和安装记录。

3)隐蔽工程验收记录。

◆建筑物等电位联结

1.监理巡视与检查

(1)所有进出建筑物的金属装置、电力线路、外来导电物、通信线路及其他电缆均应与总汇流排做好等电位金属连接。计算机机房应敷设等电位均压网,并应和大楼的接地系统相连接。

(2)穿过各防雷区交界处的金属物和系统,及一防雷区内部的金属物和系统均应在防雷区交界处做等电位联结。

(3)等电位网应采用M形网络,各设备的直流地以最短的距离与等电位网相连接。

(4)实行等电位联结的主体应当为:设备所在建筑物的主要金属构件和进入建筑物的金属管道;供电线路含外露可导电部分;防雷装置;由电子设备构成的信息系统。

(5)架空电力线由终端杆引下后应更换为屏蔽电缆,进入大楼前应水平直埋50 m以上,埋地深度应大于0.6 m,屏蔽层两端接地,非屏蔽电缆应穿镀锌铁管并水平直埋50 m以上,铁管两端接地。

(6)无论是等电位联结还是局部等电位联结,每一电气装置外的其他系统可只连接一次，并未规定必须作多次连接。

(7)除水表外管道的接头不必做跨接线，由于连接处即使缠有麻丝或聚乙烯薄膜，其接头也仍然是导通的。但施工完毕后应当进行上述检测，对导电不良的接头需作跨接处理。

(8)等电位连接只限于大型金属部件，孤立的接触面积小的例如放水按钮就不必连接，由于它不足以引起电击事故，而以手持握的金属部件，由于电击危险大，所以必须纳入等电位连接内。

(9)门框、窗框若不靠近电器设备或电源插座不一定连接，反之应作连接。离地面20 m以上的高层建筑的窗框，若防雷需要也应连接。

(10)离地面2.5 m的金属部件因位于伸臂范围以外不需作连接。

(11)浴室被列为电击危险大的特殊场所。由于人在沐浴时遍体湿透，人体阻抗大大下降，沿金属管道导入浴室的10～20 V电压即足以使人发生心室纤维性颤动而死亡。所以，在浴室范围内还需要用铜线和铜板作一次局部等电位连接。

(12)等电位联结内各连接导体间连接可采用焊接，也可采用用螺栓连接或熔接。等电位连接端子板应采取螺栓连接，以便拆卸进行定期检测。

(13)等电位连接线可采用BV-4 mm^2 塑料绝缘铜导线穿塑料管暗敷，也可采用-20×4镀锌扁钢或 $\Phi 8$ 镀锌圆钢暗敷。等电位连接用螺栓、垫圈及螺母等应进行热镀锌处理。等电位连接端子板截面不得小于等电位连接线的截面。

(14)等电位连接安装完毕后，应进行导通性测试，测试用电源可采用空载电压4～24 V直流或交流电源，测试电流不小于0.2 A，可认为等电位联结是有效的，如发现导通不良的管道连接处，应作跨接线。

2. 监理验收

(1)验收标准。

1)主控项目检验标准应符合表8.26的规定。

表8.26　主控项目检验

序号	项目	合格质量标准	检验方法	检查数量
1	建筑物等电位连接干线的连接及局部等电位箱间的连接	建筑物等电位连接干线应从与接地装置有不少于2处直接连接的接地干线或总等电位箱引出，等电位连接干线或局部等电位箱间的连接线形成环形网路，环形网路应就近与等电位连接干线或局部等电位箱连接。支线间不应串联连接	旁站检查	抽查10%，少于10处，全数检查。等电位箱处全数检查
2	等电位连接的线路最小允许截面	等电位连接的线路最小允许截面应符合表8.27的规定	尺量检查	

表8.27　线路最小允许截面

材料	截面/mm²	
	干线	支线
铜	16	6
钢	50	16

2）一般项目检验标准应符合表8.28的规定。

表8.28　一般项目检验

序号	项目	合格质量标准	检验方法	检查数量
1	导体与支线连接可靠、导通正常	等电位连接的可接近裸露导体或其他金属部件、构件与支线连接应可靠，熔焊、钎焊或机械紧固应导通正常	目测检查	抽查10%，少于10处，全数检查
2	需等电位连接的高级装修金属部件或零件等电位连接支线的连接	需等电位连接的高级装修金属部件或零件，应有专用接线螺栓与等电位连接支线连接，且有标识；连接处螺母紧固、防松零件齐全		

(2)验收资料。

1)材料的产品合格证。

2)隐蔽的验收记录,测试报告。

3)导通性测试记录。

相关知识

◆防雷接地的相关名词

1. 接地体

埋入大地中并直接与大地接触的金属导体则称为接地体。接地体分为水平接地体与垂直接地体,人工接地体与自然接地体。

(1)人工接地体。利用热(冷)镀锌金属材料,例如圆钢、钢管、角钢、扁钢等直接垂直或水平敷设在土壤中,并经过焊接防腐处理埋入大地则称人工接地体(设计要求采用其他有色金属材料时,可按设计规定执行)。

(2)自然接地体。利用作为接地用途的直接与大地接触的金属构件、金属井管、钢筋混凝土建筑基础,金属管道和设备等则称为自然接地体。

2. 接地线

电气设备,杆塔的接地螺栓与接地体或零线连接用的,在正常情况下不载流的金属导体则称为接地线。接地线分为中性线与保护接地线。

(1)中性线。与变压器或发电机和直接接地的中性点连接,或者与直流回路中的不载流的接地线则称为中性线,用符号“N”表示。

(2)保护接地线。利用人工接地体或自然接地体,保持金属导体在正常情况下不载流,而在故障电流通过时,能够保护人身或设备安全的保护接地线则称保护接地线,用符号“PE”表示。

3. 接地装置

接地体和接地线的总和则称为接地装置。

4. **接地电阻**

接地体或自然接地体对地电阻和接地线电阻的总和则称为接地装置的接地电阻。接地电阻的数值等于接地装置对地电压与通过接地体流入地中电流的比值。

5. **工频接地电阻**

按通过接地体流入地中,所通过的工频电流,而求得的电阻值则称为工频接地电阻。

6. **土壤电阻率**

由于土壤构成的成分不同,主要有各种岩石层、砂石层及泥土层。由于它们所处的地理位置各不相同,温度、含水量、水中所含电解物质不同,所以电流流入土壤中后,土壤中呈现的电阻值则称为土壤电阻率,用符号“ρ”表示,计量单位为($\Omega\cdot m$)。

参考文献

[1]国家标准.混凝土结构工程施工质量验收规范 GB 50204—2002[S].北京:中国建筑工业出版社,2002.

[2]国家标准.砌体工程施工质量验收规范 GB 50203—2002[S].北京:中国建筑工业出版社,2004.

[3]国家标准.建筑电气工程施工质量验收规范 GB 50303—2002[S].北京:中国计划出版社,2004.

[4]国家标准.建筑给水排水及采暖工程施工质量验收规范 GB 50242—2002[S].北京:中国标准出版社,2004.

[5]中国建设监理协会组织编写.建设工程合同管理[M].北京:知识产权出版社,2009.

[6]中国建设监理协会组织编写.建设工程监理相关法规文件汇编[M].北京:知识产权出版社,2009.

[7]中国建设监理协会组织编写.建设工程投资控制[M].北京:知识产权出版社,2009.

[8]中国建设监理协会组织编写.建设工程质量控制[M].北京:中国建筑工业出版社.2009.

[9]张继庆.建筑与安装工程施工监理工程师手册[M].沈阳:东北大学出版社.2003.

[10]苏振民.施工员管理手册[M].北京:中国建筑工业出版社,2005.

[11]李明顺,徐有邻.混凝土结构设计规范实施手册[M].北京:知识产权出版社,2005.

[12]俞宗卫.监理工程师实用指南[M].北京:中国建材工业出版社,2004.